# 소설과 정신분석

# 소설과 정신분석

김형중

*Fiction and Psychoanalysis*

푸른사상

## 책머리에

　10년쯤 전 『정신분석강의』를 처음 읽던 때가 생각난다. 공부라고 하는 것이 참 재미있는 일이란 생각을 그때 처음으로 했었다. 세계 전체가 '정신분석적'으로 보일 만큼(아직도 그렇게 보인다) 프로이트에 빠져들었다. 거창하게 말하자면 그때 이후로 10년 넘게, '대체적으로' 프로이트주의자로 살았다.
　그러나 이 즈음 더러 프로이트로부터 벗어나고 싶단 생각을 할 때가 있다. 내가 쓰는 모든 글의 곳곳에서 그가 발목을 잡고 늘어진다. 어느 지인 왈, 프로이트 말고도 세상엔 읽을 만한 사람이 많단다. 그런 말에 딱히 억울함이 없는 건 아니지만, 그간 써 온 평론들이며 논문들을 요모조모 들추어보자니 프로이트의 이름이 들어가지 않은 예가 거의 없다. 그쯤 되면 식상하단 소릴 들어도 할 말이 없단 생각이다. 그래서 나는 이 책과 함께 프로이트로부터 자유로와 질 수 있기를 기대한다.
　그런 의미에서 이 책의 전반부는 프로이트적인 비유로는 일종의 '애도' 작업에 해당한다고 보아도 무방하겠다. 어떤 빚을 청산한 듯한 기분이기 때문이다. 급하게 쓴 글이지만, 가급적 프로이트 전체를 조망하면서 그 틀 속에서 '소설'이란 정의불가능한 장르에 대해 논의해 보고 싶었다. 로베르의 저서로부터 얻은 바가 참 많았다. 그러나 로베르 이외에 다른 정신분석 이론가들에 대해서는 가급적 언급을 피했다. 이유는 간단하다. 다들 라깡이 어떻고, 프렌치 프로이트 학파가 어떻고 얘기하지만 필자로서는 그런 말 잔치가 공허하게만 들렸기 때문이다. 프로이트의 저작 전체에 대한 꼼꼼한 독해 없이, 아직 이 나라에 채 번역도 안된 라깡 운운하는 것이 서툴고 조급해 보였다. 그렇게 보면 이 책은 한국의 정신분석학적 문학연구에 대한 일종의 딴지걸기이기도 한 셈이다. 그렇게 읽어주었으면 좋겠다.

이 책의 후반부는 그간 써놓은 글들 중 정신분석학적 방법론을 원용한 세 편의 소품들을 골라 묶은 것이다. 프로이트적 작품 분석의 실례로 모자람이 없기를 바랄 뿐이다.

태어나서 오로지 내 이름만 내건 책을 내기는 이번이 처음이다. 주위의 많은 사람들에게 고마움을 전하지 않을 수 없다. 그러나 마음속으로 빚진 이가 너무 많아 일일이 호명하기가 힘들 정도이다. 특별히 부모님과 아내, 초라한 나를 지상에서 가장 훌륭한 아빠로 여기고 있는 '꼬마 한스' 내 딸 나무와, 이제 막 웃는 법을 터득한 선범에게 먼저 고맙단 말 전하고 싶다.

2003년 8월 늦여름
광주에서 김 형 중

**차례**

책머리에

# 1부 정신분석학적 서사론 연구

## 1. 서 론 • 11
1) 문제제기 및 연구사 개관 ………… • 11
2) 연구 대상 및 범위 ………… • 21
3) 서술 체계 ………… • 23

## 2. 정신분석학적 관점에서 본 소설의 기원과 정의 • 28
1) 소설 장르의 정의 불가능성 ………… • 28
2) 예술 창작의 리비도 경제학 ………… • 35
   (1) '환상'의 프로이트적 의미 ………… • 35
   (2) '승화'에 대하여 ………… • 40
   (3) 예술가와 예술의 기원 ………… • 43
3) 소설의 기원으로서의 '가족 로망스' ………… • 44
4) '업둥이 로망스'와 '사생아 로망스' ………… • 57
5) 루카치와 프로이트의 소설 정의 비교 ………… • 62

## 3. 병인(病因)으로서의 전쟁 • 66
1) 전후 소설과 '업둥이 로망스' ………… • 66

차례

　　2) '환멸'의 정신분석학적 의미 ………… • 73
　　3) 증상 형성의 리비도 경제학 ………… • 76

## 4. 전후 소설에 나타난 정신병리 • 98
　　1) '퇴행'과 전후 소설 ………… • 100
　　2) '도착'과 전후 소설 ………… • 109
　　3) '전이신경증'과 전후 소설 ………… • 118
　　　　(1) 전쟁과 외상성 신경증 ………… • 118
　　　　(2) '강박증'과 전후 소설 ………… • 121
　　　　(3) '히스테리'와 전후 소설 ………… • 127
　　4) '나르시시즘적 신경증'과 전후 소설 ………… • 135
　　　　(1) '조발성 치매'와 전후 소설 ………… • 135
　　　　(2) '편집증(망상)'과 전후 소설 ………… • 138
　　　　(3) '우울증'과 전후 소설 ………… • 147
　　5) 기질과 정신병리 : 손창섭의 경우 ………… • 149

## 5. 소설사와 정신분석 • 160
　　1) 여성성과 우울증 : 「불신시대」의 경우 ………… • 161
　　2) 전쟁 외상의 종결 : 「213호 주택」의 경우 ………… • 167

## 6. 결 론 • 171

차례

## 2부 소설과 정신분석

### 1. 서울과 무진 사이, 위악(僞惡)과 죽음의 경계에서 — 김승옥론 • 181
  1) 들어가는 말 ………… • 181
  2) 불온한 주체의 탄생 : 「생명연습」, 「건」 ………… • 185
  3) 위악의 도시 : 「서울 1964년 겨울」, 「누이를 이해하기 위하여」
     ………… • 191
  4) 죽음보다 못한 귀향 : 「무진기행」, 「환상수첩」 ………… • 199
  5) 사족 : 「역사」, 「우리들의 낮은 울타리」, 기타 ………… • 202

### 2. 애타게 자궁을 찾아서 — 장용학 소설과 정신분석 • 204
  1) 환원론을 넘어서 ………… • 204
  2) 애타게 자궁을 찾아서 ………… • 207
     (1) 오이디푸스 콤플렉스 ………… • 207
     (2) 동굴 이미지와 죽음충동 ………… • 212
  3) 선사(先史), 혹은 어머니의 다른 이름 ………… • 216
  4) 언어 이전 ………… • 222
  5) 정신분석의 일반화를 위하여 ………… • 228

**차례**

3. 이 적막강산에 — 정정희, 『나를 사랑하게 해봐』, 문학동네, 2003 • 231
   1) 분리/연루 불안 ………… • 232
   2) 외상적 분리 ………… • 236
   3) 우울증 혹은 기나긴 사후애도 ………… • 239
   4) 쥐의 출현 ………… • 242
   5) 불안의 사회적 연원 ………… • 245
   6) 이 적막강산에 ………… • 248

◇ 참고문헌 • 249
◇ 찾아보기 • 261

# 1부

## 정신분석학적 서사론 연구

# 1. 서 론

## 1) 문제제기 및 연구사 개관

　최근 한국 문학 연구 동향을 살펴보건대, 정신분석학의 복권 바람이 한창이다. 1980년대의 분위기와 비교해 볼 때 낯선 현상이 아닐 수 없다. 주지하다시피 1980년대 내내 우리 문학 연구에서 억압되었던 것 중의 하나가 다름 아닌 '심리주의'였다. 1980년대는 '사회학' 혹은 '마르크스주의'와 '리얼리즘'의 시대여서, 연구 방법에 있어서는 문학사회학적인 방법이나 주제 연구가, 창작 방법에 있어서는 리얼리즘이 대종을 이루었다.[1] 그

---

[1] 한국에서 정신분석학이 그나마 온전한 모습으로 인문학에 도입된 것은 1970년대였다. 주로 정신의학자들이 이러한 작업을 수행했는데, 그러한 예로는 다음을 들 수 있다.
　이동식, 「실존주의와 정신분석학」, 『사상계』 1960.5.
　이병윤, 「한국신화의 정신분석적 연구」, 『최신의학』 53호, 1963.
　김광일, 「한국 전래 해몽에 관한 정신 분석학적 고찰」, 『신경정신의학』 별책, 1969.
　─── , 「한국 신화의 정신 분석학적 연구」, 『한국문화인류학』 창간호, 1968.
　김종은, 「이상의 理想과 異常」, 『문학사상』 1973.7.

런 와중에서 정신분석학이란 기껏해야 '소부르주아적인' 혹은 '도피적인' 관념론의 일종이란 딱지를 벗기 힘들었던 것이 사실이다.

그러나 1990년대 초반, 현실 사회주의권의 붕괴와 함께 닥친 '이데올로기의 종언'[2]은 상황을 순식간에 역전시킨다. 이번에는 마르크스주의를 포함한 사회학주의가 억압당하기 시작하고 대신 그간 억압되어 있었던 심리학적 담론들이 대대적으로 유입되고 복권되기 시작한다. 가령, 1996년과 1997년, 2년에 걸쳐 완간(完刊)된 『프로이트 전집』[3]의 출판이나, 이즈

---

―――, 「소월의 병적」, 『문학사상』 1974.5.
백상창, 「사랑과 여성의 정신분석」, 『문학사상』 1974.3.
김경희, 「광화사의 심리적 연구」, 『김동인 연구』, 새문사, 1982.
　그러나 1980년대는 이렇게 정신의학자들에 의해 시작된 정신분석학의 인문학적 도입 시도를 일종의 '금기'의 영역으로 가두어 놓았다. 문화적 우점종으로서의 사회과학이 배타적인 헤게모니를 장악했던 때문으로 보인다.
2) 사실상 이 시기의 역사적 변화 또한 당대의 한국 지식인들에게는 하나의 외상trauma이었다. 이에 대해서는 본서의 후반부에서 다시 다루게 될 것이다.
3) 전집의 목록은 다음과 같다.
　　S. 프로이트, 『정신분석 강의』(상), 임홍빈 외 역, 열린책들, 1997.
　　―――, 『정신분석 강의』(하), 임홍빈 외 역, 열린책들, 1997.
　　―――, 『새로운 정신분석 강의』, 임홍빈 외 역, 열린책들, 1996.
　　―――, 『꼬마 한스와 도라』, 김재혁 외 역, 열린책들, 1997.
　　―――, 『꿈의 해석』(상), 김인순 역, 열린책들, 1997.
　　―――, 『꿈의 해석』(하), 김인순 역, 열린책들, 1997.
　　―――, 『정신분석 운동』, 박성수 역, 열린책들, 1997.
　　―――, 『종교의 기원』, 이윤기 역, 열린책들, 1997.
　　―――, 『쾌락원칙을 넘어서』, 박찬부 역, 열린책들, 1997.
　　―――, 『억압, 증후, 그리고 불안』, 황보석 역, 열린책들, 1997.
　　―――, 『문명 속의 불만』, 김석희 역, 열린책들, 1997.
　　―――, 『늑대인간』, 김명희 역, 열린책들, 1996.
　　―――, 『일상 생활의 정신병리학』, 이한우 역, 열린책들, 1997.
　　―――, 『농담과 무의식의 관계』, 임인주 역, 열린책들, 1997.
　　―――, 『무의식에 관하여』, 윤희기 역, 열린책들, 1997.
　　―――, 『예술과 정신분석』, 정장진 역, 열린책들, 1997.
　　―――, 『창조적인 작가와 몽상』, 정장진 역, 열린책들, 1996.
　　―――, 『성욕에 관한 세 편의 에세이』, 김정일 역, 열린책들, 1996.

음의 소위 '라깡(J. Lacan) 붐'은 그에 대한 적절한 예증이 될 수 있을 것이다.

'되살아난 망령'4)이란 비유로, 혹은 프로이트(S. Freud)적인 용어를 빌리자면 '억압된 것의 귀환'5)이라 칭해도 좋을 이런 현상이 국문학계에서도 나타나기 시작한 것은 1990년대 중반 이후이다. 외국문학 분야(특히 불문학 분야)나 사회학, 철학, 여성학, 그리고 시각예술 분야에 비할 때 상대적으로 늦은 감이 있는 것도 사실이지만, 그럼에도 불구하고 최근에는 정신분석학이 한국 문학 연구에 적용되는 예들이 심심찮게 발견된다. 그 중 주류를 이루고 있는 것이 '전후 소설'에 대한 정신분석학의 적용이다.

전후 소설에 속하는 작품들에서만큼 정신병리적인 특징을 보여주는 예가 우리 문학사에서는 달리 없었다는 사실을 감안할 때, 이런 경향은 자연스러운 데가 있다. 주지하다시피 전후(戰後) 한국 소설은 한국문학사를 통틀어 가장 어둡고 우울한 작품들로 채워져 있다6). 특히 정신분석 비

---
　　　　　, 『히스테리 연구』, 김미리혜 역, 열린책들, 1997.
　　　　　, 『나의 이력서』, 한승완 역, 열린책들, 1997.
4) 황수영, 「프로이트, 되살아나는 망령?」, 『시대와 철학』 11, 2000.
5) 『성욕에 관한 세 편의 에세이』, 앞의 책, p.166.
6) 전후 소설의 이런 특징은 당연히 다른 시대와 많은 점에서 구별되는 연구들을 낳게 하기도 했다. 그들의 작품 속에서 죽음, 그로테스크, 허무주의 등을 읽어내려는 시도들이 그것이다. 그런 예로는 다음과 같은 연구 성과들이 있다.
　　강윤희, 『한국 전후 소설의 그로테스크 연구 – 장용학, 손창섭, 최상규의 소설을 중심으로』, 서강대학교 석사학위논문, 2002.
　　권희돈, 「6·25가 전후 한국소설에 미친 영향」, 『새국어교육』 56, 1998.
　　박계정, 『1950년대 소설에서 본 피해의식고』, 이화여대 석사학위논문, 1979.
　　서상익, 『장용학 소설에 나타난 죽음의 양상』, 경북대학교 교육대학원 석사학위논문, 1987.
　　이지연, 『전후소설에서의 '허무주의'와 '저항'의 성격』, 성균관대학교 석사학위논문, 1990.
　　조현일, 『손창섭·장용학 소설의 허무주의적 미의식에 대한 연구』, 서울대학교 석사학위논문, 2002.
　　최창희, 『독일과 한국 전후소설에 나타난 '불구적 인물'의 의미 탐구』, 고려대학교

평과 관련하여 이 시기의 소설들만큼 풍부한 분석 대상을 제공하는 예는 1930년대 이상(李箱)을 제외하고는 달리 찾기 힘들 정도이다.[7]

손창섭과 장용학의 거의 모든 작품, 그리고 서기원의 「암사지도」, 선우휘의 「불꽃」 등의 작품에서 정신병리, 혹은 정신분석적 모티프를 찾기는 어려운 일이 아니다. 게다가 차차 살펴보게 되겠지만 전혀 심리주의적이지 않은 작품을 쓴 것으로 평가되는 박경리의 경우(「불신시대」)나 김성한(「로오자」, 「바비도」), 하근찬(「수난이대」), 그리고 이범선(「오발탄」, 「학마을 사람들」, 「기러기」) 등의 작품에서마저도 후경(後景)에 존재하는 외상 Trauma으로서의 전쟁, 그리고 그로 인한 병리적 징후들을 읽어낼 수 있다. 전쟁은 민감한 영혼의 소유자들인 작가들에게는 예외 없이 외상적(外傷的)이었고, 그런 의미에서 문학사적 병인(病因)이었다고 할 수 있다.

따라서 전후 소설에 대한 정신분석학적 연구들을 일괄하는 것은 사실상 정신분석학의 한국 문학 적용 사례 전체를 일괄하는 것이나 마찬가지이다. 그럼에도 불구하고 1990년대 중반 이전까지, 다른 시기의 소설들에 대해서는 말할 것도 없고 전후 소설에 대한 정신분석학적 연구 성과들 역시 지극히 미미한 상태에 있었다. 1990년대 중반 이전까지 대부분의 연구들이 취하고 있는 접근 방식은 구조주의적인 혹은 기호학적인 연구가 주류를 점하고 있었다.[8]

---

    석사학위논문, 2001.
7) 그러나 이상의 경우는 1930년대 문학사에서 예외적인 경우에 속한다는 사실을 감안해야 한다. 1930년대의 한국 문학은 그를 제외하고는 특별히 정신병리적인 징후를 보이지 않았다.
8) 대표적으로 다음과 같은 연구들을 들 수 있다.
    김미정, 『장용학 소설 연구 : 텍스트 형성원리를 중심으로』, 성균관대학교 석사학위논문, 2001.
    나은진, 『1950년대 소설의 서사적 세 모형 연구』, 이화여자대학교 박사학위논문, 1998.
    박유희, 「장용학 소설의 공간과 구조」, 『현대문학이론연구』 14, 2000.

그러나 1990년대 중반 이후부터는 사정이 달라진다. 앞서 언급한 시대적인 분위기에 보조를 맞추어 산발적으로나마 정신분석학적인 방법을 원용하여 문학 작품들을 연구하려는 시도들이 나타나기 시작한다. 급기야 최근에는 (전후 소설 연구에 국한할 경우) 연구의 태반이 정신분석학의 직·간접적인 영향 아래 쓰여지고 있다고 해도 과언이 아닐 정도에 이르고 있다.9)

---

변화영, 「1950년대 손창섭의 이종 이야기에 나타난 초점 화자의 의식 연구」, 『현대문학이론연구』 13, 2000.
─, 『한국 전후소설의 이야기 담론 연구』, 전북대학교 박사학위논문, 1999.
양상욱, 『장용학 소설 연구 : 현실 인식과 서사 방법을 중심으로』, 성균관대학교 석사학위논문, 2000.
이현석, 『전후소설의 서사구조와 수사적 성격 연구 : 상징과 알레고리의 텍스트 내적 관계양상을 중심으로』, 서울대학교 석사학위논문, 1997.
장영은, 『장용학 소설의 공간 연구』, 이화여자대학교 석사학위논문, 1999.
장은수, 『1950년대 손창섭 단편소설 연구 : 서사담화 분석을 중심으로』, 연세대학교 석사학위논문, 1996.
허선회, 『손창섭 소설 연구 : 작중인물의 유형과 공간의 상징성을 중심으로』, 중앙대학교 교육대학원 석사학위논문, 2001.
9) 전후 소설에 대한 정신분석학적 견지에서의 연구로는 다음과 같은 것들이 있다.
김지영, 『손창섭 소설에 나타난 주체형성 연구』, 서울대학교 석사학위논문, 1997.
김형중, 『장용학 소설의 낙원의식 연구』, 전남대학교 석사학위논문, 1995.
문화라, 『손창섭 소설에 나타난 인물의 욕망구조 연구』, 이화여자대학교 석사학위논문, 1994.
박정은, 『손창섭 소설의 정신분석학적 연구』, 건양대학교 석사학위논문, 1997.
배개화, 『손창섭 소설의 욕망구조 연구』, 서울대학교 석사학위논문, 1995.
신경득, 『한국전후소설연구』, 일지사, 1983.
심영덕, 『손창섭 소설의 심리학적 연구』, 영남대학교 박사학위논문, 1997.
윤승희, 『손창섭 소설의 성의식 연구』, 숭실대학교 석사학위논문, 1998.
이국환, 『한국 전후소설의 인물 연구』, 동아대학교 박사학위논문, 2000.
이기호, 『손창섭 소설에 나타난 욕망 발현양상 연구』, 명지대학교 석사학위논문, 1999.
이정호, 『장용학 소설의 욕망구조』, 한남대학교 석사학위논문, 2002.
조두영, 「손창섭 초기작품의 정신분석적 고찰」, 『신경정신의학』 35, 1996.
최미진, 『손창섭 소설의 욕망구조 연구』, 부산대학교 석사학위논문, 1995.

그러나 이와 같은 양적 팽창에도 불구하고 1990년대 중반 이후 정신분석을 전후 소설에 적용한 상당수의 기존 연구들을 종합해 볼 때 몇 가지 한계들이 드러난다. 사실상 이 한계들은 전후 소설만이 아니라 한국의 정신분석학적 문학 연구 일반이 드러내고 있는 한계이기도 하다.

첫째, 적용 대상이 특정 작가에게만 주로 집중되어 있다는 점이다. 예를 들어 전후 소설 작가군 중 특히 손창섭과 장용학의 작품들은 정신분석에 대한 깊은 이해가 없는 독자에게도 쉽게 그 정신병리적 특징들을 드러낸다. 손창섭의 주인공들이 보여주는 우울증*depression*10)은 많은 논자들에 의해 이미 지적된 바 있다. 더욱이 장용학의 거의 모든 작품은 마치 정신분석의 중심개념인 오이디푸스 콤플렉스*Oedipus complex*적 상황이나, 근친상간, 부친살해 모티프의 진열장과 같다. 그렇게 보면 두 작가에 대한 연구에서 유달리 정신분석적 방법이 적용되는 경우가 잦은 것은 당연한 현상이라고 할 수도 있겠다.

그러나 정신분석학이 문학 작품 분석에 있어 '일반 이론'으로서의 지위를 획득하기 위해서는 정신병리적인 징후가 표면에 직접 드러나는 작품들 외에도, 전혀 정신병리적으로 보이지 않는 작품에도 적용이 가능해

---

  최정민, 『장용학 소설연구 : 정신분석학과 신화비평적 접근』, 충남대학교 석사학위논문, 1998.
  이 중 신경득의 『한국전후소설연구』는 각별한 위치를 점한다. 전후 소설 연구의 비교적 초창기 성과에 해당하는 연구이면서도 신경득의 저서는 거의 대부분의 정신분석 용어들을 자유자재로 사용하여 전후 소설들의 특질을 밝힌 선구적인 업적이다. 아울러 이국환의 연구 또한 주목할 만한데, 그는 사회심리학적 개념인 '통제'를 방법적으로 채택하여 전후소설에 나타나는 외상 후유증을 밝혀내려는 시도를 보여준다. 다만 그의 연구가 '심리학적'임에는 틀림없지만, 본서가 방법론으로 채택한 '정신분석'과는 다소 거리가 있다는 점은 지적되어야 할 것이다.
10) 본서에서는 개념의 엄밀한 사용을 위해 각 장마다 정신분석학적 개념들이 처음 등장할 경우 영어 표기를 병기(倂記)하기로 한다. 프로이트의 원저작을 염두에 두면 독어표기를 병기하는 것이 마땅하겠으나, 추후 개념들의 유통과정에서 사용가치를 고려해 볼 때, 영어 표기가 합리적이라고 생각되기 때문이다.

야만 한다. 말하자면 손쉽게 정신분석을 작품에 적용하려는 시도, 혹은 이론에 일치하는 작품을 찾아내는 식의 선별적 접근을 극복해야 한다는 것인데, 이런 점에서 기존의 연구들은 나름의 한계를 가지고 있다고 볼 수밖에 없다. 아울러 손창섭과 장용학에게서 그와 같은 정신병리가 자주 등장하는 이유에 대한 설명이 전혀 없었다는 점도 지적할 필요가 있다. 유독 두 작가에게서 정신병리적 징후들이 자주 등장한다면 이에 대한 해명도 정신분석학적 연구의 대상이 되어야 한다.

이와 같은 한계는 전후 소설에 대한 연구에서만 드러나는 것은 아니다. 그간 한국에서 정신분석학이 문학 작품 분석에 사용되는 방식이 일반적으로 이와 같았다. 그런 의미에서 볼 때, 전후 소설에 대한 연구에서든 다른 시대의 작품들에 대한 연구에서든 문학작품의 분석에 관한 한 정신분석은 좀더 일반화되어야 할 필요가 있다.

둘째, 이미 『프로이트 전집』이 발간된 지 5년여의 시간이 흘렀음에도 불구하고, 정신분석 이론에 대한 충분한 이해가 부족한 상태에서 작품 분석이 이루어지고 있다. 기존의 연구들은 프로이트가 『정신분석강의』[11]나 『꿈의 해석』[12]의 저자일 뿐 아니라, 『억압, 증후, 그리고 불안』[13]의 저자이기도 하다는 사실에 대해서는 전혀 참조하지 않는다. 그 때문에 '의식 *Consciousness*/무의식*Unconsciousness*', '현실원칙*reality-principle*/쾌락원칙*pleasure-principle*', '이드*Id*/자아*ego*/초자아*super-ego*', '에로스*Eros*/타나토스*Thanatos*' 등과 같은 몇 가지 기본 대립쌍들을 작품 속에서 찾아내거나, 조금 더 나아갈 경우 몇 가지 신경증*neurosis*들의 명칭(강박증*compulsion*, 히스테리*histeria*, 퇴행*regress*, 고착*fixation* 등과 같이 일반적으로 알려진 개념들)을 '비유적으로' 사용하는

---

11) 『정신분석강의』, 앞의 책.
12) 『꿈의 해석』, 앞의 책.
13) 『억압, 증후, 그리고 불안』, 앞의 책.

정도에 만족하고 만다. 그러나 프로이트가 각각의 신경증에 부여한 명칭이 전혀 '비유'가 아니라 정밀한 임상 치료 결과 유추해낸 '리비도 경제학'14)에 바탕을 두고 있다는 사실에는 눈을 감는다.

가령 나르시시즘*narcissism*이란 용어가 상식적인 의미에서의 '자기애'만을 지칭하는 것이 아니라 엄밀하게는 '대상리비도집중의 철회*object cathexis regress*'이기도 하다는 사실, 그리하여 '나르시시즘적 신경증*narcissistic neurosis*'에 속하는 몇 가지 치료불능의 정신병리들(우울증, 조발성 치매*dementia praecox*, 그리고 편집증*paranoia*)의 강력한 원인이 된다는 사실에 대해서는 전혀 언급하지 않는 식이다. 개념의 엄밀성이 심하게 훼손 당하고 있다고 할 수 있겠다. 요컨대 기존의 전후 소설에 대한 정신분석학적 연구들은 대개 프로이트 이론의 편의적인 적용, 혹은 일면적인 적용의 용례를 벗어나지 못하는 경우가 많았다.

'프로이트를 넘어서' 라깡의 이론과 같은 현대 정신분석 이론을 적용하려는 시도도 만족할 만한 결과를 낳지는 못한 것으로 보인다. 왜냐하면 라깡은 우리나라에 아직 제대로 번역조차 되어 있지 않기 때문이다.15) 당

---

14) 리비도 경제학이라는 용어의 함의에 대해서는 프로이트의 다음과 같은 언급을 참조할 수 있다.
"우리의 모든 정신 활동은 쾌락의 획득을 지향하고 불쾌감을 피하려는 것처럼 보였으며, 이 활동은 자동적으로 〈쾌락 원칙〉에 의해서 조절됩니다.……쾌락이란 〈어떤 방식으로든〉 심리 기제 속에서 작용하는 자극의 양이 감소하거나 저하되고, 혹은 소멸되는가에 달려 있다는 사실입니다. 그러나 불쾌감의 경우, 자극의 양을 높이려고 합니다.……그러한 쾌락의 과정들에서 문제의 모든 운명적 관건은 심리적 자극의 양들, 즉 심리 에너지의 양에 달려 있기 때문에, 우리는 이런 유형의 관찰을 경제적 관찰이라고 표현했습니다"(『정신분석강의(하)』, 앞의 책, pp.506~507 참조).
이로 미루어 볼 때, 프로이트는 경제학에서의 투자와 이윤창출의 관계와 유사한 관점에서 리비도 에너지를 다루고 있음을 알 수 있다. 즉 쾌락을 위해서는 리비도의 적당량이 지출되고 투자되어야 한다. 또한 적당량 이상의 에너지가 축적될 경우 잉여 에너지가 소모되지 않는 한 아무런 가치(쾌감) 창출 없이 불쾌를 유발한다.
15) 필자가 알기로 현재 국내에 완역된 라깡의 저작은 없다. 다만 저작의 일부를 발췌

연히 라깡의 이론에 대한 적용 시도도 일면적일 수밖에 없었다. 그렇다면 결국 문제는 프로이트 이론의 보다 정밀하고, 보다 폭넓은 적용이다.16)

셋째, 두 번째의 한계와 직접 관련된 것으로, 그간의 연구들이 정신분석이론을 작품의 주제나 인물 등과 같은 내용적 측면에만 적용해 왔다는 사실이 지적되어야 한다. 물론 정신분석이론이 작품의 내용분석, 특히 등장인물들의 심리나 작품의 주제, 혹은 작가의 전기적 사실과 관련된 무의식적 창작 의도 등을 밝히는 데 적절한 비평이론임에는 틀림이 없다. 그럼에도 불구하고 아쉬움은 남는데, 본서가 본론에서 언급하게 될 마르트 로베르(M. Robert)같은 이론가의 경우 이미 정신분석을 소설 장르론에 성공적으로 적용한 사례를 보여주고 있기 때문이다.

이렇듯 기존의 연구사를 검토해 보았을 때, 정신분석이론을 '소설'이라고 하는 장르 자체의 속성을 파악하는 도구로 사용하거나, 작품의 형식적 측면에 적용해 보려고 시도한 예는 드물다. 정신분석 이론을 엄밀한 의미에서 '문학이론'으로 전화시키고자 한 예를 찾아보기는 어렵다는 말이다. 모든 사상이 그렇듯이 그것이 '문학이론'으로 전화되기 위해서는 장르론이나 양식이론이 필요하다. 그런 의미에서 볼 때, 한국의 정신분석학은 아직 문학이론이 아니다.

---

해서 번역한 책으로 『욕망 이론』(민승기 외 역, 문예출판사, 1994)이 있을 뿐이다. 방대한 라깡의 전체 저작에 비추어 그야말로 미미한 수준이라고 말할 수 있겠다. 라깡의 주저인 『에끄리』(*Écrits*)와 『세미나』(*Le Séminar*)는 현재 번역 중으로 아직 미간이다.

16) 본서에서 프로이트의 원저작 외에 다른 정신분석 이론들을 거의 참조하지 않은 이유도 여기에 있다. 어떤 이의를 달더라도 정신분석학의 기본을 이루는 것이 프로이트의 저작들이란 사실에 틀림이 없다면, 무성한 풍문 외에 아직 우리에겐 번역조차 되지 않고 있는 라깡이나 그 외의 정신분석이론들을 거론하는 것보다는 일차적으로 프로이트 이론에 대한 성실하고도 온전한 이해가 필수적이라고 판단했기 때문이다. 라깡의 표현을 빌리자면 한국 문학의 연구에 있어서도 '다시 프로이트에게로!'라는 경구는 유효하다는 것이 본서의 입장이다.

이상 기존의 연구들이 갖는 한계를 검토해 본 결과 얻어지는 결론은 다음과 같다.

첫째, 개개 작품 분석에 사용되는 외적인 도구가 아니라 문학, 특히 소설이라고 하는 장르 자체가 가지고 있는 정의상의 모호성[17]에 대해 정신분석이 어떤 함의를 줄 수 있는가 라는, 보다 구체적인 문제틀 속에서 정신분석 이론이 재검토될 필요가 있다. 즉 장르론과 정신분석이론의 통합이 필요하다. 본서에서 시도하려고 하는 첫 번째 연구 목적이 그것이다.

둘째, 한국 소설(본서의 경우 전후 시기 소설)은 아직 정신분석 이론을 통해 충분히 조명 받지 못했다. 한국에서 정신분석학이 처해 왔던 지위가 1990년대 후반 이전까지는 빈약한 것이었기 때문이기도 하고, 실제로 연구자들이 정신분석에 대한 엄밀한 이해를 바탕으로 작품에 접근하지 못했기 때문이기도 하다. 따라서 본서는 프로이트의 전체 저작에 대한 충분한 독해를 바탕으로 그간 문학 작품 분석에 사용되지 않았던 정신분석 개념들을 프로이트의 리비도 경제학 이론에 따라 엄밀하게 작품 분석에 원용할 것이다. 특히 그간 비유적으로만 사용되었던 신경증 관련 용어들을 '과학화'하는 데 주안점을 둘 것이다.

셋째, 그간 한국에서의 정신분석학적 문학 연구는 연구 대상을 분석이 용이한 몇 작가에 국한시키는 한계를 벗어나지 못했다. 전후 소설을 예로 들자면, 가능한 한 손창섭과 장용학 뿐만 아니라 전혀 정신병리적으로 보이지 않는 이범선, 박경리, 하근찬, 송병수, 추식, 선우회, 김동립, 김광식 등의 작품에까지 정신분석학적 방법을 적용시켜 볼 필요가 있다. 물론 본서 역시 기본적으로는 손창섭과 장용학의 텍스트를 분석 대상으로 취할

---

[17] 소설이라고 하는 장르는 한 번도 제대로 정의된 적이 없다. 이 점에 대해서는 후술할 것이다.

것이다. 전후 소설의 정신병리를 논의하기 위해서는 손창섭과 장용학을 빠뜨릴 수 없기 때문이다. 두 작가는 그 만큼 전후 소설에서 독특한 자리를 차지한다. 그러나 가급적 두 작가 이외의 나머지 작가들에 대해서도 정신분석학적 개념들의 적용 범위를 확대하고자 시도할 것이다. 이미 언급한 정신분석학적 방법의 일반화를 위해서이다. 아울러 정신분석학적 방법이 유독 장용학과 손창섭에게 적합했던 사정에 대해서도 시론적이나마 간단하게 밝혀 보게 될 것이다.

## 2) 연구 대상 및 범위

본서의 연구 대상은 '한국 전후 소설'이다. 여기서 '전후(戰後)'라고 하는 용어 사용에 대한 해명이 필요하겠다. 왜냐하면 필자는 이미 졸고[18]의 서문에서 '전후세대'라고 하는 세대론(世代論)적 명칭이 범하기 쉬운 일반화의 오류를 지적한 바 있기 때문이다. 그럼에도 이를 번복하면서 '세대론적' 규정에 따라 몇몇 작가를 '전후'라고 하는 수식어로 범주화하려고 한다면 해명은 필수적이다. 결론부터 말하자면, 본서에서 '전후'라고 하는 용어는 전혀 세대론적으로 사용되지 않는다.

이미 살펴본 대로 본서의 일차적 목적은 '정신분석학 이론의 문학이론화'에 있다. 그러기 위해 연구대상으로 택한 것이 바로 소위 '전후세대'에 속하는 일련의 작가들과 작품들이다. 본서에서는 의도적으로 '세대'를 배제한 채 '전후'라고 하는 용어만을 사용할 생각인데, 이유는 세대론적 시각을 배제한 채로 1950년대 소설들을 다루고자 하기 때문이다. '전후 세

---

18) 김형중, 앞의 논문.

대'라는 용어에서 '세대' 개념의 내포는 취하지 않고 '전후'라는 개념의 내포만을 취할 것이다. 이유는 본서의 목적이 여러 작가들을 하나의 세대로 묶는 근거로서의 '전후' 개념을 필요로 하는 것이 아니라, 외상적 체험으로서의 '전후' 개념을 필요로 하기 때문이다. '전후'라는 용어는 오로지 외상으로서의 전쟁을 부각시키기 위해서만 사용될 것이다.

여러 시기의 소설들을 제쳐두고 굳이 전후 시기의 소설들을 연구의 대상으로 삼은 것도 이런 이유가 크다. 즉 거대한 외상으로서의 전쟁을 전제할 경우 프로이트가 이론화한 여러 병리적인 현상들이 질적으로나 양적으로나 가장 자주 출현할 것으로 가정되는 시기가 바로 전후 시기인 것이다. 이미 이에 대해서는 언급한 바 있다.

그러나 같은 외상 경험을 겪어도 기질에 따라 환자들의 증상은 다양하게 나타나듯이 같은 전쟁 체험 후에도 작가들에게서 병리적 징후들은 각각 다르게 나타난다. 가령 손창섭의 전 작품과 박경리의 「불신시대」에서는 우울증이, 김성한의 작품들에서는 망상delusion과 편집증이, 하근찬의 「수난이대」에서는 히스테리가, 그리고 장용학에게서는 이 모든 징후들이 다 나타난다. 그러나 그러한 징후를 낳은 병인으로서의 전쟁 체험은 모두 동일하다. 세대론은 이러한 다양한 차이를 구별하지 못하게 한다.

따라서 본서에서는 일차적으로 전후 한국 소설을 다루되, 전쟁 체험이 외상으로 작용하고 있는 작품들만을 연구의 대상으로 삼는다. 물론 이미 언급한 대로 표면적으로는 정신병리적이지 않은 작품들도 대상으로 할 것이다.

### 3) 서술 체계

'정신분석 이론의 문학이론화'를 위해서는 정신분석 이론이 단순히 개개 작품의 특정 요소들을 분석하는 데 사용되는 도구 수준의 적용을 넘어서야 한다고 했다. 따라서 본서에서는 소설의 장르론과 정신분석이론을 결합시키려는 시도로부터 시작할 것이다. 이는 정신분석이 깊은 차원에서는 이미 소설 이론이라는 점을 증명해 보이려는 시도이기도 하다. 본 논문의 제목이 『정신분석학적 서사론 연구』인 이유도 여기에 있다. 문학 외부에서 문학에 적용될 수 있는 외부적 분석 장치로서의 정신분석학이 아니라, 그 자체로 정신분석 이론이 서사이론, 혹은 '소설의 이론'이기도 하다는 점을 밝히는 데 이 논문의 일차적 목적이 있다.

이런 전제 하에 우선 본서의 2장에서는 정신분석 이론을 통해 소설을 다시 정의해 본다. 1절에서는 그간 무수한 시도들에도 불구하고 '소설'이라고 하는 장르가 제대로 정의된 적이 없다는 사실을 확인한다. 설사 정의되었다 하더라도 그것은 대개 '계통발생 차원[19]'에서 소설의 기원을 밝히려는 시도에 불과했다. 즉 소설의 역사적 기원에 대한 탐구가 소설 자체의 정의를 대신해 왔던 것이다.

이어서 2절에서는 소설 장르의 '계통발생적' 기원이 아니라 '개체발생적' 기원을 정신분석학의 도움을 받아 밝히게 될 것이다. 그리고 개체발

---

19) 본서에서는 '계통발생(系統發生)'과 '개체발생(個體發生)'이라는 이항대립적인 용어를 주로 마르쿠제(H. Marcuse)의 용법으로부터 빌려와 사용한다. 마르쿠제는 이 두 용어를 다음과 같이 정의한다.
  (1) 개체발생: 유아기 초기로부터 의식적이고 사회적인 존재로의 억압된 개인의 성장.
  (2) 계통발생: 원시 유목부족으로부터 제도화된 문명 상태로의 억압된 문명의 성장. 이에 대해서는 『에로스와 문명』(김인환 역, 나남, 1988) p.33. 참조.

생적 차원에서 밝혀진 소설 장르의 기원을 토대로 소설을 정신분석학적으로 다시 '정의'하게 될 것이다. 이 작업을 통해 이미 익숙하게 통용되고 있는 승화sublimation 개념이 재확인될 것이지만 기존의 연구에서와는 달리 리비도 경제학적인 개념상의 엄밀성을 유지하게 될 것이다.

3절에서는 '승화'라고 하는 개념이 여러 예술 장르 중에서도 유독 소설 장르에 적합한 이유를 살펴보게 될 것이다. 프로이트에 따르면 예술의 바로 전(前)단계(신경증의 바로 전단계이기도 하다)는 환상phantasy 혹은 백일몽day-dream이다. 그런데 흥미로운 점은 대개 신경증 환자나 유년기 아동에게서 자주 나타나는 이 백일몽이 서사(narrative)를 가지고 있다는 사실이다. 즉 백일몽은 '줄거리'가 있는 전(前)소설적 형태를 취하고 있다. 정신분석학적 관점에서의 예술이 소설 장르와 가장 밀접한 관계를 맺게 되는 이유가 여기에 있다. 백일몽은 소설 장르에 특징적인 '서사'를 이미 갖추고 있는 것이다.

백일몽 중에서도 특별히 유년기에, 그리고 신경증 환자들에게 자주 나타나는 두 가지 유형의 백일몽에 대해 프로이트는 이미 언급한 바 있다. 그는 이 두 가지 형태의 백일몽을 '가족 로망스family-romance'라고 불렀다. 로베르는 다시 이 두 가지 유형의 가족 로망스에 각각 '업둥이enfant trouvé'형(型) 로망스와 '사생아bâtard'형 로망스란 이름을 붙여 주는데, 그가 보기에 바로 이 두 유형의 가족 로망스가 개체발생 차원에서 파악된 소설의 기원이다. 로베르는 전자의 유형에 '낭만주의적'인 소설들 전체를, 그리고 후자의 유형에 '사실주의적'인 소설들 전체를 포함시킨다. 그에 따르면 지상에 존재했었던 모든 서사 양식은 이 두 범주로 구분이 가능하다. 4절에서는 이에 대해서 논의한다.

2장의 마지막 절은 개체발생 차원에서의 소설의 기원과 계통발생 차원에서의 소설의 기원을 비교하는 작업에 할애된다. 특별히 루카치(G. Lukacs)의 소설 정의와 로베르의 소설 정의를 비교해 보면서 사실상 양자 간의 대립이 정신분석학적으로 해소 가능한 것임을 밝히게 될 것이다. 소설에 있어서도 개체발생은 계통발생을 반복한다. 혹은 계통발생이 개체발생을 반복한다.

본서의 3장은 전후 소설에 대한 본격적인 정신분석학적 분석의 예비단계에 해당한다.

1절에서는 로베르가 구분한 두 유형의 소설 양식들 중 유독 업둥이형 소설이 전후 소설에서 주류를 차지하고 있음을 밝힐 것이다. 흥미롭게도 전후 소설 작품에 대한 분석 결과 이 시기의 소설은 일반의 평가와 달리 '모더니즘적'이기보다는 오히려 '낭만주의적'이었음을 확인하게 될 것이다.

2절에서는 1절의 연장선상에서 전후 소설의 대부분이 왜 업둥이 유형에 속하게 되었는가의 이유를 밝히고자 한다. 그것은 외상으로서의 전쟁 체험 때문이다. 종종 '환멸'이라고 표현되는 정서는 정신분석학적 용어로는 '대상리비도집중의 철회'로 번역된다. 즉 전쟁과 그로 인해 폐허화된 현실에 대한 환멸은 작가들로 하여금 대상 세계로부터 모든 애정, 즉 대상리비도집중을 철회하게 한다. 그리하여 현실에 대한 환멸의 정서가 주류를 차지하게 되고, 그 결과는 정신병리이거나 낭만적 과거, 혹은 낙원으로의 도피이다.

3절에서는 전쟁을 거대한 좌절 혹은 병인으로 상정했을 때, 전쟁 체험 이후 발병 가능한 신경증 증상들의 형태가 무엇인가를 리비도 경제학의 관점에 따라 서술하고자 한다. 이에 따라 전쟁이라고 하는 외상에서 빚어지는 고착, 퇴행, 도착*perversion* 그리고 전이신경증*transference neurosis*(불안

*anxiety*, 히스테리, 강박증), 나르시시즘적 신경증(편집증, 망상, 조발성 치매, 우울증) 등의 증상형성 과정이 논의될 것이다.

본서의 4장에서는 프로이트가 언급한 증상형성*symptom formation*의 과정에 따라 정신분석학적 개념들을 엄밀하게 적용하여 전후 소설을 고찰하고자 한다. 전쟁으로 인한 환멸이 대상리비도집중의 철회를 낳는다. 철회된 대상리비도는 자아를 향해 되돌아온다. 이때 적절한 해소책을 못 찾을 경우 리비도는 심리 발달과정의 초창기로 퇴행해서는 이내 고착된다. 4장의 1절은 이러한 퇴행과 고착이 전후 소설에서는 어떻게 나타나는가를 살펴본다. 억압이 없을 경우 이러한 고착은 '도착'을 낳는다. 4장의 2절은 바로 전후 소설에 나타나는 도착 사례에 대한 분석이다.

자아에 의한 억압이 없는 퇴행이 도착을 낳는 반면, 자아에 의한 억압이 존재하는 경우에는 신경증 증상이 형성된다. 그 중 구강기*oral phase*나 항문기*anal phase*로 리비도가 퇴행할 경우의 신경증이 '전이 신경증'에 속한다. 3절에서는 바로 이 전이신경증의 징후들을 보여주는 전후 소설들에 대한 사례 분석이 시도된다.

전이신경증은 정신병리 환자들에게는 그나마 다행인 경우에 속한다. 왜냐하면 '전이'를 통한 치료가 가능하기 때문이다. 그러나 나르시시즘적 신경증의 경우는 사정이 다르다. 이 경우 리비도는 구강기보다도 초기인 자가성애기*autoeroticism phase* 단계로까지 퇴행한다. 사실상 이 경우는 대상리비도를 집중할 어떠한 타자도 고려하지 않는 단계이므로 전이 자체가 불가능하다. 따라서 치료 또한 불가능하다. 4절에서는 전후 소설에서 이 유형에 속하는 인물들에 대해 분석한다.

4장의 마지막 절은 손창섭의 경우를 들어, 특별히 어떤 작가에게서 정신병리적 징후들이 자주 드러난다면, 거기엔 어떤 이유가 있는가를 살펴

볼 것이다. 이를 통해 그간 장용학과 손창섭에 정신분석적 연구들이 집중될 수밖에 없었던 사정에 대한 해명이 가능해질 것이다.

본서의 마지막 장에 해당하는 5장은 전후 소설에서는 예외적인 경우에 속하는 두 작품에 대해 언급하게 된다. 김광식의 「213호 주택」과 박경리의 「불신시대」가 그것이다. 이들 작품은 전후 시기에 쓰여진 작품이면서도 이후 한국 소설사의 진행에 대해 일종의 예시적 역할을 한다는 점에서 흥미롭다. 「213호 주택」은 같은 시기의 다른 작품들과는 판이하게 더 이상 병인으로서의 전쟁을 상정하지 않는다. 이 소설에서 병인은 이제 전쟁이 아니라 산업사회의 획일적인 일상이 된다. 즉 50년대적 병인과 결별하고 60년대적 병인이 나타나기 시작하는 것이다. 아울러 박경리의 「불신시대」에는 병리학적으로 치료 불가능한 '우울증'을 이겨내는 주인공이 등장하는 바, 이 역시 전후 소설의 주된 외상이었던 전쟁의 상흔으로부터 벗어나고 있는 인물을 형상화함으로써 소설사의 '이행'을 암시하는 데가 있다. 전쟁 외상으로부터 벗어남으로써 전후 소설은 이제 서서히 60년대 소설에 자리를 내주기 시작하는 것이다.

마지막으로 결론에서는 지금까지의 논의를 요약하고 본서의 한계를 지적하고자 한다.

## 2. 정신분석학적 관점에서 본 소설의 기원과 정의

### 1) 소설 장르의 정의 불가능성

소설이라고 하는 장르를 정의하려고 하는 시도는 무수하게 진행되어 왔다. 그러나 그 무수한 시도들 중 소설의 정의에 온전하게 성공한 경우가 있는지는 자못 의심스럽다.

일단 소설에 대한 몇 가지 정의 사례들을 살펴보도록 하자. 비교적 최근에 발간된 한 문학개론서는 '소설의 정의'라고 하는 항목을 다음과 같은 언급으로 시작한다.

> 소설이란 무엇인가에 대한 보다 확실한 정의를 내릴 수 있었던 것은, 근대 시민사회 이후 소설이라는 문학장르의 의의와 가치가 부각되면서부터이다.[20]

---

20) 조태일 외, 『문학의 이해』, 한울, 1999. p.123.

근대 시민사회 이후에 이르러서야 소설이라는 장르에 대한 정의가 가능해졌다는 언급이다. 그리고 동양과 서양에서 소설이라고 하는 장르를 정의한 다양한 목록들을 제시한 뒤 '소설의 정의' 항목은 다음과 같이 마무리된다.

> 이와 같이 소설은 그 시대적 조건이나 상황에 따라 개념이 다르다. 소설이 지닌 특질이나 기능의 한 면을 강조해 놓은 이러한 정의들을 종합해 볼 때, 소설은 이야기이며 꾸며서 만든 것이고 현실이나 인생과 밀접한 연관이 있음을 알 수 있다. 따라서 '소설은 인생에 대하여 꾸며진 환상적이며 사실적인 이야기로서 창작문학의 한 장르'라고 정의할 수 있을 것이다.21)

소설이라고 하는 장르는 '그 시대적 조건이나 상황에 따라 개념이 다르다'. 즉 모든 시대를 관통해서 소설을 정의하기란 불가능하다는 말에 다름 아닌데, 그리하여 소설은 '인생에 관한 것이며', '환상적이면서 동시에 사실적인', '창작문학의 한 장르'라고 하는 일반적인 사실 확인 차원에서만 정의된다.

그런데 '환상적이면서 사실적인'이라는 말은 결국 모든 언술을 포함한다는 말에 다름 아니다. 모든 언술은 환상 아니면 사실, 즉 허구가 아니라면 실제 있었던 일의 기록일 것이기 때문이다. '인생에 관한'이라고 하는 수식어 역시 소설 장르에 대한 아무런 해명도 주지 않는다. 기록된 모든 문자는 인생에 관한 것일 수밖에 없기 때문이다. 그렇다면 위의 소설 정의는 결국 소설 장르에 대한 동어 반복적 진술에 불과한 것이다. 정의된 것이 있다면 결국 '허구'로 된 것이라는 사실 외에 없다.

---

21) 위의 책, p.125.

그리고는 곧바로 '소설의 기원' 항목이 이어진다. 익히 알고 있는 서사문학의 역사, 즉 서사시로부터 근대소설에 이르는 긴 역사가 기술된다.

사실상 이와 같은 소설 정의상의 모호함은 위 저작만의 한계가 아니다. 대부분의 개론서에서 소설에 대한 정의가 거의 모두 다 그렇다. 불충분하고 모호한 정의, 그리고 곧바로 이어지는 서사문학의 기원과 역사에 대한 서술은 거의 모든 문학개론서들이 취하고 있는 기술(記述) 순서이다. 말하자면 소설 장르의 정의 불가능성을 소설의 기원에 대한 탐구가 대신하고 있는 것이다. 또 다른 예를 보자.

> 소설은 〈적어도 한 권의 책이 될 만한 길이의 산문으로 꾸민 이야기(즉 허구)〉라는 대단히 막연한 정의로 우리는 우선 만족할 수밖에 없을 만큼 그 주제나 형식이 여러 갈래이다.[22]

위 인용문에서도 사정은 마찬가지로 보인다. 인용문에서는 소설의 정의를 소설의 길이('한 권의 책이 될 만한 길이'), 그리고 소설의 형식('산문으로')에 대한 일반적인 확인으로 대체하고 있다. 여전히 남는 것은 '허구'라고 하는 특징뿐이다. 그러나 '허구'가 반드시 소설만의 특징인지는 의심해 볼만하다. 후기구조주의적 사유의 출범 이후 우리는 엄밀한 의미에서 언어로 된 모든 텍스트가 '허구'일 수 있음을 알고 있기 때문이다. 게다가 '시'나 '드라마' 역시 허구의 산물이기는 매한가지일 것이다.

설사 루카치와 같은 서구 거장들의 견해를 취하더라도 별반 달라질 것은 없다. 루카치는 소설을 다음과 같이 정의한다.

> 소설은 삶의 외연적 총체성이 더 이상 구체적으로 주어지지 않고 있

---

[22] 이상섭, 『문학비평용어사전』, 2001 개정판, 민음사, p.182.

고, 또 삶에 있어서의 의미 내재성은 문제가 되고 있지만 그럼에도 총체
성을 지향하고자 하는 시대의 서사시이다.[23]

역시 불만족스럽기는 마찬가지인데, 루카치의 정의는 소설이라고 하는 장르 자체에 대한 정의이기보다는 오히려 소설이 태어난 시대로서의 '근대'에 대한 정의('삶의 외연적 총체성이 더 이상 구체적으로 주어지지 않고 있고, 또 삶에 있어서의 의미 내재성이 문제가 되고 있는')와 소설이 그 뿌리를 대고 있는 서사문학의 최초 기원에 대한 정의('서사시')로 보이기 때문이다. 소설은 저간의 평가와는 달리 루카치에 의해서도 제대로 정의되지 않았다.

르네 지라르(R. Girard)나 루시앙 골드만(L. Goldman)의 견해 역시 이런 상황을 타개하지는 못하는 것으로 보인다. 골드만의 '타락한 시대에서 타락한 방식으로 진정한 가치를 추구하는 장르'[24]라는 정의 속에도 소설은 없다. 다만 소설의 시대('타락한')와 소설의 '지향'('타락한 방식으로 진정한 가치를 추구하는')만이 있을 뿐이다. 마찬가지로 지라르의 '욕망의 모방적 성격을 드러내 주는 진실'[25]이라고 하는 정의에도 소설의 '기능'('욕망의 모방적 성격을 드러내 주는')에 대한 정의는 있되 소설 자체의 정의는 없다. 요컨대 소설은 아직 제대로 정의된 적이 없다.

그러나 소설에 대해 제대로 된 정의가 이루어지지 않았다는 사실이 반드시 이론가들의 무능을 말하는 것만은 아닐 것이다. 왜냐하면, 소설이라고 하는 장르 자체가 애초부터 정의 불가능한 성질의 것일 수도 있기 때문이다. 애초부터 정의 불가능한 대상에 대해 제대로 된 정의가 내려지지

---

23) G. 루카치, 『소설의 이론』, 반성완 역, 심설당, 1985. p.70.
24) L. 골드만, 『소설사회학을 위하여』, 조경숙 역, 청하, 1982. p.12.
25) R. 지라르, 『낭만적 거짓과 소설적 진실』, 김치수·송의경 역, 한길사, 2001. p.56.

않았다면 그것은 비난할 만한 일이 아니다.
　마르트 로베르는 소설이 정의 불가능한 대상인 이유를 다음과 같이 설명한다.

> 소설이 소설 자체의 목적을 위해 묘사, 서술, 드라마, 에세이, 주석, 독백, 담화를 사용하지 못하게 방해하는 것은 아무것도 없다. 소설이 우화, 이야기, 교훈담, 목가, 연대기, 옛날이야기, 서사시가 되는 것을 어떤 것도 방해하지 않고 그것도 차례로이거나 동시에이거나 소설 마음대로인 것이다. 어떠한 규칙이나 어떠한 금지도 주제의 선택, 어떤 배경의 선택, 시간과 장소의 선택에 있어서 소설을 제한하지 않는다. 일반적으로 소설이 복종하고 있는 유일한 금지란 소설의 산문적 성향을 결정하는 것이라고 할 수 있는데 그 금지마저도 소설로 하여금 절대적으로 지키게 강요하는 것은 아무것도 없다. 말이 났으니 말이지만 소설은 그것이 필요하다고 판단하면 시작품을 내포할 수도 있고 단지 '시적'일 수도 있다. 소설이 다른 어떤 예술 형식보다 더 밀접한 관계를 유지하고 있는 현실 세계로 말할 것 같으면, 그것을 충실하게 그리느냐 그것을 변형시키느냐 현실의 크기와 색깔을 보존하느냐 왜곡시키느냐, 그것을 비판하느냐 하는 것은 소설의 자유다. 소설은 현실 세계의 이름으로 발언할 수도 있고, 그 허구 세계 내부에서 소설이 현실 세계를 가지고 만든 단순한 환기에 의해 삶을 변화시킨다고 주장할 수도 있다. 그 점에서라면, 소설이 소설의 판단이나 묘사에 의해서 자유롭게 책임을 느낄 수 있는 것이다. 그러나 아무 것도 소설로 하여금 책임을 느끼도록 강요하지는 않는다. 문학도 삶도 소설이 그것들의 재산을 빼앗아간 방식에 대해서 소설에게 책임을 추궁하지 않는다.26)

　경험적으로도 충분히 증명되는 사실이거니와, 로베르의 말대로 소설 속에 포함되지 못할 문학 양식은 존재하지 않는다. 문자로 이루어진, 심

---

26) M. 로베르, 『기원의 소설, 소설의 기원』, 김치수·이윤옥 역, 문학과지성사, 1999. p.70.

지어는 문자 자료가 아닌 시각 자료나 청각 자료마저도 소설 장르에 편입되지 않을 이유는 없다.27) 게다가 소설이 굳이 산문일 필요마저도 없다. 운문으로 된 소설 혹은 시작품이 소설의 일부를 이루거나 주된 재료가 되는 경우 역시 상상 가능하다. 그리고 실제로 존재하기도 한다.28)

그렇다면 소설의 형태를 가지고 혹은 소설의 재료를 가지고 소설을 정의한다는 것은 사실상 불가능한 일에 속한다. 로베르의 말처럼 소설에는 '어떠한 규칙이나 어떠한 금지도 주제의 선택, 어떤 배경의 선택, 시간과 장소의 선택에 있어서 소설을 제한하지 않는다'. 소설의 이러한 특성을 두고 로베르는 소설의 '제국주의'적 특징이라고 부르기도 하거니와29) 소설은 여타의 장르들이 가진 관습이나 재료를 모두 자신의 것으로 삼을 수 있을 만큼은 이질혼종(異質混種)적이다.

소설의 이러한 특성으로부터 바로 소설 정의의 불가능성이 유래한다. 그러므로 소설을 정의하기 위해서는 다른 방식을 택해야만 한다. 모든 장르가 소설 속에 섞여들 수 있다면 소설 자체의 고유한 특징을 그 자체로부터 추출해내기란 불가능한 일에 속하기 때문이다. 그런 이유로 소설은 지금껏 한 번도 제대로 정의된 적이 없었던 것이다. 소설의 기원과 역사

---

27) 얼마 전 잡지 『버전 업』을 중심으로 논란거리가 되었던 사이버cybernetics 소설들에 대한 논의를 상기해 볼 필요가 있다. 사이버 상에서는 소리와 이미지까지도 소설 내에 편입될 수 있다. 이에 대해서는 「인터넷과 문학 − 그 현황과 흐름」(이성욱, 『현대문학』, 2001년 8월호. 참조).
28) 미국 소설가 블라디미르 나보코프의 『창백한 불꽃』을 예로 들 수 있을 것이다. 이 작품은 시작품과 그에 대한 주석으로 이루어져 있다. 또한 우리의 경우, 최근 김운하의 『137개의 미로카드』(문학과지성사, 2001)같은 작품이 그 예가 될 수 있겠다.
29) "그처럼 단시일 안에 소설이 거둔 놀라운 행운으로 말하자면 소설이 행운을 얻은 것은 정말로 벼락부자로서인 것이다. 자세히 살펴본다면 소설은 그 행운을 그 이웃들의 영토의 정복에 특히 힘입고 있는데, 소설은 그 이웃들의 영토를 끈기 있게 병합함으로써 거의 모든 문학 영토를 식민지 상태로 떨어뜨리기까지 했다."(앞의 책, p.11)

에 대한 언급이 소설의 정의를 대신해 왔던 이유도 여기에 있다.

여기서 다시 대부분의 개론적 논의들이 취하고 있는 기술(記述) 순서를 반복하면서 소설의 기원과 역사, 서사문학의 흐름에 대한 역사적 고찰을 다시 진행할 필요는 없을 것이다. 신화에서 서사시로, 서사시에서 비극으로, 비극에서 로망스로 그리고 로망스에서 근대적 의미의 소설로 이어지는 서사 장르의 계통발생적 역사는 이미 상식에 속할 만큼 여러 차례 반복해서 고찰되어 왔기 때문이다. 본서에서는 그 대신, 다른 문제제기로부터 논의를 진행시키기로 한다. 그것은 소설 혹은 서사 예술의 심리적 기원, 개체발생 차원에서의 기원에 관한 것이다.

소설의 계통발생적 기원은 그리스 서사시까지, 더 멀게는 알타미라 동굴벽화로까지 소급이 가능하다는 사실[30]에 대해서는 그대로 인정하되, 그렇다면 도대체 무수한 주체들 중 특정한 몇몇의 예외적 개인들로 하여금 그러한 허구를 창조하는 일에 종사하게 하는 심리적 메커니즘은 무엇인가 하는 점에서부터 논의를 시작해 보겠다는 말이다. 알타미라 동굴 벽화에 그림을 그리게 한 역사적 필연, 즉 예술이 인간이라는 유적 존재의 역사와 맺고 있는 관계는 충분히 납득할 수 있다 치더라도, 그 동굴에 벽화를 그렸던 특정한 개인으로서의 예술가, 다른 사람이 아니라 유독 왜 그가 거기에 허구의 창작물을 그리기로 작정했던가 하는 문제는 역사가 해결해 주지 못한다. '어떤 사람이 예술가가 되는가?'라는 질문은 여전히 수수께끼이다. 아마도 이 질문에 대한 답은 프로이트가 가지고 있을 것이다.

차차 언급하게 되겠지만, 개체발생 차원에서 소설의 기원, 소설의 심리적 기원을 밝히는 작업을 통해 본서는 소설에 대한 '개연성 있는' 정의

---

30) A. 하우저, 『문학과예술의 사회사 1』, 백낙청 역, 창작과비평사, 1999. 1장 참조.

하나를 보탤 수 있게 될 것이다.

## 2) 예술 창작의 리비도 경제학

'승화'에 관한 프로이트의 언급은 흔히 도식적으로 해석되곤 했다. 예를 들어 예술가를 '신경증*neurosis*으로부터 가까스로 도피한 사람'이라고 간단하게 정의한다거나, '성적 충동, 즉 리비도 에너지*libido energy*를 승화*sublimation*시켜 예술 창작 활동을 통해 소멸시키는 방법을 터득한 사람'이라고 동어반복적으로 정의하는 경우가 그런 예에 속한다. 물론 틀린 얘기들은 아니지만 이와 관련된 프로이트의 글을 꼼꼼하게 독해해 보면 그런 해석들이 지니고 있는 일면성과 도식성은 금방 포착된다.

### (1) '환상'의 프로이트적 의미

예술 창작의 심리적 기원, 즉 승화에 관한 프로이트의 언급은 다음과 같이 시작한다.[31]

> 환상에서 다시 현실로 돌아갈 수 있는 길이 있다는 것이며, 그것은 바로 예술이라는 것입니다. 예술가는 근본적으로 내향적인 사람이며, 이런 사람들은 신경증과 그다지 멀리 떨어져 있지 않습니다.[32]

인용문에서 프로이트는 예술을 '환상*phantasy*에서 다시 현실로 돌아갈 수 있는 길'이라고 했다. 그렇다면 일단 필요한 것은 프로이트에게 '환상'이란 무엇인가 하는 점이다. 이에 대해서는 같은 글의 앞 부분을 다시 참

---

31) 프로이트는 소설에 국한해서 창작의 기원을 설명하지는 않는다.
32) 『정신분석강의(하)』, 앞의 책, p.533.

조할 필요가 있다. 프로이트는 예술 창작의 개체발생적 기원을 밝히고 있는 이 구절 바로 앞에서 신경증의 증상형성 *symptom formation* 과정에 대해 다음과 같이 설명하고 있다.

> 증상들은 좌절된 만족을 대체하는 것으로서, 이는 결국 **리비도가 초기의 발달 단계로 퇴행함으로써 가능해집니다.** 이러한 리비도 퇴행은 대상 선택이나 성적 조직 체계와 관련해서 초기의 발달 단계로 되돌아간다는 행위와 결부되어 있습니다. 우리는 앞에서 신경증 환자들이 자신의 과거 중에서 어느 특정한 시기에 고착되어 있다는 사실을 밝혀 냈습니다. 우리는 이제 그 시기가 리비도가 만족을 누렸던, 행복했던 시기임을 압니다. 신경증 환자는 그 같은 시기를 찾을 수 있을 때까지 계속 자신의 인생사를 뒤적입니다. 그는 자신이 기억하거나 혹은 후에 받은 자극들에 의해 연상될 수 있는 유아기까지도 거슬러 올라갑니다. 증상은 어떤 방식으로든 발달 초기의 유아기에 느꼈던 만족의 유형을 반복합니다. 그리고 이때의 증상은 갈등에서 기인하는 검열에 의해서 왜곡되고, 대체로 고통스러운 느낌으로 반전된 상태에 놓여 있습니다. 또한 이 증상은 신경증에 걸렸을 때 원인으로 작용한 요인들과 뒤섞인 모습으로 나타납니다.[33]

인용문으로 미루어 볼 때, 프로이트가 증상 형성 과정의 가장 첫 단계로 꼽는 것은 좌절*setback*이다. 즉 죽음이나 이별 등과 같은 급격한 분리 *separation*로 인해 리비도집중*cathexis* 대상이 소멸한다. 그러나 그 대상에 집중되어 있던 리비도 에너지는 여전히 남아 있게 되는데, 이로 인해 리비도 과잉이 초래된다. 대부분의 경우 이 과잉 리비도는 새로운 대상을 찾아 안착하게 되고, 이런 경우에 증상은 형성되지 않는다. 정상적으로 사후애도(死後哀悼)가 종결되기 때문이다.

---

[33] 위의 책, p.519.

그러나 신경증 환자들의 경우 과잉 리비도가 새로운 대체 대상을 찾지 못하고 자아 내부로 되돌아오는 퇴행*regression* 현상을 보이게 된다. 그리고 퇴행한 리비도 에너지는 심리 발달의 초기 단계로 되돌아가 고착*fixation*을 시도한다. 여기서 '초기 단계'란 물론 인용문의 설명대로 '리비도가 만족을 누렸던, 행복했던 시기'이다. 대개의 경우 구강기*oral phase*와 항문기*anal phase*가 그 시기가 된다.

'신경증 환자는 그 같은 시기를 찾을 수 있을 때까지 계속 자신의 인생사를 뒤적'인다. 그리하여 최초의 유아기 기억까지도 그에게는 퇴행의 거점이 된다. 결국 증상이란 어떤 의미에서는 심리 발달 초기의 유아기에 느꼈던 만족의 유형을 반복한다고 할 수 있다.

그럼에도 불구하고 증상이 항상 고통을 수반하는 것은 그러한 퇴행에 자아가 개입하여 검열을 수행하고, 리비도반대집중*anti-cathexis*를 통해 고통스런 감정을 유발하기 때문이다. 신경증이 '소망 충족'이면서 동시에 음란한 소망 충족에 대한 '단죄'이기도 한 이유는 여기에 있다. 이때의 증상은 자아*ego*와 이드*Id*의 갈등에서 기인하는 검열*censorship*에 의해 왜곡되고, 대체로 고통스러운 느낌으로 반전된 상태가 되는 것이다.

신경증의 증상 형성에 관한 프로이트의 이와 같은 언급을 토대로 볼 때, 현실적 좌절과 리비도의 퇴행이 신경증의 중요한 병인(病因)이 되고 있음을 알 수 있다. 그러나 거기에 한 가지 덧붙여야할 것이 있다. 위에서 언급한 유아기의 행복했던 기억이 바로 그것이다. 리비도는 그 시절의 기억 속으로 퇴행하기 때문이다.

다소 에둘러 왔지만 프로이트적 의미에서의 '환상'의 의미가 밝혀지는 지점도 여기이다. 프로이트는 바로 그 유아기적 기억들이 놀랍게도 '환상' 즉 '허구'로 구성되어 있다고 말한다.

이제 놀라운 점은 이 유아기의 장면들이 더 이상 진실이 아니라는 데 있습니다. 그렇습니다. 그것들은 대부분의 사례들에서 사실과 다른 내용을 담고 있습니다. 그리고 개별적인 사례들을 살펴보면 개인의 역사적 진실과도 정면으로 배치됩니다.34)

여기서 프로이트는 앞서 언급한 유아기의 기억들이 사실과 다르다는 점, 즉 가공된 허구에 불과하다는 사실을 밝히고 있다. 신경증 환자들이 현실적 좌절로 인해 리비도를 퇴각시켜서 그토록 되돌아가고자 했던 유아기의 기억들이 사실은 존재하지 않았던 '허구'일 수도 있다는 것이다. 기억의 이차가공*secondary process*이 진행되었기 때문이다. 유년기 기억은 허위로 꾸며진 것이거나, 최소한 진실과 거짓이 일정 분량 뒤섞여 있다.

프로이트는 여기서 한 걸음 더 나아간다. 설사 그러한 기억들이 나중에 가공된 성질의 것이라고 하더라도 심리적으로는 현실성을 지니며, 오히려 물리적 실재보다도 더 중요한 작용을 한다는 것이다. '환상'은 비록 그것이 실재하지 않았던 것이라 하더라도 인간의 심리 생활에 있어서는 중대한 영향력을 행사한다.35)

그러한 심리적 결과물 역시 일종의 현실성을 지닙니다. 환자가 그러한 환상의 결과를 만들어 냈다는 사실 자체는 남아 있습니다. 그리고 만약 그가 이런 환상들의 내용을 실제로 체험한 것처럼 느낀다면, 이런 사

---

34) 위의 책, p.521.
35) 프로이트 이론에서 가장 흥미로운 지점들 중 하나이다. 즉 존재하지 않았던 환상이 주체에게 지대한 영향을 미친다는 이 지적은 이후, 현대 문화 비평에서 가상(假象)으로서의 '이미지'가 주체에게 미치는 효과라는 측면에서 재탐구된다. 또한 데리다(J. Derrida)의 '유령학'이나 '부재하는 현전' 등의 개념도 이와 관련이 있다. 즉 실체는 존재하지 않으면서도 그 효과는 강력한 어떤 것, 그것이 데리다에게는 유령이고 프로이트에게는 '환상'인 것이다. 아울러 알튀세르(L. Althusser)가 '역사'를 '주체 없는 과정'으로 정의할 때, 혹은 '이데올로기'를 '실체 없는 효과'라고 정의할 때에도 프로이트의 '환상' 개념이 끼친 영향을 느낄 수 있다.

실은 그의 신경증과 관련해서 결코 적지 않은 의미를 지닙니다. 이러한 환상들은 〈물리적〉 실재와 대립하는 〈심리적〉 실재들을 함축하고 있습니다. 그리고 우리는 시서히 〈신경증의 세계에서는 심리적 실재가 결정적〉이라는 사실을 이해하기 시작했습니다.36)

프로이트는 이와 같이 가공된 유아기적 기억, 존재하지 않았던 것이지만 심리적으로는 커다란 영향력을 행사하는 이 환상에 '원초적 환상*primal phantasy*'이라는 이름을 붙인다. 설사 신경증 환자가 아니라 하더라도 인간은 누구나 그 원초적 환상에 매혹 당하는 존재임을 간과하기는 어렵지 않다. 프로이트에게 정상인과 비정상인의 차이란 오로지 양적인 것에 불과하기 때문이고, 게다가 정상인 역시 잠이나 술 혹은 백일몽에서 깨어 있는 시간을 제외하고는 신경증 환자이기 때문이다.

이제 앞서의 인용문 첫 문장에서 사용된 '환상'의 의미가 드러난다. 예술가는 신성증 환사와 마잔가지로 '환싱'에 매혹 당한다. 환상에 매혹 당한 인간들이 바로 '내향적인 인간들'이다. 즉 자신 내부의 '허구' 속으로 침잠하는 인간들이 신경증환자이고 예술가들이다. 이 지점까지는 예술가들 역시 신경증 환자들과 구별되지 않는다. 허구에 매혹 당한 내향적 인간이란 신경증 직전의 인간에 다름 아니기 때문이다.

증상 형성에 있어서 환상이 하는 역할이 바로 그것이다. 환상은 신경증 환자의 리비도가 퇴행을 감행하는 데 일종의 안내자 역할을 한다고 프로이트는 말한다. 그렇다면 환상에 매혹 당한 인간은 언제든지 퇴행을 통해 신경증에 도달할 수 있는 인간이다.37)

36) 『정신분석 강의(하)』, 앞의 책, p.524.
37) 이에 대해서는 다음을 참조.
"리비도가 환상의 세계로 돌아가는 단계는 증상 형성 과정에 앞선 중간 단계이며, 특별히 다른 명칭을 부여받아야 합니다. 융은 이에 대해서 매우 적절하게 〈내향성 Introversion〉이라는 이름을 부여했습니다. 그러나 그 표현을 목적에 부합되지 않게

### (2) 승화에 대하여

그렇다면 신경증 환자와 동일하게 퇴행의 첩경인 '환상'에 매혹 당해 있는 예술가는 어떤 방식으로 이러한 신경증적 상황을 벗어나는가? 어떻게 환상으로부터 신경증으로 진행하지 않고 현실로 돌아가는가? 그 과정이 종종 도식적으로 이해되곤 했던 다음의 인용문에 설명되어 있다.

> 예술가는 매우 강한 충동의 욕구들에 의해서 움직이며, 명예, 권력, 부, 명성, 그리고 여성들의 사랑을 갈구합니다. 하지만 그에게는 이런 만족에 도달할 수 있는 수단이 없습니다. 그래서 예술가는 다른 불만족스러운 상태에 놓인 사람과 마찬가지로 현실에 등을 돌리고, 리비도를 포함하는 모든 자신의 관심을 자신의 환상에 의한 욕망의 형상화에 쏟게 되는데, 여기에서 신경증으로 통하는 길이 열릴 수 있는 것입니다. 물론 완전히 신경증으로 귀결되지 않도록 하기 위해서는 여러 가지 요인들이 종합적으로 작용해야 합니다. 신경증이 예술가들의 작업 능력에 얼마나 자주 부분적인 장애를 일으키는지에 관해서는 이미 잘 알려져 있습니다. 아마도 거의 확실하게 예술가들의 기질에는 억압에 취약한 신경증적 측면과 함께 승화를 향한 강렬한 힘이 있는 것 같습니다.[38]

예술가들 역시 현실에서 좌절을 겪은 이들이기는 마찬가지이다. 그들 역시 '매우 강한 충동의 욕구들에 의해서 움직이며, 명예, 권력, 부, 명성,

---

다른 의미로도 사용했습니다. 우리는 내향성의 의미를, 현실적인 만족의 가능성들을 외면하고 지금까지는 관용되었던 환상들에 대한 리비도 과잉 집중 현상으로 확정할 생각입니다. 내향적인 사람은 아직 신경증 환자가 아닙니다. 그러나 그는 병에 걸리기 쉬운 상태에 놓여 있습니다. 당장이라도 심리적 힘들 간의 균형이 깨지고, 만약 정체된 리비도의 다른 출구들을 찾지 못한다면, 그에게 증상들이 나타날 수밖에 없습니다. 내향적 단계에 머물러 있음으로 인해서 신경증에 의한 만족은 비현실적인 특성을 지니게 되고, 상상과 현실의 차이는 무시됩니다"(위의 책, p.531).
[38] 위의 책, pp.533~534. 강조는 인용자.

그리고 여성들의 사랑을 갈구'한다. 흔히 예술가들을 둘러싸고 벌어지는 스캔들, 소문들, 기행(奇行)들은 이렇게 해석되어야 한다. 그들 역시 신경증 환자와 마찬가지로 충동에 지배당하는 인간들이다.

    그러나 그들은 경제적이거나 정치적이거나 혹은 다른 이유로 이러한 충동을 만족시킬 수단을 가지고 있지 않다. 그들이 '환멸' 즉 '대상리비도 집중의 철회'를 경험하게 되고 그리하여 퇴행의 전(前)단계에 해당하는 환상, 즉 유아기적의 허구화된 경험에 매혹 당하는 것은 그러므로 당연한 일이다. 바로 그 지점에서 신경증 환자와 예술가들의 운명이 갈린다. 그들은 신경증 환자들과 달리 '승화'의 능력을 발휘할 줄 아는 것이다. 신경증 환자들은 환상이 내어준 통로를 따라 유아기의 기억 속으로 회귀한다. 즉 질병 속으로 도피한다. 그러나, 예술가는 바로 '예술을 통해' 유아기적 '환상으로부터 현실로 되돌아온다'. 결국 예술적 승화의 메커니즘이 그들을 다시 현실로 돌아가게 한다. 예술적 승화의 과정은 이렇다.

> 그러나 예술가들이 현실로 되돌아가는 방식은 다음과 같습니다…… 그는 ㉠첫째로, 자신의 백일몽의 내용 가운데 다른 사람들이 이해할 수 없는 모든 개인적인 것들을 걸러 내고, 다른 사람들도 함께 즐길 수 있는 형태로 가공하는 법을 알고 있습니다. ㉡또한 예술가는 백일몽이 경멸스러운 원천들에서 연유했다는 사실이 쉽게 드러나지 않을 때까지, 그 내용을 완화시켜 표현할 줄도 압니다. ㉢나아가서 그는 특정한 소재를 자신이 상상한 표상에 그대로 부합되는 형상을 갖출 때까지 가공할 수 있는 신비스러운 능력을 지니고 있습니다. ㉣또 그는 자신의 무의식적 상상의 표현을 통해서 큰 기쁨을 느낍니다. 그래서 그런 예술적 표현들은 최소한 일시적이나마 억압들을 능가하고 지양합니다. 그가 이 모든 일들을 해낼 수 있다면, 그는 다른 사람들도 자신이 접근도 할 수 없게 된 무의식이란 쾌락의 원천에서 다시 위로와 위안을 이끌어 낼 수 있게 만들어 줍니다. ㉤이렇게 해서 예술가는 다

> 른 사람들의 감사와 경탄을 불러일으킵니다. 그리고 자신의 상상을 통
> 해서 처음에는 오로지 상상 속에서만 달성할 수 있었던 것에 도달합니
> 다.39)

예술가가 아닌 대부분의 인간들은 그 환상을 예술화하는 작업을 모른다. 대부분 그들은 백일몽*day dream*에 만족한다. 그러나 예술가들은 다르다.

첫째로 그들은 '자신의 백일몽의 내용 가운데 다른 사람들이 이해할 수 없는 모든 개인적인 것들을 걸러 내고, 다른 사람들도 함께 즐길 수 있는 형태로 가공하는 법을 알고 있'다. 즉 백일몽을 보편적인 이야기로 만드는 법을 알고 있다. 다른 말로 하자면 예술가들은 황당한 내용으로 가득 찬 허구에 개연성을 부여할 줄 안다. 편의상 이를 ㉠ '개인적 환상의 보편화 작업'이라고 명명해 보자.

둘째로 그들은 자신들의 백일몽을 그것이 '경멸스러운 원천들에서 연유했다는 사실이 쉽게 드러나지 않을 때까지, 그 내용을 완화시켜 표현할 줄도' 안다. 물론 여기서의 '경멸스러운 원천들'이란 성적인 원천을 말하는 것이다. 프로이트에게 모든 백일몽은 최종적으로 성적인 소망 충족이기 때문이다. 그렇다면 이를 ㉡ '성적 환상의 탈성화(脫性化) 작업'이라고 불러도 무방하겠다.

셋째로, 예술가는 '특정한 소재를 자신이 상상한 표상에 그대로 부합되는 형상을 갖출 때까지 가공할 수 있는 신비스러운 능력을 지니고' 있기도 하다. 이를 ㉢ '망상적 환상의 예술적 가공 작업'이라고 부를 수 있을 것이다.

마지막으로, 프로이트는 예술가가 결국 자신이 만들어낸 '무의식적

---

39) 위의 책, pp.533~534. 강조와 번호는 인용자.

상상의 표현'을 통해서 큰 기쁨을 느낀다고 말한다. 여기서의 '무의식적 상상의 표현'이란 작품 외에 다른 것일 수 없을 것이다. 결국 예술가는 자신의 환상의 힘을 빌려 현실에 대한 환멸로 인해 철회했던 대상리비도를 재집중 시킬 수 있는 대체표상substitute idea, 즉 '작품'을 창조해 낸 셈이다. 현실 세계에 다시 애정의 대상이 생겼으니 리비도는 소모가 가능해지고, 그는 신경증을 피하게 된다. 본서에서는 이를 ㉣ '작품에 대한 리비도 재집중 작업'이라고 명명하기로 한다. ㉤ '이렇게 해서' 그는 예술가가 된다.

### (3) 예술가와 예술의 기원

그렇다면 예술은 다음의 단계를 거쳐 탄생한다고 말할 수 있다.

>  1. 최초에 리비도집중 대상의 소멸이 발생한다(좌절setback). → 2. 이어서 대상리비도집중의 철회가 실행된다(대상리비도집중 철회object cathexis regress) → 3. 잉여 리비도가 축적된다(리비도과잉hyper cathexis). → 4. 적절한 대체 표상을 발견하지 못할 경우 리비도는 심리 발달상 초기 단계로의 퇴행을 시작한다(퇴행regress). → 5. 퇴행은 유아기의 기억, 그러나 허구화된 환상의 경로를 따라 실현된다(원초적 환상primal phantasy). → 6. 그리고 여기서 신경증 환자와 예술가로의 길이 갈린다. 예술가의 경우 첫째, 개인적 환상의 보편화 작업, 둘째, 성적 환상의 탈성화(脫性化) 작업, 셋째, 망상적 환상의 예술적 가공 작업, 넷째, 작품에 대한 리비도 재집중 작업을 거쳐(승화sublmation). → 7. 예술가와 예술 작품이 탄생한다.

이를 도표화하면 다음과 같다.

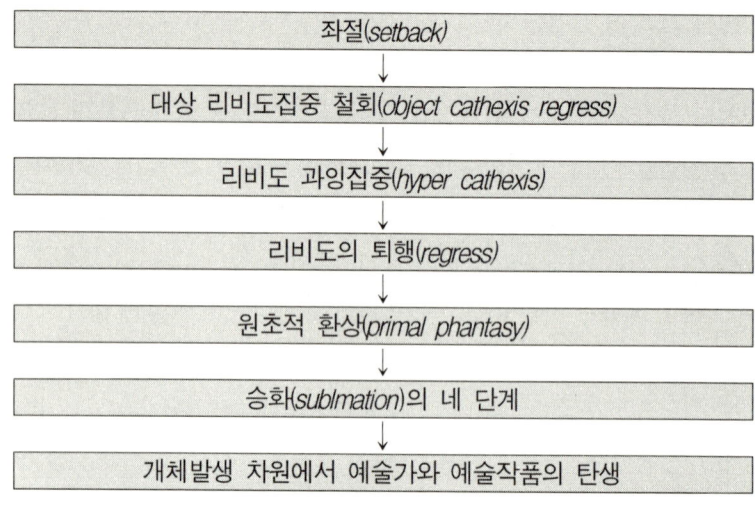

〈표 1〉 예술가와 예술작품의 탄생 과정

　승화의 네 단계를 거치면서 예술가가 탄생하고, 신경증 직전의 환상은 누구나 이해 가능한 보편적인 형태로 변형되며, 애초에 그 안에 포함되어 있던 음란함을 벗어 던진 후, 예술적 기교와 형식의 옷을 다시 입은 다음, 작가의 살과도 같은 분신으로 거듭난다. 결과적으로 예술가는 신경증 환자의 운명을 피한다.

　본서가 이 절에서 밝히려고 했던 예술의 개체발생 차원에서의 기원이 바로 여기다.

### 3) 소설의 기원으로서의 가족 로망스

　이상의 논의를 통해 소위 개체발생 차원에서의 예술의 기원은 환상, 즉 허구화된 유아기 기억에 있음을 살펴보았다. 그리고 그 환상이 신경증과 동일한 경로로 진행하다가 어떤 메커니즘을 통해 리비도 경제학적인 의미에서의 예술적 승화를 겪게 되는 지도 살펴보았다. 그러나 여전히 남아 있는 문제가 있다. 그것은 예술 일반의 기원이 아니라 특수한 장르로서의 '소설'의 기원과 관련된 문제다.

앞서 본서의 일차적인 목적은 '정신분석학의 문학(서사) 이론화'에 있다고 했다. 그러나 승화는 사실상 모든 예술 장르에 다 통용되는 메커니즘이다. 그렇다면 이제 특별히 서사 장르, 혹은 소설 장르가 다른 예술 장르를 제치고 승화의 메커니즘에 더 적합해지는 이유를 들어야 할 차례다. 그래야만 정신분석학은 예술의 심리적 기원에 관한 일반 이론일 뿐만 아니라 '소설의 이론'이 될 수 있기 때문이다.

프로이트는 1909년에 앞서의 원초적 환상, 혹은 백일몽의 가장 특징적인 유형에 「가족 로맨스*family romance*」라는 이름을 부여하고 그에 대해 짤막하게 서술한 바 있다. 이 글은 프로이트의 저작 중 가장 짧은 편에 속하므로 여기 전체를 인용해 보기로 한다. 프로이트 이론의 소설이론화 작업이 요구하는 '징후적 독해'[40]를 꼼꼼하게 진행시키기 위해서도 전문(全文) 인용은 필수적이다.

---

40) 저자가 명료하게 밝혀내지는 못했으나 저작 속에 새로운 사유의 실마리를 제공해 놓고 있을 경우, 독해과정을 통해 그 요체를 밝혀 명료화하는 작업을 말한다. 즉 저자가 알고 있었으나 체계화하지 못한 부분들은 텍스트 속에 일종의 징후의 형태로 드러나게 마련인데, 이를 독해해 내는 과정을 '징후적 독해'라 한다. 본서에서는 프로이트의 〈가족 로맨스〉를 징후적으로 독해함으로써, 정신분석 이론이 실제에 있어서는 소설의 이론이기도 함을 보여주게 될 것이다(L. 알튀세르, 『자본론을 읽는다』, 김진엽 역, 두레, 1990. p.33. 참조).

〈가족로맨스〉[41]

　　성장하면서 부모로부터 독립하는 것은 발달 과정에서 겪어야 할 가장 큰 아픔이면서 꼭 필요한 일이다. 이 ①독립은 반드시 일어나야 하며, 정상인이라면 어느 정도 이런 독립 과정을 거친다. 사회의 발전은 양세대 간의 반목을 통해 이루어지며, 이 독립이 제대로 이루어지지 못했을 때 노이로제[42] 상태가 된다.

　　어린아이에게 부모는 유일한 권위자이자 믿음의 근원이다. 어린 시절 아이들의 강렬하고 유일한 소원은 동성(同性)의 부모와 같이 되는 것, 부모처럼 크게 되는 것이다. 그러나 점점 자라면서 아이들은 자기 부모가 어느 범주에 속한 사람인지 깨닫게 된다. 다른 부모들을 알게 되면서 자기 부모와 비교하기도 하고 그때까지 절대적인 것으로 여겼던 부모의 권위를 의심하게 된다. 생활하면서 겪게 되는 불만스러운 일들로 부모를 비난하기도 하고, 자신의 태도를 정당화하기 위해서 다른 부모가 어떤 점에서는 자기 부모보다는 낫다는 지식을 써먹기도 한다. 노이로제 환자의 심리를 통해 우리는 다른 요인들보다 성적 경쟁의 충동이 이런 결과를 낳는다는 것을 알게 된다. 무시당하고 있다는 느낌이 화를 돋우

---

[41] 본서에서는 'family romance'를 '가족 로망스'로 옮긴다. 그러나 『프로이트 전집』에서의 인용은 번역자들의 의도를 존중해 '가족 로맨스'로 옮긴다.

[42] 『프로이트 전집』의 번역 상 문제점 하나를 지적해 둘 필요가 있겠다. 이미 인용한 『정신분석강의』의 경우 이 '노이로제'라는 말을 '신경증'으로 번역하고 있었다. 전집 번역자들간의 용어 통일이 이루어지지 않고 있는 사례다. 이외에도 전집을 통틀어 이런 용어상의 혼란은 자주 발견된다. 심지어 두 사람이 공역(共譯)한 책에서마저 용어상의 불일치가 보인다. 예를 들어 『정신분석강의』와 『새로운 정신분석강의』의 번역자는 양자 모두 임홍빈과 홍혜경으로 되어 있다. 그러나 『정신분석강의』에서는 '현실원칙'으로 번역한 동일한 단어를 『새로운 정신분석강의』에서는 '현실원리'로 번역한다. 그러나 이 정도는 사실 혼동의 여지가 없어서 다행인 편에 속한다. 다른 예로는 '대상리비도 집중'을 동일한 역자들이 '특정 대상에 집중되는 충동 에너지'라고 번역하는 경우도 있다. 프로이트 전집의 번역 출간이 한국 사상계에 하나의 사건으로 기록되어야 한다는 사실에는 틀림이 없으나, 그런 중차대한 '사건'에 대해 번역자들이 책임을 질만한 성실성을 다했는지 의문이다. 최초 출간된 전집의 사용가치를 염두에 두었다면 최소한 번역자들간의 의사소통을 통해 이런 오류는 범하지 말았어야 했을 것이다.

는 주원인임이 분명하다. 무시되는 경우, 무시당하고 있다는 느낌을 갖는 경우, 부모의 사랑을 온전히 받고 있지 않다고 느끼는 경우, 형제 자매와 부모의 사랑을 나누어 가져야 한다는 사실에 서운함을 느끼는 경우들이 너무도 많다. ②자신이 좋아하는 것만큼 부모에게 충분히 사랑 받고 있지 못하다는 느낌은 의식적으로 옛 기억들을 떠올리며 자신이 입양아이거나 의붓자식이라는 생각을 하게 한다.

노이로제 환자가 아닌 사람들도 종종 이런 식으로 - 주로 책을 통해 알게 된 것으로 - 부모의 적대적인 행동을 이해하고 반응했던 것으로 기억한다. 그런데 여기서 아버지에게 더 적대적이고, 어머니보다 아버지에게서 자유로워지려는 경향이 강하다. 여자아이들의 경우 이보다 훨씬 약하게 나타난다. ③어린 시절의 이런 생각들이 우리로 하여금 신화의 본질을 이해할 수 있게 한다.

이렇게 시작한 노이로제 환자들이 부모에게서 멀어지는 소원(疏遠)[43] 발달 후반부는 ④〈노이로제 환자들의 가족 로맨스〉로 묘사될 수 있을 것이다.

이것은 의식에 기억되어 있지는 않지만 정신분석을 통해 항상 나타날 수 있다. ⑤매우 특이한 상상력은 노이로제 환자들뿐 아니라 재능 있는 사람들의 핵심적인 특징이기도 하다. 이런 상상은 아이들의 놀이에서 처음 나타나고, 사춘기 이전 시기부터 가끔 시작되다가 가족 관계의 주제로 이어진다. 이런 특이한 상상의 대표적인 예는 사춘기 이후에도 꾸준히 나타나는 백일몽에서 볼 수 있다. 이런 백일몽을 주의 깊게 살펴보면 이 꿈들이 소원 충족과 현실 생활을 교정해 주는 역할을 하고 있음을 알 수 있다. 이 꿈들은 성적인 목표와 야심적인 목표라는 두 가지 주요 목표를 가지고 있는데, 보통 성적인 목표는 야심적 목표 뒤에 숨겨져 있다.

내가 이미 언급했던 시기쯤에 ⑥아이들은 자기들이 낮게 평가한 부모에게서 벗어나기 위해 사회적 지위가 높은 사람들이 진짜 자기 부모라는 상상을 한다. 만일 시골에 산다면 영주나 지주, 도시에 산다면 상류 사회 사람들과 알게 되는 실제 경험과 맞물려 그는 이 우연의 일치를 이용할 것이다. 이런 기회가 아이의 시기심을 자극하고, 아이가 부

---

43) 인용자 주 - '疏遠'의 오자로 보인다.

모를 고귀한 신분의 사람으로 바꿔 버리는 상상을 하도록 한다. 이와 같은 공상을 (물론 이때의 공상은 의식적인 것인데) 발전시키는 것은 아이가 사용하는 교묘함과 소재에 달려 있다. 물론 얼마간의 노력으로 이런 상상이 과연 그럴듯한 것으로 보일 것인가는 의문이다. 아직 이 단계에서는 생명을 만들 때 각각의 성이 하는 역할이 다르다는 것을 모르고 있다.

⑦아버지와 어머니의 성 역할이 다르다는 것을 알게되고, 〈부성(父性)〉은 언제나 불확실하고 모성은 언제나 확실하다는 것을 깨닫게 되면 가족 로맨스는 간단명료해져서 아버지를 높이고, 모성에 대해서는 더 이상 의심하지 않게 된다.

비성적(非性的)인 가족 로맨스의 첫 단계에는 없었던 또 다른 동기가 두 번째 성적인 단계를 자극하게 된다. 성과정을 알게 된 아이는 자신이 에로틱한 상황과 관계가 있다고 상상하려는 경향이 있는데, 그 ⑧뒤에 있는 동기는 어머니를 ― 가장 강한 성적 호기심의 대상인 ― 은밀히 부정을 저지르는 상황으로 몰려는 욕구이다. 이런 식으로 무성으로 시작한 상상이 나중 단계로까지 발전하게 된다.

복수나 보복의 동기는 초기 단계에서도 발견된다. 대개 성적인 장난 때문에 부모에게 벌을 받은 노이로제 아이들이 이런 종류의 상상으로 부모들에게 복수를 한다.

좀더 어린 아이의 경우에는 ― ⑨역사적인 음모 중에서 하나를 생각나게 하는 방법으로 ― 형들의 특권을 박탈하기 위해, 어머니가 부정한 정사(情事)로 경쟁자인 그들을 낳았다는 상상을 하기도 한다. 이런 식으로 형제 자매들을 서자(庶子)로 만들어 제거함으로써 영웅이자 주인공인 자신은 합법성을 얻는 흥미로운 가족 로맨스의 변형이 생긴다. 또한 ⑩그 외에도 특별히 이루려는 목적이 있다면 가족 로맨스로 여겨지는 과정을 이용할 수 있다. 왜냐하면 가족 로맨스의 여러 측면과 넓은 적용 범위는 어떤 종류의 욕구도 충족시킬 수 있기 때문이다. 예를 들어, 여자 형제에게 끌리는 아이는 이런 식의 상상을 하면서 금지된 여자 형제와의 혈연 관계를 뛰어넘을 수 있게 된다.

만일 이런 식으로 어린아이의 순진함이 없어지는 것을 두려워하거나, 과연 이런 일이 정말 일어날지에 대해 논쟁하려는 사람은 이런 상상이 적대적인 것으로 보일지는 몰라도 악의는 전혀 없으며, 조금만 들춰보면 거기에는 부모에 대한 애정이 깔려 있음을 주시해야 한다. 불신과 배은망덕은 표면적인 것일 뿐이다.

가장 흔한 상상 중 아버지만을 거물(巨物)로 상상하는 로맨스도 살펴보면 이 새로운 부모가 실제 부모를 떠올릴 때 연상되는 장점들을 갖고 있음을 알 수 있을 것이다. 아이는 아버지를 제거하려는 것이 아니라 높이려는 것이다. 지금보다 나은 아버지로 바꾸려는 노력은 가장 고상하고 힘센 사람이 바로 아버지이며, 가장 아름답고 여성다운 사람이 어머니라고 느꼈던 ⑪사라져 간 행복한 시절에 대한 갈망의 표현인 것이다. 지금 알고 있는 아버지에게서 더 어린 시절 믿었던 아버지에게로 돌아가는 것이다. 그리고 이런 상상은 가버린 시절에 대한 아쉬움의 표현일 뿐이다. 이 환상에 초기 어린 시절의 과대평가가 다시 나타난 것일 뿐이다. 흥미롭게도 이런 주장은 꿈의 연구를 통해서 설득력을 얻는다. 커서도 꿈에 나타나는 황제나 황후가 부모를 상징한다고 해석하기 때문이다. 어린아이의 부모에 대한 과대평가는 정상적인 성인의 꿈에서도 계속 남아 있다.[44]

이상이 유명한 프로이트의 「가족 로맨스」 전문(全文)이다. 인용이 길었던 만큼 요약이 필요하겠다. 인용자가 강조한 부분들을, 논리적인 순서에 따라 재배열하여 다시 옮겨 본다. 그러는 가운데, 프로이트가 염두에 두었으나 완전히 드러내 보이지는 못한 부분들에 대해서도 징후적 독해를 시도해 볼 수 있을 것이다.

① 독립은 반드시 일어나야 하며, 정상인이라면 어느 정도 이런 독립 과정을 거친다.
② 자신이 좋아하는 것만큼 부모에게 충분히 사랑 받고 있지 못하다는 느낌은 의식적으로 옛 기억들을 떠올리며 자신이 입양아이거나 의붓자식이라는 생각을 하게 한다.

---

44) 「가족로맨스」, 『성욕에 관한 세 편의 에세이』, 앞의 책, pp.54~61. 강조는 인용자.

이 부분은 가족 로망스의 전제에 해당한다. 가족 로망스는 최초에 신체적으로나 정신적으로 완전히 부모에 의존적이던 어린아이가 서서히 독립을 시작하는 단계에서 발생한다. 완전한 의존상태의 아이는 부모를 이상화(理想化)하게 되는 바, 그런 상태에서 벗어나 독립을 시작함으로써 어린아이는 곧 자신의 부모에 대한 탈이상화(脫理想化) 과정을 겪게 된다. 부모는 이제 더 이상 왕이나 왕비, 혹은 신적인 존재가 아니라 다른 부모와의 비교 대상이 되고, 때로는 폄하되거나 실망의 대상이 되기도 한다. 게다가 자신이 이제 독립을 시작할 만큼 성장했다는 이유로, 혹은 동생의 출현을 이유로, 부모는 어린아이에게서 일정 정도 거리를 두기 시작한다. 이때 발생하는 감정이 분리불안(separation anxiety)이다.

물론 이 분리불안은 최초의 불안으로서의 '출산(出産)' 경험을 반복한다. 분리불안은 출산행위에 의해 거의 선험적으로 각인된 일종의 원초적 '결핍(缺乏)'이다. 그러나 어린아이는 아직 그 사실에 익숙하지가 않다(사실은 불안증에 걸린 성인도 자신의 불안이 최초의 분리인 출산 행위 때의 감정을 반복하고 있다는 사실을 모른다). 그리하여 그는 분리불안을 이겨내기 위해 일종의 백일몽의 형태로 '허구'를 창작한다. 허구는 두 가지 형식을 취한다.

첫째는 자신의 부모가 둘 모두 친부모가 아니라는 허구이다. 즉 자신을 고귀한 혈통의 부모에게서 태어난 존재로 격상시키고, 대신 탈이상화된 부모를 친부모가 아닌 양부모로 전락시키는 방식이 그것이다. 둘째는 아버지를 의부(義父)로 만들고, 친아버지는 고귀한 혈통이지만 현재는 어디에 있는 지 모르는 존재로 격상시킨다. 대신 어머니는 그대로 자신과의 혈통을 유지하게 된다.

이 각각의 최초 로망스를 로베르의 정의에 따라 각각 '업둥이(enfant

*trouvé*'형과 '사생아*bâtard*'형 로망스로 이름 붙일 수 있겠다. 그러나 일단 이에 대한 논의는 차후로 제쳐 두고 여기서는 이 두 유형의 로망스가 일종의 서사(narrative)적 뼈대를 갖추고 있다는 사실만 지적하기로 한다.

'고귀한 출신 → 유기(遺棄) → 고난 → 신분의 복원' 서사는 동서양을 막론하고 수많은 이야기들에서 원형적(原形的) 서사[45]를 이룬다. 이제 왜 특별히 소설이, 예술적 승화에서도 중심적인 지위를 차지하는지 밝혀지기 시작한다. 예술의 재료이자 양식을 이루는 '환상'은 '서사적(敍事的)'이다. 그리고 알다시피 최소한 우리 시대에 있어 '서사'는 소설 장르에 가장 적합한 서술 방식이기도 하다.

징후적으로 읽어볼 때 프로이트는 이러한 사실을 염두에 두고 있었다. 이어지는 인용문이 그 사실을 증거해 준다.

> ④ ……〈노이로제 환자들의 가족 로맨스〉로 묘사될 수 있을 것이다.
> ⑤ 특이한 상상력은 노이로제 환자들뿐 아니라 재능 있는 사람들의 핵심적인 특징이기도 하다.

④의 예문에서 보듯이 프로이트는 이러한 가족 로망스가 주로 신경증 환자들에게서 특징적으로 나타난다는 사실을 관찰한다. 이미 살펴보았듯이 신경증의 원인은 리비도가 초기 단계로 퇴행하는 데에 있었다. 신경증 환자들은 바로 유아기의 가족 로망스 속으로 퇴행한 셈이다.

더 흥미로운 부분은 예문 ⑤이다. 이 예문에 따르면 이러한 '특이한 상상력'은 신경증 환자들뿐만 아니라 '재능 있는 사람들'의 핵심적인 특징이기도 하다. 이 재능 있는 사람들이 예술가들임은 앞서의 논의로 미루어

---

45) 헤라클레스 신화, 테세우스 신화, 모세의 신화, 예수의 신화, 그리고 우리의 경우 고주몽의 신화 등등을 상기해 보자. 영웅들은 하나같이 사생아이거나, 업둥이로 나타난다.

볼 때 충분히 짐작할 수 있을 것이다. 그러나 일반적인 의미에서의 '예술가들'이라는 표현으로는 부적절하다.

가족 로망스로의 퇴행은 신경증 환자들에게서만 나타나는 것이 아니라 예술가들에게서도 나타나는데, 그렇다면 예술가들에게 가족 로망스는 재료이자 양식이다. 거기서부터 예술적 상상력이 배태되기 때문이다. 그 재료이자 양식인 가족 로망스, 즉 원초적 환상이 서사적인 성격의 것이라면, 이때의 '재능 있는 사람들'이라는 표현에 가장 적합한 것은 서사 예술가, 현대의 경우 '소설가'일 것이다. 물론 비극과 서사시 그리고 로망스와 같은 서사예술의 작가들 역시 여기에 포함되겠지만, 시대적으로 근대 이후에는 소설가들만이 예술가들 중에서도 특별히 서사를 즐겨 자신들의 재료로 삼기 때문이다.

결국 앞 절에서 살펴본 승화의 메커니즘에 가장 적절한 장르는 우리가 속한 시대의 경우 바로 소설이라는 점이 여기서 확인된다. 그렇다면 승화의 리비도 경제학은 사실상 소설 장르 발생의 리비도 경제학, 혹은 개체발생 차원에서의 소설의 기원으로 번역해도 무방할 것이다. 승화의 리비도경제학은 소설 장르에 적용될 때 완전해지는 것이다.[46]

이러한 결론을 좀 더 일반화하기 위해서는 이어지는 인용문들에 대한 징후적 독해도 필수적이다. 다음을 보자.

---

[46] 승화 메커니즘이 각각 시대를 달리 하는 서사 양식들인 신화, 서사시, 비극, 로망스 등에서는 어떻게 이루어지는가에 대해서도 따로 살펴볼 필요가 있을 것이다. 아울러 서사 예술이 아닌 음악이나 회화의 경우에 대해서도 동일한 연구가 이루어져야 한다. 그러나 본서에서는 그러한 연구 주제를 거론할 여력이 없다. 왜냐하면 그와 같은 연구는 정신분석의 범위를 넘어서, 형식과 기교의 총화로서의 예술 장르론 문제를 제기하기 때문이다. 각 장르별 승화가 갖는 차이와 특수성에 대한 연구는 정신분석학보다는 형식주의와 구조주의적 접근이 오히려 타당할 것으로 보인다. 게다가 본서의 목적은 이미 언급한대로 정신분석학의 '소설이론'화이다.

⑥ 아이들은 자기들이 낮게 평가한 부모에게서 벗어나기 위해 사회적 지위가 높은 사람들이 진짜 자기 부모라는 상상을 한다.……이 단계에서는 생명을 만들 때 각각의 성이 하는 역할이 다르다는 것을 모르고 있다.

⑦ 아버지와 어머니의 성 역할이 다르다는 것을 알게되고, 〈부성(父性)〉은 언제나 불확실하고 모성은 언제나 확실하다는 것을 깨닫게 되면 가족 로맨스는 간단명료해져서 아버지를 높이고, 모성에 대해서는 더 이상 의심하지 않게 된다.

⑧ 뒤에 있는 동기는 어머니를 - 가장 강한 성적 호기심의 대상인 - 은밀히 부정을 저지르는 상황으로 몰려는 욕구이다. 이런 식으로 무성으로 시작한 상상이 나중 단계로까지 발전하게 된다.

여기서 프로이트는 두 가지 가족 로망스를 각각 상이한 심리 발달 단계에 위치시키고 있다. 인용문 ⑥은 로베르가 업둥이형(어머니와 아버지 모두와의 혈연을 부인하는 로망스)이라고 명명한 로망스가 아직 성차(性差)를 모르는 '단계'의 환상임을 설명하고 있다. 이 말은 곧 아직 오이디푸스 콤플렉스 *Oedipus complex* 이전 시기의 흔적이 남아 있는 환상이라는 말일 것이다. 왜냐하면 어린아이가 성차를 이해하게 되는 것은 오이디푸스 단계 이후이기 때문이다.

반면 인용문 ⑦은 로베르가 사생아형(모친과의 혈연은 인정하고 부친과의 혈연은 부인하는 로망스) 로망스라고 명명한 환상에 대한 설명이다. 이 환상은 어린아이가 성차를 이해한 후에 발생한다. 말하자면 오이디푸스적 상황을 돌파한 후, 혹은 그 상황 내에서 발생한 환상이다. 거기에 부친살해, 혹은 어머니와의 근친상간 흔적이 남아 있는 것은 이런 이유일 것이다.

인용문 ⑧은 이에 대한 부언 설명이다. 어머니를 부정한 여인으로 몰아가는 심리는 사실 오이디푸스 상황의 파생물로 보여지는데, 대개 어머니에 대한 양가감정(성녀/창녀)은 이 시기에 확립된다. 이 시기에 어머니는 사랑의 대상에서 흔히 발견되는 이상화 과정 속에 있으면서, 동시에 변심한 연인(다른 남자, 즉 아버지의 여자)에게 표출되기 마련인 증오의 대상이 되기도 한다.

결국 원초적 환상으로서의 가족 로망스는 오이디푸스 콤플렉스 단계를 전후로 해서 두 단계로 나뉜다. 업둥이형과, 사생아형이 그것이다. 그리고 이 두 유형의 로망스를 동일한 단계의 두 가지 양상으로 정의하지 않고 시기를 달리 하는 두 '단계'로 설정한 것으로 보아 프로이트는 양자의 '질적인' 차이를 인정하고 있는 것으로 보인다.

로베르가 개입하는 지점이 여기이다. 앞으로 살펴보게 되겠지만 이 두 단계의 가족 로망스는 둘 다 개체발생적 차원에서 소설의 기원임에는 틀림없지만, 사실상 전혀 다른 종류의 소설들을 배태한다. 업둥이형 로망스는 낭만주의적 소설들의 원형이 된다. 그리고 사생아형 로망스는 사실주의적 소설들의 원형이 된다.

좀더 일반화하자면 지구상에 존재하는 모든 서사 예술 작품들은 이 두 로망스가 가지고 있는 차이에 따라 양분이 가능하다. 소설도 마찬가지이다. 가족 로망스는 무수한 변형을 통해 근대 이전에는 신화, 영웅담, 로망스를 형성해 내다가 근대에 이르면 소설들 속으로 제 모습을 감춘다.

프로이트는 이처럼 가족 로망스가 무수한 이형태들로 변형이 가능하다는 사실을 파악하고 있었다. 이 점이 「가족 로망스」의 징후적 독해에서 가장 중요한 부분이기도 하다. 다음의 예문을 보자.

⑨ 역사적인 음모 중에서 하나를 생각나게 하는 방법으로 - 형들의 특권을 박탈하기 위해, 어머니가 부정한 정사(情事)로 경쟁자인 그들을 낳았다는 상상을 하기도 한다. 이런 식으로 형제 자매들을 서자(庶子)로

만들어 제거함으로써 영웅이자 주인공인 자신은 합법성을 얻는 흥미로 운 가족 로맨스의 변형이 생긴다.

⑩ 그 외에도 특별히 이루려는 목적이 있다면 가족 로맨스로 여겨지는 과정을 이용할 수 있다. 왜냐하면 가족 로맨스의 여러 측면과 넓은 적용 범위는 어떤 종류의 욕구도 충족시킬 수 있기 때문이다. 예를 들어, 여자 형제에게 끌리는 아이는 이런 식의 상상을 하면서 금지된 여자 형제와의 혈연 관계를 뛰어넘을 수 있게 된다.

인용문 ⑨와 ⑩은 '가족 로망스의 변형'에 관한 예문이다. 이 예문들에서 추출해 낼 수 있는 변형은 우선은 두 종류이다. 부모와의 분리가 다른 형제들로부터 비롯되었다고 생각되어질 경우 가족 로망스는 형제들에게로 확장된다. 그리하여 부정한 정사(情事)의 파생물인 형제와 합법적인 적자(嫡子)로서의 자신이라고 하는 새로운 대립이 발생한다. 새로운 원형적 서사구조가 탄생한다. 이 서사구조가 원형적인 이유는 역시 수많은 영웅담이 이 서사구조를 따르고 있기 때문이다. 영웅담만 아니라 현대의 내중 소설이나 상업적 드라마에서 '출생의 비밀'이라고 하는 모티프는 수없이 반복된다.

어린 아이가 남아(男兒)이고, 부정한 정사의 파생물이 여형제일 경우, 형제간의 대립은 이내 합법적인 근친상간으로 전도(顚倒)된다. 서로 혈연이 다른 출생은 근친상간을 합리화하는 이유가 되기 때문이다. 이 역시 원형적인 서사구조임은 말할 필요조차 없다. 상피(相避)신화와 상피 금기,[47] 그리고 오누이콤플렉스[48]에 이르는 무수한 이야기들이 이 구조를 따른다.

---

[47] 대표적으로 일본의 창세 신화인 '이자나기/이자나미' 남매 신화를 들 수 있다. 그리고 우리의 경우 신라 남해왕과 운제부인의 설화가 있다.
[48] 김승옥의 「환상수첩」, 「누이를 이해하기 위하여」 같은 작품들, 윤대녕의 「빛의 걸음걸이」 같은 작품, 그리고 김성동의 『꿈』 등을 들 수 있다. 그리고 다음 장에서 다루게 될 장용학의 『원형의 전설』은 누이 콤플렉스를 지적하기에 더없이 좋은 작품이다.

프로이트는 여기서 멈추지 않는다. 그는 가족 로망스가 이 두 종류의 변형 외에도 무수한 이야기들로 변형이 가능하다고 말한다. 이어지는 예문이 이를 잘 보여주고 있다. '특별히 이루려는 목적이 있다면 가족 로맨스로 여겨지는 과정을 이용할 수 있다. 왜냐하면 가족 로망스의 여러 측면과 넓은 적용 범위는 어떤 종류의 욕구도 충족시킬 수 있기 때문이다'. 가족 로망스는 마치 꿈-작업dream-work에서처럼 실제의 소망 충족을 잠재적인 형태로 바꾸어 낼 수만 있다면 무수한 변형을 통해 자신의 환상을 확장시킬 수 있다. 가족 로망스는 원칙적으로 무제한적인 이형(異形)들을 가질 수 있는 것이다. 이러한 논의로부터 바로 그 이형들이 근대 이후 거의 매일 쓰여지고 있는 '소설' 작품들이라는 결론을 얻어내기는 그리 어려운 일이 아닐 것이다.

그러므로 슬쩍 제쳐두었던, 그러나 결정적인 의미를 갖고 있는 ③의 예문('어린 시절의 이런 생각들이 우리로 하여금 신화의 본질을 이해할 수 있게 한다')에 대한 정신분석학적 번역이 가능해진다. 번역하자면 이렇다. '어린 시절의 이런 생각들이 우리로 하여금 소설의 본질을 이해할 수 있게 한다'.

그리고 바로 그 '소설의 본질'은 본서의 첫 목표였던 '소설의 정의'를 가능케 한다. 이상의 논의를 통해 소설을 정의하자면 이렇다.

> 정신분석학적 관점에서 내린 소설의 정의 : '소설은 본질적으로 유년기 가족 로망스의 반복이자 변형이다.'

비록 이 역시 기원과 관련된 소설 정의에 불과한 것이긴 하지만, 정신분석학을 통해 소설의 개체발생적 기원을 탐색함으로써 소설에 대해 '개연성 있는' 정의 하나를 얻어내겠다는 본서 최초의 목표는 이렇게 달성되

었다.[49]

## 4) 업둥이 로망스와 사생아 로망스

이미 살펴 본 바와 같이, 프로이트는 가족 로망스를 두 개의 단계로 구분한다. 하나는 오이디푸스적 상황의 각인이 남아 있지 않은 로망스로, 부모 모두와의 혈연을 부인하는 형식을 취한다. 나머지 하나는 오이디푸스적 상황의 각인이 남아 있는 로망스로, 모친과의 혈연은 인정한 채 부친과의 혈연만을 부인하는 형식을 취한다. 앞서 밝힌 '업둥이형'과 '사생아형' 로망스가 각각 여기에 해당한다.

앞서의 논의를 통해 이 두 유형의 가족 로망스가 소설을 포함한 모든 허구적 서사들의 원형임은 확인한 바 있다. 이제 어떤 소설들이 각각의 유형에 속하는지를 살펴볼 차례다. 로베르는 그 두 유형의 소설을 다음과 같이 분류한다.

> 사실상 바로 여기에 소설이 긴 역사를 따라 추구했었고 추구할 수 있는 두 가지 큰 흐름의 분할선이 있다. 왜냐하면 엄격하게 말해서 한 편의 소설을 만드는 데는 두 가지 방식만이 있기 때문이다.
> 하나는 리얼리스트적인 사생아의 방식으로서 그것은 세계를 정면으로 공격하면서 세계를 도와준다. 다른 하나는 업둥이의 방식으로서 그것은 지식과 행동 방식의 부족으로 도피나 토라짐을 통해서 싸움을 교묘히 피한다.[50]

---

49) 프로이트의 「가족 로맨스」에서 강조 표시를 해 두고도 독해하지 않은 예문이 하나 있다. 예문 ⑪이 그것이다. 이에 대해서는 다음 절에서 다시 거론할 것이다.
50) M. 로베르, 앞의 책, p.70.

로베르가 보기에 소설의 긴 역사를 통틀어 볼 경우 '오로지 두 가지 큰 흐름의 분할선'만이 존재한다. 소설의 창작 방식에는 오로지 두 가지 방식만이 있기 때문이다. 그 두 가지 방식이 이미 우리가 살펴 본 두 가지 로망스의 유형, 즉 업둥이 로망스와 사생아 로망스에서 비롯된다는 사실은 충분히 짐작 가능하다.

그런데 로베르는 여기서 한 발 더 나아간다. 그는 사생아의 방식을 '리얼리스트적'이라고 명명하고, 업둥이의 방식을 '도피나 토라짐'으로 설명한다. 그리고 이어지는 다음의 인용문에서 그는 '도피나 토라짐'이라고 하는 것이 전형적인 낭만주의의 창작 방식이라고 언명한다.

> 낭만주의를 사조(예술 운동)로 취급한 역사적 원인들이 무엇이든지 사실은 거기에서는 업둥이가 그 극단적인 천성 특유의 모순된 특징을 지니고서, 자신의 계획에서 아무것도 변경시키지 않은 채, 거의 홀로 자신을 표현하고 있다.[51]

업둥이의 방식이 '낭만주의적' 방식이라면 이제 우리는 로베르의 논의를 빌려 〈표 2〉와 같이 유형화를 시도해 볼 수도 있을 것이다.

이제 남아 있는 문제는 과연 로베르가 구분한 이 두 유형의 소설 군에는 어떤 작품들이 포함되는가 하는 점이다. 먼저 염두에 둘 점은 로베르적인 의미에서의 '낭만주의/리얼리즘'의 구분이 문예사조상의 구분과 반드시 일치하는 것은 아니라는 점이다.

---

51) 위의 책, p.98.

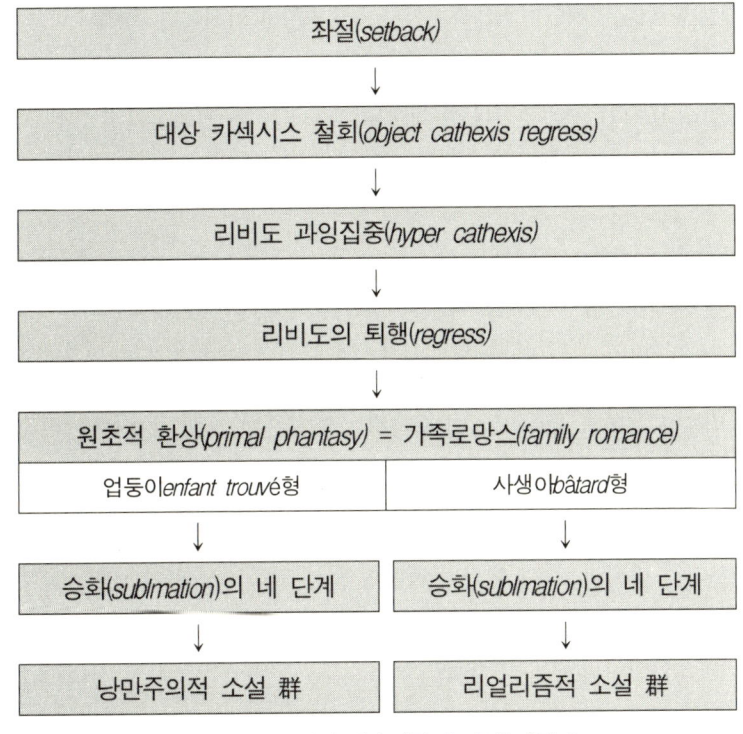

〈표 2〉 예술가와 예술작품의 탄생 과정 2

가령 로베르는 '호프만, 장-파울, 노발리스, 카프카, 멜빌' 등을 '낭만주의적' 작가군의 범주에 넣는데, 다른 작가들은 그렇다 치더라도 카프카의 경우는 사실 낭만주의 작가와는 거리가 멀다. 또 로베르가 '사실주의적' 작가군의 범주에 넣은 '발자크, 위고, 톨스토이, 도스토예프스키, 프루스트, 포크너, 디킨스'[52] 들의 경우도 전통적인 의미에서 '리얼리스트'의 범주에 들어가지 않는 경우가 많다. 예를 들어 '의식의 흐름' 기법의 창시자

---

52) 위의 책, p.73.

인 프루스트를 리얼리스트라고 부르는 것은 예외적이다.

그렇다면 과연 로베르가 어떤 기준으로 이와 같은 분류를 시도하고 있는지 살펴보아야 할 것이다. 이에 대해서는 다음의 인용문이 중요한 시사점을 준다.

<u>소설가가 외디푸스적인 사생아의 성향을 강하게 갖고 있으면 세상을 향해 뛰어들게 되고, 업둥이의 성향이 강하다면 의도적으로 '다른' 세계를 창조하게 되는데</u>……53)

주목할 구절은 '외디푸스적 사생아의 성향을 강하게 갖고 있으면'이라고 하는 조건절이다. 즉 외디푸스적 상황의 흔적이 남아 있는 사생아 유형의 로망스로부터 파생된 소설은 리얼리즘적인 소설로 경도되는 측면이 강하다는 말이고, 그런 흔적의 각인이 없는 업둥이 유형의 로망스로부터 파생된 소설은 '다른' 세계, 즉 유토피아라든가, 자연, 혹은 요정의 세계로 특징지어지는 낭만적 경향으로 흐르는 측면이 강하다는 설명이다.

오이디푸스 콤플렉스는 익히 아는 바와 같이 어린아이로 하여금 '현실원칙*reality-principle*'을 습득하게 만든다. 로베르는 지금 그 점을 지적하고 있는 것으로 보이는데, 앞서 살펴 본 가족 로망스 중 사생아 유형의 로망스에는 오이디푸스적 상황의 각인이 강하게 찍혀 있었다. 아이는 친부를 마음 속에서 제거(친부 살해)하고, 어머니를 독차지한다. 그러나 그 이후가 더 중요하다.

이 로망스에서 파생된 영웅담들을 통해서도 알 수 있듯이, 이 사생아 영웅은 바로 그 순간부터 현실의 정복자이자, 현실의 개척자가 된다. 왜냐하면 부재(不在)하는, 그러나 고귀한 신분의 친부(親父)를 찾아 나서기로

---

53) 위의 책, p.72. 밑줄은 인용자.

작정한 그에게는 앞으로 닥칠 현실들을 제대로 파악하고 그리하여 현실적 역경을 하나하나 헤쳐나가야 할 과업이 주어지기 때문이다. 당연히 그가 현실에 대한 지식들을 습득하고, 자신의 분노와 욕망을 현실 원칙에 따라 수정하며, 이를 통해 원하는 목적지에 도달하려고 노력할 것임은 분명하다. 그럼으로써 그는 또 다른 아버지로의 지위 승격에, 즉 아버지와의 동일시에 성공하는 것이다. 아버지를 증오함으로써 아버지의 금기를 받아들이는 오이디푸스 콤플렉스의 극복이 그렇듯이, 사생아는 '세계를 공격함으로써 세계를 돕는다'. 그는 현실을 인정함으로써 현실을 장악한다.

로베르가 나열하고 있는 사실주의적 작가들이 현실 원칙을 위반하지 않고, 현실의 모방과 개척을 통해서만 원래의 욕망, 즉 신분 승격의 목표를 달성하려고 시도하는 이유가 여기에 있다. 그리고 로베르가 프루스트처럼 전통적으로 '모더니스트'로 분류된 작가를 '리얼리스트'로 분류할 수 있었던 근거도 여기에 있다. 프루스트는 그가 주로 사용한 창작상의 모더니즘적 기법과는 무관하게, 현실에 등을 돌리거나 도피하지는 않는다.

이에 반해 업둥이 로망스로부터 창작의 자산을 끌어오는 작가들의 경우는 현실과 맞서려는 의지가 존재하지 않는다. 업둥이 로망스에는 오이디푸스적 각인이 전혀 없기 때문이다. 업둥이 로망스의 주인공은 부친과 모친 양자를 모두 제거해 버린다. 그리하여 본인의 현재 삶은 임시적인 것이고, 과거 그리고 이상화된 과거로서의 미래만이 완전한 것이라는 이분법만이 존재하게 된다. 현실과 대면할 이유를 상실해 버렸기 때문이다. 환멸 아니면 열광이라고 하는 낭만주의적 이분대립이 발생한다. 계통발생적으로는 유토피아로서의 신화적 과거와 디스토피아로서의 현재간의 갈등이 여기서 파생되고, 개체발생적으로는 결핍으로 가득 찬 성년기와 충만함으로 가득 찬 유년기간의 대립 또한 여기서 파생된다. 로베르가 카프카를 이 유형의 작가군에 포함시킨 사정도 이해가 간다. 카프카의 '성'으로 둘러싸인 세계는 완벽한 디스토피아여서 현실과의 대면 의지를 상실하고 있기 때문이다. 로베르에 따르면 카프카는 모더니스트이면서 동시에 낭만주의자일 수 있는 것이다.

로베르에게 문학사상(文學史上)의 사조는 중요한 것이 아니다. 문제는 개별 작가들이 자신의 작품을 좌우하고 있는 원초적 환상으로서의 가족 로망스들 중 어느 유형의 가족 로망스로부터 창작의 에너지를 가져오느냐 하는 점이기 때문이다. 그 결과 정신분석학적 관점에서 소설을 분류하는 작업은 전통적인 문예사조의 흐름을 완전히 다시 조정해야 한다는 결론으로 이어지게 된다.

물론 그처럼 거대한 작업은 시론(試論)에 불과한 본서의 목적이 될 수 없다. 다만 본서는 다음 장에서 전후의 주요 소설 작품들에 로베르의 이러한 기준을 적용했을 때 과연 어떤 유의미한 결론이 나오게 되는가를 살펴보게 될 것이다. 미리 말하자면, 전후 소설 작품들에서는 사실상 업둥이 유형의 소설들이 지배적인 위치를 점한다. 그 이유는 거대한 외상으로서의 전쟁 체험에 있다.

그러나 이에 대한 긴 논의에 앞서 남겨 둔 숙제를 먼저 해결해야 한다.

## 5) 루카치와 프로이트의 소설 정의 비교

앞서 3절에서 프로이트의 「가족 로맨스」를 독해하는 과정에서 일부러 언급을 피한 예문이 하나 있다. 이제 이 예문에 대해 이야기할 차례이다.

프로이트는 「가족 로맨스」를 최종적으로 다음과 같은 언급으로 마무리한다.

⑪ 사라져 간 행복한 시절에 대한 갈망의 표현인 것이다.

물론 이때의 '사라져 간 행복한 시절'이란 개체발생 차원에서의 과거에 속해 있다. 가족 로맨스가 '분리불안'의 소산임은 이미 지적한 바 있다. 즉 왕과 왕비의 지위에서 장삼이사(張三李四)의 지위로 전락한 부모에 대한 실망감, 그리고 그들로부터 충분히 사랑 받지 못하고 있다는 감정이 가족 로맨스를 낳는다. 그렇다면 가족 로맨스는 아직 부모가 왕위에 있던 시절, 그리고 자신이 그들과 분리 없이 완전한 유대감을 형성하고 있던 시절로의 복귀 욕구에서 비롯되었다고 말할 수 있다. 프로이트의 위 예문은 그러한 사정을 얘기하고 있다.

우리는 위의 인용문으로부터 소설에 대한 또 다른 정의 하나를 얻을 수 있을 것이다. 앞서 본서는 소설의 기원을 바로 가족 로맨스에서 찾았었다. 그리고 가족 로맨스를 프로이트는 '잃어버린 황금시대로의 복귀 시도'라고 언명했다. 여기서 삼단논법을 통해 '소설 또한 잃어버린 황금시대에 대한 복귀 시도이다'라는 명제를 얻어내는 것은 어려운 일이 아니다. 다시 정의하자면 **'소설은 잃어버린 황금시대로의 복귀 시도이다'**.

그러나 소설에 대한 이와 같은 정의는 프로이트의 것만은 아니라는 사실을 우리는 잘 알고 있다. 여기에 소설을 이와 유사한 방식으로 정의한 다른 인용문을 옮겨 본다.

별이 빛나는 창공을 보고, 갈 수가 있고 또 가야만 하는 길의 지도를 읽을 수 있던 시대는 얼마나 행복했던가? 그리고 별빛이 그 길을 훤히

2. 정신분석학적 관점에서 본 소설의 기원과 정의

밝혀 주던 시대는 얼마나 행복했던가?54)

소설은 삶의 외연적 총체성이 더 이상 구체적으로 주어지지 않고 있고, 또 삶에 있어서의 의미 내재성은 문제가 되고 있지만 그럼에도 총체성을 지향하고자 하는 시대의 서사시이다.55)

첫 번째 인용문은 바로 루카치의 『소설의 이론』 첫 문장이다. 그리고 두 번째 인용문은 세계 문학사상 가장 유명한 그의 '소설의 정의'이다. 그러나 이미 프로이트의 가족 로망스를 통해 소설을 일종의 '향수(鄕愁)'로 정의한 필자의 입장에서 이 과거 집착적인 영탄조의 문장들로부터 '사라져 간 행복한 시절에 대한 갈망의 표현'을 읽어내지 않기는 힘들다.

본서에서는 이러한 일치를 우연으로 치부하고자 하지 않는다. 왜냐하면 '개체발생은 계통발생을 반복한다'56)라고 하는 명제는 사실 프로이트의 이론에서는 하나의 전제이자 상식에 속하기 때문이다. 결국 루카치와 프로이트는 동일한 문제틀 속에서 소설을 정의했다고 보아 무방할 것이다. 그리고 그 문제틀은 '퇴행' 혹은 '향수(鄕愁)'의 문제틀이다. 다만 프로이트가 개체 발생적 차원에서의 퇴행과 향수를 통해 소설을 정의할 수 있는 길을 열었다면, 루카치는 그것을 잃어버린 총체성의 시대이자 서사시의 시대인 그리스의 황금시대에서, 즉 계통발생 차원에서의 향수를 통해 정의했을 따름이다.

개체발생과 계통발생 중 어떤 것이 먼저인가를 묻는 것은 그리 중요하지 않다. 사실 그런 질문은 답할 수 없는 성질의 것이기도 하다. 다만 여

---

54) G. 루카치, 앞의 책, p.29.
55) 위의 책, p.70.
56) 『성욕에 관한 세 편의 에세이』, 앞의 책, p.229.

기서 중요한 것은 프로이트 이론의 징후적 독해를 통해 얻어진 소설의 정의가 루카치의 정의와 전혀 모순되지 않는다는 사실을 확인하는 데에 있을 것이다.[57] 요컨대 소설이란 루카치에게나 프로이트에게나 향수와 퇴행의 장르였다.

---

[57] 그럼에도 불구하고 두 정의 중 하나의 선차성을 주장해야 한다면, 본서는 프로이트의 편을 들 것이다. 향수와 영탄으로 가득 찬 『소설의 이론』은 말할 것도 없고, 『역사와 계급의식』 이후의 이론적 저작들을 통해 사회주의 리얼리스트로 변모한 뒤에도, 루카치는 마치 가족 로맨스의 업둥이 영웅처럼, 환멸로 가득 찬 자본주의 사회를 통째로 부인하고, 신화적인 공산주의 사회 속으로 도피해 버렸기 때문이다. 사회주의 리얼리즘이란 이제와 생각하면 얼마나 신화적이던가? 결과론적인 이야기이지만 그는 결코 오이디푸스적 현실주의를 채택한 적이 없었다.
요컨대 루카치의 이론 역시 최종심급에서는 업둥이 로망스의 무수한 이형태들 중 하나였다고 말할 수 있을 것이다. 다만 소설가들과 달리 그는 찬란한 과거와 환멸적인 현실의 이분법, 그 거대한 거리를 '마르크스주의'라고 하는 신화 혹은 유사 과학으로 메우려고 시도했을 따름이다. 그런 의미에서 루카치 자신도 스스로의 주장과는 달리 전혀 리얼리스트가 아니었으며, 사실은 하나의 '징후'였다고 말할 수 있을 것이다.

## 3. 병인(病因)으로서의 전쟁

### 1) 전후 소설과 업둥이 로망스

전쟁을 일종의 거대한 외상*trauma*이라고 볼 때, 그리고 외상이 대부분의 신경증*neurosis*에서 최초의 좌절*setback*이자, 퇴행*regress*의 원인이 된다고 할 때, 전후 소설이 가족 로망스*family romance*의 보다 초기 단계인 업둥이 *enfant trouvé* 유형과 주로 관련을 맺게 될 것이라는 추론은 충분히 타당성이 있다. 실제로 로베르의 분류틀을 한국 전후 소설에 적용해 볼 경우, 대부분의 작가들에게서 업둥이 유형의 소설들이 주류를 이루고 있음이 드러난다.

업둥이 유형의 소설, 즉 로베르적 의미에서의 '낭만적' 유형에 속하는 소설들에 특징적인 '환멸 아니면 열광'의 정서는 그간 전후 소설의 특징으로 자주 지적되어온 바 있다. 김현의 다음과 같은 지적을 보자.

> 20세를 전후해서 해방과 전쟁을 맞이했다는 것은 사실은 또한 감정의 극대화 현상을 유발케 한다. 논리적으로 사태를 파악할 수 없을 때에는, 감정적인 제스처만이 극대화되지 않을 수 없다. 그 현상은 구체적인 사실에 대한 냉철한 인식·판단보다도, 추상적인 당위에 대한 무조건의 찬탄을 낳는다.[58]

사실상 전후 소설의 작가들은 '감정의 극대화'를 통해 구체적인 현실 인식으로부터 멀어지고 있음을 스스로 고백하기도 한다. 물론 그 너머에 전쟁 체험이 있음은 주지의 사실이다. 손창섭의 고백을 들어보자.

> 이와 같이 새로운 '나'와 '남'의 발견은 결과적으로 나에게 인간 및 사회에 대한 불신과 반발심을 길러주었고, 심지어는 신에 대한 원망마저 품게 하였던 것이다. 이리하여 나의 '인간'은 삐뚤어진 반항의식으로 성장했고, 걷잡을 수 없는 피해 의식에 사로잡히는 결과가 되고 만 것이다. 만신창이의 적의만 남은 불구의 패잔병이었다. 이러한 배척을 당할 뿐이었다. 이렇듯 나와의 공존과 공감을 허용하려 하지 않는 기성사회, 기성 권위에 대한, 억압된 나의 인간적 자기 발산이 문학의 형태로 나타난 것이 말하자면 나의 소설이라 하겠다.[59]

위의 인용문은 1965년에 발간된 것이니, 손창섭이 자신의 전후 소설들을 충분한 거리를 두고 회고할 수 있을 만큼의 충분한 시간을 가진 후의 언술이다. 그제서야 손창섭은 전후에 자신이 '만신창이의 적의만 남은 불구의 패잔병'이었음을 고백한다. 그리고 기성사회와 권위에 대한 '자기 발산'[60]을 문학적 자양으로 삼았음도 고백한다. '자연스러운 감정의 흘러

---

58) 김 현, 「테러리즘의 문학」, 『사회와 윤리』, 일지사, 1974. p.100.
59) 손창섭, 「아마추어 작가의 변」, 『현대한국문학전집3』, 신구문화사, 1965, p.474.
60) 이 용어는 철회된 리비도의 격렬한 자가 소모를 연상시킨다. 즉 승화 과정을 연상시킨다.

넘침'이라고 하는 코울리지의 문학관을 상기시키기도 하는 이 표현은 전형적인 '낭만적' 소설가의 자기 고백이 아닐 수 없다.

엄밀한 의미에서 '자기 발산'은 권위에 대한 현실적인 위협이 되지 못한다. 그것은 우리가 이미 살펴본 사생아*bâtard* 유형 소설의 전철을 밟지 않고는 힘든 일이다. 즉 현실을 장악하기 위해 현실의 원칙을 배우지 않고서는 오이디푸스*Oedipus*적 반항감정을 극복하기 힘들다. 이를 극복하기 위해서는 부친을 부인한 자리에 스스로 올라설 만큼 현실적인 감각으로 무장해야만 한다. 즉 스스로의 힘으로 현실원칙*reality-principle*의 담지자인 아버지의 자리를 찬탈해야만 하는 것이다.

그러나 전후의 손창섭은 그렇게 하지 못했다. 손창섭의 주인공들은 '지식과 행동 방식의 부족으로 도피나 토라짐을 통해서 싸움을 교묘히 피한다'.61) 로베르가 업둥이 유형의 소설에 대해 지적했던 그대로이다. 따라서 전후에 쓰여진 그의 소설 전체가 오이디푸스 콤플렉스 이전으로의 나르시시즘*narcissism*적 퇴행을 보여주게 되는 것은 당연한 일이다.

장용학에 있어서도 상황은 동일하다. 다음의 인용문은 장용학이 자신의 소설 창작 기조(基調)를 고백하고 있는 부분이다. 이로부터 로베르가 언급한 업둥이형 소설가, 혹은 '낭만적' 소설가의 면모를 찾아내기는 그리 어려운 일이 아니다. 오히려 손창섭보다 더 '전형적'으로 장용학은 로베르의 정의에 대한 예를 제공해 준다.

> 필자가 흔히 다루는 소재는 막다른 골목에 빠져든 인간이다. 현대라는 상황이 그렇게 생각되기 때문이다. 거기에는 핑계 댈 구멍도 없다. 전에는 운명이라든지 신의라든지 환경 또는 유전을 끌어대면서 자위나마 할 수 있었지만 현대에 있어서의 인간의 불행은 그 원인이 인간에게

---

61) M. 로베르, 앞의 책, p.70.

있다. 그런 의미에서 현대인은 자유인이고, 인간이 끝난 인간들이다. 그에게는 합리도 비합리도 동등하게 보이고, 시간이 거꾸로 흐르기도 한다.62)

현재에 대한 과장된 비관(悲觀)은 우리가 이미 살펴본 바, 업둥이 유형 소설의 유력한 특징 중 하나이다. 이에 대해서는 이미 카프카의 소설을 들어 언급한 바 있다.

주체에게 현실 장악력이 없는 경우 투사projection를 통한 감정의 전도가 발생한다. 대상에 대한 주체의 무능력이 대상 자체의 무능력으로 탈바꿈한다. 즉 무능력한 것은 자신이 아니라 세계인 것이다. 더욱 흥미로운 것은 마지막 문장('시간이 거꾸로 흐르기도 한다')인데, 이 부분은 자신의 소설(「역성서설」, 「비인탄생」, 『원형의 전설』)에서 두드러지는 선사시대로의 퇴행이라는 주제를 사후적으로 설명해 주고 있는 것으로 여겨지기조차 한다. 환멸은 '향수'를 낳는다. 즉 퇴행을 낳는다. 죄소한 전후 시기만큼은 장용학 역시 '퇴행적으로' 오이디푸스 콤플렉스 이전 단계를 꿈꾸고 있었다.

설사 작품 속에서 병리적인 징후를 드러내 보이고 있지 않은 작가들, 그래서 표면적으로는 사생아 유형에 속하는 것처럼 오인하기 쉬운 작가들에게서도 통설63)과 달리 퇴행의 주제가 반복된다. 예를 들어 이범선의

---

62) 장용학, 「불모의 문학풍토」, 『사상계』 1965.7월호. p.307.
63) 가령 송하춘은 50년대 주요 작가들을 '부정의 문학'과 '긍정의 문학'으로 나눈 후, 전자에 손창섭, 장용학, 김성한, 선우휘 등을, 그리고 후자에 이범선, 오영수, 정한숙, 전광용 등을 포함시키고 있다(「1950년대 한국 소설의 형성」, 『1950년대의 소설가들』, 나남, 1994. 참조). 그리고 실제로 많은 연구들이 이와 같이 '적극적 저항'과 '소극적 도피'라고 하는 이분법을 통해 전후 소설을 분류하고 있다. 그러나 본서는 이와 같은 '표면적'인 분류에 따르지 않는다. 표면적으로 드러난 바와 달리, 그간 '적극적' 혹은 '긍정적' 현실 극복의지를 보여주었다고 평가되는 상당수의 작품들이 실제에 있어서는 '환멸적인 현재/이상화된 과거'라는 이분법을 따르고 있다.

「갈매기」64)의 경우가 있다.

「갈매기」의 주인공 '훈'은 전쟁 중 부산으로 피난을 왔다가 인근 섬의 학교 선생님이 된다. 사실상 훈이 정착하게 된 이 섬 마을이 소설의 주인공이라고 해도 무방하다. 이 섬에는 신화 속에서나 나올 법한 현자(賢者)를 연상시키는 세 노인 거지들이 살고, 배가 들고나는 것을 동화 속에서나 나올 법한 풍경을 연출하며 지키고 앉아 있는 아들 '종'이 등장하기도 한다. 조그만 찻집을 하는 소경과 그의 아내도 등장하는데, 소경은 밤마다 섹소폰을 분다. 그들 부부의 죽음은 더욱 목가적이고 동화적이다. 그들은 파도가 심하게 치던 밤에 손을 잡은 채로 물에 쓸려가 죽는다.

정신병리적인 주인공이 등장하지 않는다는 이유로 이범선의 이 작품을 사생아 유형의 소설, 즉 리얼리즘적 소설에 포함시키기는 힘들어 보인다. 이 소설만큼 '신화시대로의 도피'를 여실히 보여주는 작품도 없기 때문이다. 또다른 작품 「학마을 사람들」 역시 이와 같은 사실의 예가 될 수 있다. 학과 나무가 상징하는 신화성, 마을의 파괴가 보여주는 전근대적 가치의 황폐화 등의 주제는 「갈매기」의 신화시대로의 도피가 예외적인 경우만은 아니라는 사실을 반증한다.

우리가 이미 살펴보았듯이 계통발생적 차원에서의 신화시대는 개체발생적 차원에서는 유년기, 특히 오이디푸스 콤플렉스 이전 단계의 유년기에 해당한다. 이 시기로의 퇴행은 이범선에게서도 나타나고 있는 것이다. 「갈매기」의 신화시대는 개체발생차원에서는 유년기에 다름 아니다. 즉 이범선 역시 업둥이형 소설가이다. 왜냐하면 사생아형 로망스에는 오이디푸스 콤플렉스의 흔적이 각인되어 있기 때문이다. 그런 이유로 사생아 유형의 소설 주인공은 신화시대로의 도피 대신 현실 속으로의 부딪침을

---

64) 이범선, 「갈매기」, 『현대문학』 1958.12.

택하는 것이다. 그러나 이범선의 소설 세계는 그와 반대이다.

다른 예들을 들 수도 있을 것이다. 예를 들어 추식의 「부랑아」에 나오는 다음과 같은 구절을 '퇴행'과 관련짓지 않기는 힘들다.

> 박달이는 매일 밤 체모도 없이 여주색시 품에 안겨서 자는 것이 여간 포근하지가 않았다. 박달이는 저의 어머니 젖가슴도 그렇게 뽀얗고 보드라웠을 것이라고 생각했다. 여주색시가 눈을 사르르 감으며 허리를 끊어져라고 껴안아주면 간지러운지 시원한지 분간할 수가 없었다. 누나가 있었더라면 진작부터 그렇게 해주었을 것이라고 생각하기도 하였다. 박달이는 여주색시 목줄기를 휘어잡고 힘껏 당겨보기도 하였다. 숨이 가빠서 기침을 하면서도 싫어하지는 않았다.(65)

주인공 박달이는 실제에 있어서는 여주색시의 품에 안겨 자고 있는 것이지만, 심리적으로는 어머니의 품에 안겨 자고 있다. 여주색시의 품에서 어머니의 젖가슴을 그리워하고 있기 때문이다. 즉 잠자는 시간 동안만큼은 어머니와 긴밀하게 고착되어 있던 단계로 퇴행하고 있다. 물론 어머니와의 외상적 분리를 경험하게 한 것은 전쟁이었을 것이다.

이와 유사한 상황이 송병수의 「쑈리킴」에서도 등장한다.

> 알록달록한 꽃밭인지, 파란 잔디밭인지?…… 그런 곳에서 따링 누나 하고 '저 산 너머 해남'을 신나게 부르는 꿈을 또 꾸었다. 예쁜 동무들도 같이 불렀다. 빨갱이가 쳐들어왔을 때 다락에 숨어 있다가 잡혀간 아버지도 있었고 아기 젖 먹이다가 폭격에 무너진 대들보에 깔려 죽은 엄마의 얼굴도 꼬 거기서 본 것 같은데…… 눈을 떠보니 땅구덩이다.
> 해가 높이 떠올라 있다. 반쯤 젖혀놓은 포장 새로 내리쬐는 햇살이 눈이 부시다. 따링 누나는 벌써 일어나 조반을 마련해놓고 쑈리가 깨기

---

65) 추 식, 「부랑아」,(『현대문학』 1955.6),『한국현대대표소설선 9』, 임형택·정해렴·최원식·임규찬·김재용 편, 창작과 비평, 1996. pp.218~219.

를 기다리고 있었다. 조반이라야 늘 먹는 레이션통의 통조림과 비스킷 따위가 고작이다. 그런 걸 먹을 때마다 예전에 엄마가 새 애기를 낳았을 때 미역국에다 말아준 고 하얀 맛이 자꾸 생각나곤 했다.66)

사실 인용된 부분은 업둥이 로망스의 소설적 변형에 대한 전형적인 예가 될 만하다. 훼손되기 전의 가족이 복원된다. 그러나 복원된 가족은 심리적으로 과장되고 이상화된다. '알록달록한 꽃밭', '파란 잔디밭' 등의 공간 설정은 충분히 낭만주의적이다. 그리고 잡혀간 아버지와 지금의 연인인 따링 누나가 거기서 한가롭고 목가적으로 '저 산 너머 해님' 노래를 부른다. 죽은 어머니도 부활한다. 가족 로망스의 원래 목적이 거의 날 것 그대로 드러난다. 즉 사라져 버린 황금 시대의 가족 복원이 그것이다.

이상적인 가족에 대한 백일몽이 바로 업둥이형 로망스의 특징이었단 사실을 여기서 상기해 볼 필요가 있을 것이다. 심리적인 가족관계의 훼손과 이에 따른 심리적 보상으로서의 이상적 가족에 대한 환상이 가족 로망스의 핵심이라면 송병수의 이 소설은 확실히 업둥이형 로망스의 소설적 변형태임에 틀림이 없어 보인다. 전쟁이 이러한 환상적인 가족 모형을 훼손시킨 외상으로 작용했음은 말할 필요도 없다.

게다가 이 인용문은 송병수의 세계관 자체가 '이상화된 과거/환멸적인 현재'의 이분법 형태를 취하고 있음을 보여주기도 한다. 인용문은 정확히 아름다운 과거와 환멸적인 현재로(꿈/현실, 전쟁 전/전후, 땅 구덩이/파란 잔디밭) 이분(二分)된다.

요컨대 표면적인 관찰과 달리, 이범선을 포함해서 한국 전후 소설가들

---

66) 송병수, 「쑈리 킴」(『문학예술』 1957.7), 『한국현대대표소설선 8』, 임형택·정해렴·최원식·임규찬·김재용 편, 창작과 비평, 1996. pp.69~70.

은 거의가 업둥이 유형의 소설가에 속한다. 그렇다면 이제 해결해야 할 문제는 왜 이 시기의 소설가들이 대부분 업둥이 유형의 소설가에 속하게 되었는가 하는 점이겠다.

## 2) '환멸'의 정신분석학적 의미

사실 전후 소설에서 업둥이 유형의 작품들이 우점종(優占種)의 지위를 누리게 된 사정에 대한 답은 이미 언급된 바 있다. 바로 외상으로서의 전쟁체험이 그것이다. 전쟁은 충분히 신경증 발병에서 외상으로 작용할 수 있다. 전쟁은 환멸을 낳고 환멸은 대상리비도 집중 object-cathexis의 철회를 낳는다.

이에 대해서는 프로이트의 직접적인 언급이 있다.

> 이번 전쟁에서는 두 가지가 우리에게 환멸을 불러일으켰다. 대내적으로는 도덕 규범의 수호자인 체하는 국가가 대외적으로는 저급한 도덕성을 보여 준 것이 그 하나이고, 또 다른 하나는 개인들이 최고 수준에 이른 인간 문명의 참여자로서 도저히 생각조차 할 수 없는 잔인성을 행동으로 보여 준 사실이다.[67]

> 심각한 기계적 충격, 철도 사고, 그리고 생명이 위협받을 수 있는 기타 사고를 겪은 후에 발생하는 상황은 오랜 시간을 통해 알려지고 기술되었다. 그런 상황은 〈외상성 신경증〉이라는 이름으로 불리게 되었다. 얼마 전 끝난 공포스러운 전쟁은 엄청나게 많은 이런 종류의 병을 일으켰다.[68]

---

67) 「전쟁과 죽음에 대한 고찰」, 『문명속의 불만』, 앞의 책, p.47.
68) 「쾌락원칙을 넘어서」, 『쾌락원칙을 넘어서』, 앞의 책, p.16.

첫 번째 인용문의 경우 전쟁이 불러일으키는 '환멸'에 대한 기술이다. 이 인용문으로부터 프로이트는 그의 말년을 특징짓는 죽음본능Thanatos을 연역해 낼 것이다. 인류가 그간 자부해왔던 모든 문명과 도덕이 스스로의 잔인성 앞에서는 사상누각에 불과하다는 자각은 말년의 프로이트로 하여금 열반원칙nirvana principle을 발견하게 한다. 인류에게는 최초의 무생물 상태로 돌아가려고 하는 본능이 내장되어 있다는 것이다. 프로이트로서는 이 본능을 전제하지 않고 1차대전이라고 하는 전대미문의 참화를 설명할 수 없었을 것이다. 그러나 여기서 중요한 것은 그 새로운 원칙의 해명에 있지 않다. 중요한 것은 바로 그 환멸적인 전쟁이 개인들에게 미치게 될 외상적 폭력성에 있다.

두 번째 인용문에서는 바로 그 점이 지적된다. 전쟁이 불러일으킨 환멸은 수많은 외상성 신경증의 원인이 된다. 전쟁은 외상성 신경증을 일으킬 만큼은 충분히 폭력적인 성질의 것이다.[69)]

신경증 발병의 순서를 따른다면 이 인용문들은 전자가 후자에 대한 원인이 된다. 즉 전쟁에 대한 환멸이 외상성 신경증의 원인이 되는 것이다. 그렇다면 결국 환멸이란 대상에 대한 리비도집중의 철회에 다름 아니다. 전쟁은 병인론적 견지에서는 최초의 좌절setback에 해당하는 것이다. 전쟁이 준 환멸과 함께 신경증 환자들은 증상형성symptom formation의 초입에 들어선다. 리비도의 퇴행이 시작되는 것이다.

충분히 외상이 될 수 있으므로 또한 전쟁은 신경증 환자들로 하여금 유아기적 체험의 산물인 가족 로망스를 반복하게 할 소지가 다분하다. 더군다나 외상성 신경증이 대개 오이디푸스 이전 단계로의 리비도 퇴행을

---

69) 본서에서는 지면관계상 더 인용하지 않았지만 이 인용문에 이어지는 부분은 프로이트가 전쟁으로 인해 발생한 외상성 신경증의 증상과 종류들을 나열하고 있는 부분이다.

결과한다는 사실을 감안하면 가족 로망스 중에서도 전 단계에 속하는 업둥이형 로망스를 반복할 가능성이 훨씬 높다.

그런데 이미 우리가 승화에 대한 리비도 경제학적 설명을 따라가면서 발견한 사실 중 하나는 신경증 환자와 소설가는 최소한 승화가 일어나기 전까지는 동일한 증상형성symptom formation 과정을 공유한다는 점이었다. 증상형성의 리비도 경제학에서 신경증 환자와 작가는 사실 승화의 발생 여부로만 가름된다. 즉 소설가란 신경증 환자 직전에서 병발(病發)을 멈춘 사람이다. 그렇다면 우리는 다음과 같이 요약할 수 있을 것이다.

**전쟁은 전후 한국 소설가들의 작품에서 업둥이 유형의 소설이 우세하게 된 직접적인 외상으로 작용했다.**

이상의 논의에 따라 〈표 2〉의 도표는 다시 〈표 3〉과 같이, 최초의 좌절을 전쟁으로 설정하여 구체화될 수 있을 것이다.

예술가들, 특히 소설가들의 경우 전쟁 외상은 승화 메커니즘을 통해 신경증으로 발전하는 과정을 겪지 않는다. 혹은 부분적으로만 신경증 형성 과정을 겪는다. 그러나 그렇지 못한 경우는 신경증으로의 증상 형성과정을 계속하게 될 것이다. 이제 이 경우에 대해 좀 더 논의해 보자.

이에 대한 논의가 필요한 것은 첫째로, 증상형성 과정을 통해 병발한 신경증 환자들이 전후 소설에서 대거 등장하기 때문이다. 작가들은 승화를 통해 신경증을 피했지만, 그렇지 못한 인물들은 발병 과정을 거쳐 작품 속으로 들어온다. 둘째로, 승화가 항상 만족하게 이루어지지는 않는 법이므로, 설사 신경증 환자가 되는 사태는 모면했더라도 작가들의 심리 속에는 신경증적 증후들이 남아 있을 가능성이 많기 때문이다. 최소한 거대한 외상 직후 시기의 작품들, 예를 들어 전후 소설과 같은 작품들은 미미하게 앓은 신경증의 병적(病跡)일 수 있는 것이다. 그런 이유로 전후 소설을 이해하기 위해서는 신경증 증상 형성의 나머지 과정에 대해서도 마저 논의할 필요가 있다.

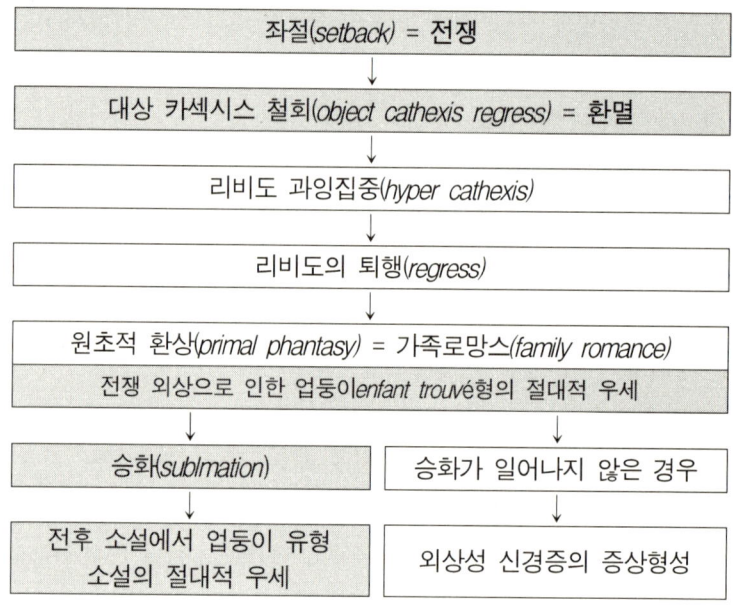

〈표 3〉 전후 소설과 전쟁 외상성 신경증의 형성 과정

### 3) 증상 형성의 리비도 경제학

이 절에서는 증상 형성의 일반론이 아니라 구체적인 신경증들의 형성 메커니즘에 대해 살펴보도록 한다. 즉 위의 도표 중 승화 메커니즘이 작

동하는 예술가들, 특히 소설가들의 경우는 제외하고, 승화가 일어나지 않았을 경우의 신경증 형성과정에 대해서만 좀 더 구체적으로 논의해 볼 것이다.

다소 길게 신경증들을 구분해서 논의하는 것은 다음 장에서 시도하게 될 전후 소설 작품 분석의 엄밀한 개념틀을 마련해 두기 위해서이다. 반복하건대, 정신분석학의 주요 개념들은 보다 면밀하게 사용될 필요가 있다.

동일한 외상성 신경증이라 하더라도 자아*ego* 혹은 초자아*super-ego*의 개입 여부에 따라, 그리고 리비도가 고착*fixation*을 시도한 초기 발달 단계가 어디인가(구강기*oral phase*, 항문기*anal phase*, 자가성애기*autoeroticism pahse*)에 따라, 여러 종류로 구분이 가능하다. 이제 이 각각의 신경증들에 대해 살펴보자.

우선 신경증 증상 형성 과정을 도식화하면 다음과 같다.

> 1. 좌절*setback* → 2. 대상리비도집중 철회*object cathexis regress* → 3. 리비도 과잉*hyper libido* → 4. 대체 표상*substitute idea*에 대한 리비도 재집중 실패(1차 억압) → 5. 철회된 대상리비도*object libido*가 자아리비도*ego libido*로 변형 → 6. 리비도 퇴행*regress* → 7. 리비도의 초기 발달 단계 고착*fixation* 시도

이를 구체적으로 다시 설명해 보자.

① 좌절*setback* : 최초의 병인은 좌절이다. 사별(死別), 실연, 돌연한 사고 그리고 크게는 전쟁 등과 같은 어떤 현실적인 이유로 리비도가 집중 대상으로부터 분리되는 외상*trauma*을 겪는다. 이를 좌절이라 한다. 본서의 경우 이 외상을 전쟁으로 설정했다.

② 대상리비도집중 철회*object cathexis regress* : 현실적 좌절로 대상이 소멸

하게 되면, 리비도 집중이 와해된다. 그러나 리비도 에너지는 점착성(粘着性)을 가지고 있어 대상이 소멸한 후에도 계속해서 그 대상을 지향하는 경향이 있다. 따라서 집중할 대상이 사라졌음에도 불구하고 리비도는 집적된다.

③ 리비도 과잉hyper libido : 집중 대상을 상실한 리비도는 과잉 상태에 이른다. 그리고 리비도 과잉은 필연적으로 긴장과 불쾌를 수반한다. 정상적인 주체에게 리비도는 적절하게 소모되어야만 한다. 프로이트가 '항상성의 원칙constancy principle'이라고 불렀던 경향 때문이다. 집적은 긴장을 낳고 긴장은 배출됨으로써 항상성을 유지해야만 한다.

④ 대체 표상substitute idea에 대한 리비도 재집중 실패(1차 억압) : 그리하여 리비도는 사라져버린 대상(예를 들면 옛 연인) 대신 다른 대체물(새로운 연인)을 찾아, 대상리비도의 재집중을 시도한다. 여기서 새로운 대상에 대한 리비도 집중이 성공하면 신경증은 형성되지 않는다. 사후 애도가 종결되기 때문이다. 그러나 자아에 의한 억압(예를 들면 양심의 가책이라는 형태로 발현되는)이 작용하면 대상리비도 재집중은 실패로 돌아간다. 여전히 과잉 리비도는 불쾌를 유발한다.

⑤ 철회된 대상리비도object libido가 자아리비도ego libido로 변형 : 리비도는 더 이상 외부에서 리비도 대상을 찾는 일을 그만둔다. 억압(의리, 양심, 절개 등등의 감정으로 나타나는)이 이를 용인하지 않기 때문이다. 대신 리비도의 방향을 주체 내부로 돌린다. 이에 따라 대상을 향하던 리비도는 자아를 향한 리비도, 즉 자아리비도로 변형된다. 여기서부터가 나르시시즘narcissism적 퇴행의 시작이다. 그런 의미에서 나르시시즘은 '자기애' 정도의 단순한 비유로 쓰일 수 없는 개념이다. 나르시시즘은 사실상 모든 신경증의 최초 병인에 대한 설명을 제공하는 리비도 경제학적 용어로 엄

밀하게 사용되어야만 한다.

⑥ 리비도 퇴행regress : 자아를 향해 방향을 바꾼 리비도는 나르시시즘적 퇴행을 시작한다.

⑦ 리비도의 초기 발달 단계 고착fixation 시도 : 퇴행한 리비도는 심리 발달 과정의 초기 단계, 즉 리비도가 충만한 만족감과 함께 소모되곤 했던 황금시대로의 퇴행을 시작한다. 초기 단계들은 크게 세 단계로 나뉜다. 가장 초기 단계는 자가성애기, 그 다음 단계는 구강기, 세 번째 단계는 항문기이다. 각 단계들 중 어디에 고착되느냐에 따라 신경증은 각각 그 증상을 달리한다. 그리고 이 지점에서 자아나 초자아의 개입 여부에 따라서도 증상은 달라진다.

여기까지가 위의 도식에서 설명된 증상 형성 과정에 해당한다. 이제 이 이후 단계에 대해 살펴보도록 하자.

먼저 리비도의 초기 단계 고착 시도에 자아가 개입하지 않는 경우가 있다. 즉 억압이 없는 경우이다. 이때의 증상은 도착perversion으로 나타난다. 도착증 환자들에게 고통스러운 감정이 수반되지 않는 이유가 여기에 있다. 억압이 존재하지 않으므로 리비도 반대집중anti cathexis에 의한 고통스러운 감정의 생성이 나타나지 않는 것이다. 고통스러운 감정은 리비도 반대집중에 의해 자아가 환자에게 내리는 벌이다. 신경증은 본질적으로 성적 소망 충족이면서 동시에 그 음란한 소망에 대한 단죄이기도 한 것이다. 그러나 도착증 환자들은 전혀 단죄 당하지 않는다.

반면 자아가 개입해서 리비도 반대집중anti cathexis을 형성할 경우 프로이트가 소위 '전이신경증transference neurosis'이라 부른 유형의 증상들이 나타난다. 유독 이 유형의 신경증에 '전이'라고 하는 접두어를 붙인 이유는 전이를 통한 치료가 가능하기 때문이다. 프로이트에 따르면 정신분석 치료 과정에서 환자는 의사에게 자신의 심리적 갈등을 '전이'시키는 경우가 자주 발생하는데, 이 경우 의사는 자신에게 전이된 환자의 심리적 갈등을 해소시킬 기회를 얻게 된다. 그리하여 치료가 가능해지는 것이다.

이 유형의 신경증들이 '나르시시즘적 신경증narcissistic neurosis'과는 달리 전이가 가능한 데에는 이유가 있다. 이 경우 철회된 리비도가 앞서 이야기한 세 가지 발달 단계의 비교적 후기에 속하는 구강기와 항문기에 고착되는 경향이 있기 때문이다. 구강기나 항문기의 성욕은 자가성애기의 성욕에 비해 비교적 후기에 속하기 때문에 대상애(對象愛)적 기질을 습득했거나 대상애를 향해 가는 상태에 있다. 즉 자신 외에 타자를 욕망하는 법을 알고 있는 것이다. 환자가 타자로서의 의사에게 자신의 심리적 갈등을 전이시킬 수 있는 이유도 여기에 있다.

나머지 한 가지 경우는 초자아가 리비도의 퇴행에 개입하는 경우이다. 알다시피 초자아는 주로 죄책감이나 양심, 혹은 처벌과 관련된 장치이다. 따라서 자아보다도 훨씬 엄격하다. 그런 이유로 초기 발달 단계로 퇴행을 시도하던 리비도는 초자아의 매서운 눈을 피해 구강기나 항문기보다 더 이전 단계인 자가성애기까지 퇴행을 시도한다. 그리고 거기에 고착한다. 이로부터 비롯되는 몇 가지 신경증을 프로이트는 '나르시시즘적 신경증'이라고 불렀다.

이 신경증은 전이신경증과 달라서 사실상 치료가 불가능하다. 그 이유는 자가성애기의 특성 때문이다. 자가성애기의 유아는 대상을 전혀 욕망하지 않는다. 아직 신체 기관의 분화가 일어나지 않았기 때문이다. 그래서 이 시기 유아의 성욕은 다형도착poly-perversion적이다. 즉 특별하게 성감이 집중되는 신체 영역(구강기의 입, 항문기의 항문, 성기기의 성기)을 따로 갖고 있지 않다. 이 시기의 유아는 자신의 온몸으로 리비도적 욕구를 충족한다. 자신의 몸 이외에 아무런 대상도 필요로 하지 않는다. 바로 이런 이유로 이 시기에 고착된 신경증 환자는 전혀 욕망 대상을 필요로 하지 않는 것이다. 의사의 경우도 마찬가지다. 의사에 대한 심리적 갈등의 전이는 불가능해지고, 의사 또한 환자의 증상에 관여할 수 없게 된다.

이를 다시 도표화해 보면 다음과 같다.

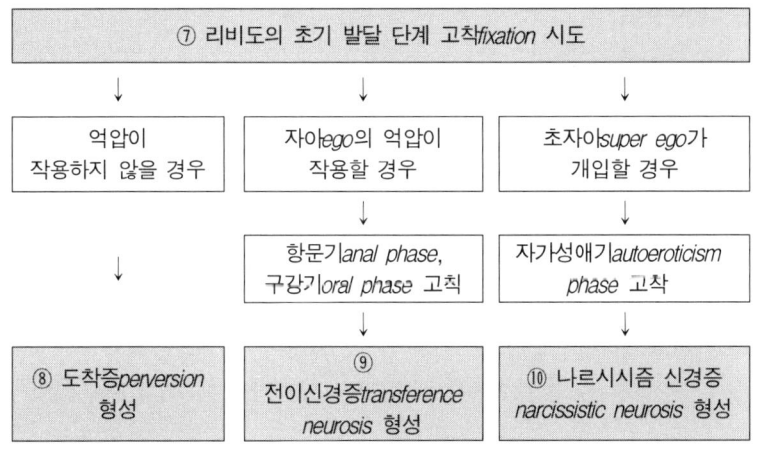

〈표 4〉 승화가 없을 경우 증상 형성 과정의 진행

이제 이렇게 형성된 각각의 증상들에 대해 살펴볼 차례다.

⑧ 도착perversion
프로이트는 도착을 증상에 따라 다음과 같이 분류한다.

3. 병인(病因)으로서의 전쟁 81

그 군상은 동성애자처럼 성적 대상이 바뀐 집단과, 성욕의 목표 자체가 우선적으로 변경된 집단으로 분류됩니다. 첫 번째 집단에는 더 이상 양성의 성 기관을 결합시킴으로써 성적 만족을 구하지 않으려는 사람들이 속합니다. 성행위에 참여하는 한 상대방의 성기는 신체의 다른 기관이나 영역에 의해서 대체됩니다. 그들은 이때 그 같은 신체 기관이 갖고 있는 성기로서의 결함이나, 구역질에 의한 장애 요인을 무시합니다(입과 항문이 질을 대신한다). 두 번째 집단에 속한 사람들은 비록 성 기관에 대해서 집착하기는 하지만, 성적인 기능이 아닌 다른 기능들 때문입니다. 이 기능들은 해부학적인 이유들이나 신체 구조상의 근접성 때문에 성 기관이 관여하게 되어 있습니다. 우리는 유아들이 교육 받는 동안 버릇없는 행위로 고쳐야만 했던 배설 기능들이 아직도 이들에게는 충분한 성적 관심을 불러일으킨다는 사실을 발견합니다. 성 기관 자체가 성욕의 대상으로 간주되지 않는, 또 다른 집단의 경우 그것을 대신해서 신체의 다른 부분들, 여성의 유방이나 발, 땋아 내린 머리와 같은 것들이 욕구의 대상으로 부각됩니다. 이 외에도 신체 기관이 성욕을 충족시키는 데 아무 역할을 못하는 사람들이 있습니다. 이 절편음란증 환자들의 모든 욕망은 의복이나, 신발, 한 조각의 흰 속옷 등에 의해서 달성됩니다. 또 한편으로 몸 전체를 요구하지만 그 대상에게 아주 특정하고 드물 뿐만 아니라, 끔찍하기도 한 요구를 하는 사람들도 있습니다. 혹은 방어력이 없는 시신을 대상으로 삼거나, 쾌락을 맛보기 위해 범죄적인 강박 관념으로 그런 짓을 저지르는 경우도 있습니다. 잔혹한 이야기는 이것으로 충분합니다.[70]

프로이트는 일단 도착을 크게 두 가지로 분류한다. 인용문의 첫 문장이 그것으로, 크게 도착은 대상도착과 성욕도착으로 구분이 가능하다.

첫 번째 부류의 도착자들은 성기의 결합을 통해 만족을 추구하지 않는다. 대신 다른 기관, 특히 입과 항문이 성기를 대신한다. 그럼에도 그들이 성적인 욕망 충족을 갈구하고 있음에는 변함이 없다. 그들은 '성욕'을 추

---

70) 『정신분석강의(하)』, 앞의 책, pp.434~435. 도착에 대한 보다 자세한 논의는 『성욕에 관한 세 편의 에세이』 참조.

구하는 점에서는 도착적이지 않되, 다만 성욕 충족의 '대상'을 바꾼 경우이다. 구강섹스*oral sex*와 항문섹스*anal sex*가 여기에 해당할 것이다. 또한 동성애도 여기에 해당한다. 동성간에는 성기간 결합이 불가능하기 때문이다.[71]

두 번째 부류, 즉 성욕도착의 경우는 그 증상들이 다양하다. 이 증상을 보이는 사람들은 대상이 아니라 성욕 자체가 도착되어 있다. 즉 그들은 생식과 전혀 상관없는 기관이나 사물을 통해 성욕 이외의 욕망 충족을 달성한다. 그들에게 사정(射精)은 별다른 의미가 없다.

그 첫째가 '배설 기능'에 대한 성적 관심, 즉 호분증(好糞症)이나 요도성애(尿道性愛)다. 분뇨의 배설을 통해 만족을 추구하는 부류가 여기에 해당한다. 두 번째는 절편음란증*fetishism*(切片淫亂症)이다. 이 경우는 성행위와 무관한 신체의 절편들(발, 손, 땋아내린 머리 등등)이나 신체와 관련되는 특정 사물(의복, 신발, 속옷, 스타킹, 이불, 베개 등등)에 대한 비정상적 애착을 특징으로 한다. 세 번째로 사디즘*Sadism*[72]과 마조히즘*Masochism*[73]이 있

---

[71] 프로이트는 도착이라고 하는 용어를 전혀 가치평가적 개념으로 사용하지 않는다는 사실을 밝혀 둘 필요가 있다. 이 개념은 다만 축자적인 의미 그대로, '성적 대상이 성 기관이 아닌 다른 대상으로 바뀌었음'을 의미한다. 즉 전혀 동성애에 대한 폄하적 의미를 함축하고 있지 않다.
[72] 마조히즘은 필연적으로 사디즘을 수반한다. 왜냐하면 피학대자는 학대자를 전제해야만 하기 때문이다. 거기에 해당하는 것이 바로 사디스트이다. 사디즘은 대개 다음과 같은 증상을 따른다. 첫째로 욕망의 대상을 자신에게 완벽하게 의존시켜 노예와 같은 존재로 만든다. 둘째로 타자를 지배하는 단계를 넘어서 타자를 착취하고 이용한다. 즉 타자를 의자나 재떨이와 같은 도구로 사용한다. 셋째로 고통스러워하는 타자에게서 쾌감을 느낀다. 즉 관음증과 결합된 형태로 타자의 고통을 즐기는 것이다. 성기의 구조상 남성은 사디즘적인 성향이 강하고, 여성은 마조히즘적인 경향이 강한 것이 일반적이다. 이렇게 볼 때 사디즘과 마조히즘은 사실상 병적인 정도에 이르지 않을 경우 대부분의 정상적인 사람들에게서도 나타난다고 보아야 맞을 것이다.
[73] '마조히즘'이란 용어는 19세기 말 오스트리아의 소설가 작허 마조허(S. Masoch)가 쓴 소설 『모피 코트를 입은 비너스』에서 유래했다. 그 소설의 주인공이 이성으로부터

다. 이 양자는 동일한 대상에게서 함께 나타나는 경우가 잦으므로 같이 언급해야 한다. 마지막의 증상은 시신을 성적인 대상으로 이용하는 경우, 즉 시신애호증*necrophilia*(屍身愛好症)이다. 네크로필리아는 어원 그대로 시신에 대한 사랑을 말한다.

이외에 프로이트가 여기서 언급하지 않은 다른 도착도 있다. 관음증(觀淫症)이나 노출증74)을 들 수 있을 것이다.

여기서 다시 확인해 둘 것은 앞서 언급했듯이 도착이 리비도 퇴행의 결과라는 사실이다. 즉 도착 또한 발달 초기 단계로의 퇴행과 고착의 결과이다. 다만 자아에 의한 억압이 존재하지 않아서 고통스러운 감정을 수반하지 않는다는 점에서만 신경증과 구별될 뿐이다. 그렇다면 위에 언급한 여러 증상들은 사실 유아기적 체험의 반복으로 보아야 한다. 이에 대해서도 프로이트의 언급이 있다.

> 성적 일탈 - 성도착, 절편음란증, 성대상 도착 - 을 발견할 때마다 병력을 조사해 본다면 내가 앞서 얘기했듯이 어린 시절의 고착으로 거슬러 올라가는 어떤 사건이 드러날 것이다.75)

---

신체적 정신적 학대와 고통을 받음으로써 성적 만족을 얻는 증상을 보이는 데 착안해서 심리학자 크라프트 에빙(C. Ewing)이 이 용어를 사용하기 시작했다고 한다. 에빙은 그러한 종류의 성도착자를 마조히스트로, 그러한 성도착증을 마조히즘이라 이름 붙였다. 마조히즘은 이성한테 정신적이나 육체적으로 학대를 받을 때 성적 쾌감을 느끼는 심리 상태를 말하는데, 이를테면 폭행, 매질, 짓밟기, 바늘로 찌르기, 밧줄로 옭아매기, 언어적 모욕 등이 이에 해당한다. 그러나 넓은 의미에서는 직접적인 성적 쾌락의 탐닉이라는 범주를 벗어나 자신의 극기적 수련이나 금욕적 생활을 통하여 최고의 기쁨을 느끼는 종교적 고행까지를 포함한다. 마조히즘은 죽음본능 *Thanatos*과 밀접한 연관성이 있다. 프로이트가 죽음본능의 존재를 발견하게 된 것이 '반복강박'과 함께 바로 이 마조히즘에 대한 분석을 통해서였다. 고통과 죽음을 추구하는 쾌락원칙*pleasure principle*을 넘어서는 어떤 본능이 이 양자의 분석을 통해 밝혀졌기 때문이다.

74) 이에 관해서는 「본능과 본능의 변화」,(『무의식에 대하여』, 앞의 책, p.114) 참조
75) 「매맞는 아이 - 성도착의 원인 연구에 기고한 논문」, 『억압, 증후, 그리고 불안』,

가령 호분증의 경우는 퇴행한 리비도가 항문기에 고착된 경우에 해당할 것이다. 사디즘의 경우도 마찬가지이다. 절편음란증의 경우는 유년기의 어떤 외상적 경험에 고착되는데, 그 경험이란 거세된 신체, 즉 여성의 성기를 처음 확인하게 된 순간을 말한다. 거세된 신체도 존재한다는 사실의 확인으로부터 거세불안을 피하기 위해 절편음란증 환자는 여성의 성기를 확인하기 직전에 보았던 사물을 남근*phallus*으로 대체한다. 예를 들어 성기 관찰 직전에 본 속옷은 절편음란증 환자에게는 심리학적으로 남근의 의미를 갖는다.

⑨ 전이신경증*transference neurosis*

프로이트는 전이신경증을 다음의 셋으로 구분한다.

> 히스테리와 불안 히스테리, 그리고 강박신경증에서 나타나는 전이는 치료하는 과정에서 이처럼 특이하고 핵심적인 의미를 지니며, 바로 그런 이유로 인해서 〈전이신경증〉이라고 불리워질 만한 정당한 근거가 있습니다.[76]

위 인용문에 따르면 전이신경증은 불안*anxiety*, 히스테리*histeria*, 강박신경증*compulsion*의 셋으로 분류가 가능하다. 이 세 증상의 공통점은 이드*Id*의 리비도 퇴행 욕구를 자아가 억압함으로써 발생한다는 점, 그리고 환자가 심리적 갈등을 의사에게 전이시킬 수 있고 따라서 자신에게 전이된 갈등을 의사가 해소함으로써 치료가 가능하다는 점이다.

먼저 불안에 대해 살펴보자. 프로이트는 일단 불안을 두 가지로 분류한

---

앞의 책, p.147.
76) 『정신분석강의(하)』, 앞의 책, p.629.

다. 그 하나는 정상인들에게도 일반적인 현상으로서의 현실불안realanxiety이다. 그러나 이 경우는 엄밀한 의미에서 정신분석학의 대상이 아니다. 왜냐하면 전혀 병리적이지 않기 때문이다. 어떤 위험 대상이 전제되었을 때 발생하는 이 불안은 정상적인 사람을 포함해서 누구나 다 가지고 있는 불안이고, 또한 실제 생활을 영위해 나가는 데 필수적인 불안이다. 예를 들어, 맹수와 같은 위험 대상 앞에서 느끼는 불안은 개체를 위험으로부터 피하게 해주는 준비태세에 해당한다. 다만 지적해 둘 것은 이 현실불안의 경우도 사실은 그 불안의 감정을 위험의 촉발과 함께 새롭게 '발명'해내는 것이 아니라 개체발생의 태고 시절에 존재하던 감정으로부터 '발견'하여 빌려 온다는 점이다. 위험대상의 출현과 함께 인간이 만들어내는 불안감정도 사실은 예전에 겪었던 감정상태의 반복이다. 그리고 그 예전의 불안한 감정상태는 다름아니라 '출산', 즉 '태어남'이다. 이에 대해서 프로이트는 다음과 같이 말한다.

> ······불안은 억압에서 새로 생겨나는 것이 아니라 이미 존재하는 기억 이미지와 일치하도록 정서적인 상태로 복제된 것이다.······정서 상태는 애초에 겪은 외상성 경험의 잔존물로서 마음에 새겨져 있다가 비슷한 상황이 일어나면 기억 상징들처럼 되살아난다.······인간과 고등동물의 경우는 출생 행위가 불안의 첫 번째 개별적인 경험으로서 어떤 특징적인 표현 형태에 불안한 정서를 준 것처럼 보인다.[77]

불안은 복제된 것이다. 그 원본은 태생(胎生) 동물인 인간이 맨 처음 겪어야 했던 외상성 분리, 즉 출산 경험에 있다. 그렇다면 실제로 모든 불안한 감정은 분리불안separation anxiety이라고 말해도 무방할 것이다. 불안은 본질적으로 출산행위 때 각인된 불안한 흥분상태의 반복이다.

---

[77] 「억압, 증후 그리고 불안」, 『억압, 증후, 그리고 불안』, 앞의 책, pp.225~226.

그러나 현실불안 외에 정신분석이 정작 문제삼는 불안은 신경증적 불안*anxiety neurosis*이다. 즉 위험 대상이 존재하지 않거나, 존재한다 하더라도 실제로는 아주 미미한 위험성만을 가진 대상 앞에서 과도한 불안 감정이 발생하는 증상을 신경증적 불안이라고 한다.

그 첫째 증상은 기대 불안*expectation anxiety*이다. 이 불안은 어떠한 사소한 사건에도 미신적인 형태의 예감을 갖게 한다. 예를 들어 이 불안증에 걸린 환자는 단 한 차례의 실족(失足)으로부터도 죽음의 징후를 읽어낼 것이다. 신발에 달라붙은 껌 한 조각도 좋지 않은 운명의 상징이 된다. 즉 모든 우연을 조합하여 그것을 불길한 상태에 대한 예감, 혹은 기대로 연결짓는 것이다.

신경증적 불안의 두 번째 증상은 공포증*phobia*이다. 상황(여행, 기후, 교통사고 등등)에 대한 공포, 동물(뱀, 쥐, 박쥐, 장어 등등)에 대한 공포, 공간(閉所, 廣場, 高所)에 대한 공포 등이 모두 이 유형의 불안 신경증에 속한다. 이 유형의 특징은 공포의 대상이 존재하긴 하되, 실제에 있어 이 대상들은 아무런 위험 요소가 되지 않거나, 된다 하더라도 통계상 전혀 위험으로 간주할 수 없을 만큼 미미한 역할을 한다는 사실이다. 공포증의 원인은 그러므로 외적 대상에 있는 것이 아니라 다른 데에 있다.

외적 대상이 전혀 위험요소로 간주될 수 없는 성질의 것이므로 이러한 불안 신경증의 병인은 다른 데에서 찾아야 한다. 프로이트는 불안 신경증의 경우 불안한 감정을 일으키게 하는 위험 요소는 내부에 있다고 간주한다. 그리고 그 내부에 있는 불안한 감정의 요인은 다름 아니라 어떤 이유(체외 사정이나, 사정 중단 등)로 배출되지 못한 리비도 에너지이다. 불안은 사실상 외적 위험을 핑계삼아 분출되는 내적 리비도의 효과이다. 즉 자아가 불안을 통해 리비도를 방출하고 있다고 볼 수 있는 것이다.

이러한 사실은 강박신경증과 같은 다른 신경증이 형성될 경우 대개 불안은 사라진다는 사실에서도 확인할 수 있다. 증상이 리비도 방출을 대신할 경우, 불안은 제 기능이 불필요한 것이 되기 때문에 사라진다. 즉 불안은 증상이 형성되기 전에, 리비도를 방출하는 예비 단계에 해당한다. 불안이란 리비도의 위험한 방출에 대한 자아의 억압 준비 단계로 보아 무방할 것이다.[78]

두 번째 전이신경증으로는 히스테리를 들 수 있다. 히스테리에 대해 프로이트가 가장 명확하게 정의하고 있는 부분은 아래와 같다.

> 정신분석으로 히스테리 환자에게서 증상들을 제거하는 일은, 그러한 증상들이 정서적으로 특별한 의미가 있는 여러 가지 정신 과정들이자 소망과 욕망의 대체물 — 말하자면 전사물 — 이라는 가정에 근거해서 진행된다. 그러한 증상들은 특별한 심리적 과정(억압)이 작용함으로써, 의식에 받아들여질 수 있는 심리적인 행위로 발산될 수 없었던 것들이다. 그러므로 무의식 상태에 붙들려 있는 이러한 정신 과정들은 그 나름의 정서적 중요성을 적절하게 표현하기 위해 — 발산될 기회를 얻기 위해 — 애쓰며, 히스테리의 경우에는 그것들이 신체적인 현상으로, 즉 히스테리 증상들로(전환이라는 과정을 통해) 표현된다.[79]

김재혁은 이를 다시 '히스테리 증상은 억압된 무의식에서 비롯된 질병이 신체 기관에 작용해서 생긴 〈신체적 승낙〉을 말한다'[80]라고 부연한다.

---

78) 불안에 대한 자세한 논의들은 다음을 참조할 수 있다.
「억압에 관하여」, 『무의식에 관하여』, 앞의 책.
「늑대인간」, 『늑대인간』, 앞의 책.
『쾌락원칙을 넘어서』, 『쾌락원칙을 넘어서』, 앞의 책.
「스물 다섯 번째 강의 : 불안」, 『정신분석강의(하)』, 앞의 책.
「서른 두 번째 강의 : 불안과 본능적 삶」, 『새로운 정신분석강의』, 앞의 책.
「억압, 증후 그리고 불안」, 『억압, 증후 그리고 불안』, 위의 책.
79) 「성욕에 관한 세 편의 에세이」, 『성욕에 관한 세 편의 에세이』, 앞의 책, p.273.
80) 김재혁, 「정신신경증과 꿈의 관계」, 『꼬마 한스와 도라』, 앞의 책, 해설. p.361.

즉 히스테리란 억제된 소망 충족과 자아와의 갈등이 신체로 옮겨가 생리학적인 증상으로 변형된 경우를 일컫는다.81) 네마이어(J. C. Nemiah)는 이를 다음과 같이 설명한다.

> 무의식적인 심리적 갈등이 생리적 기능의 이상으로 바뀌어 나타나는 심리 기제로서, 그런 기능이상은 주로 감각운동기관에서 나타나지만 드물게는 자율신경계에서도 나타남.82)

요컨대, '히스테리란 외상적 체험과 관련된 심리적 갈등의 신체적 갈등으로의 전환conversion'이라고 정의될 수 있을 것이다.

마지막으로 강박신경증이란 괴로운 강박행동과 강박사고들이 반복해서 지속적으로 나타나는 증상을 일컫는다. 환자는 대개 자신을 사로잡고 있는 강박적인 사고가 논리적으로 터무니없음을 지적으로는 깨닫고 있다. 그래서 그것에 대해 계속해서 생각하고 싶지 않은데도 불구하고 그의 의식 속에서는 억지로 반복해서 그것들을 인지하게 된다. 강박 행동 또한 마찬가지이다. 강박적으로 어떤 무의미한 행동을 반복하는 사람은 실제에 있어서는 그러한 행동이 불필요하고 바람직하지도 않다는 사실을 잘 알고 있다. 그럼에도 불구하고 저항할 수 없는 충동 때문에 자주 그 행동을 할 수밖에 없는 상황에 처한다.

---

81) 히스테리에 대해서는 다음의 저작들을 참고할 수 있다.
「성욕에 관한 세 편의 에세이」, 『성욕에 관한 세 편의 에세이』, 앞의 책.
「도라의 사례」, 『꼬마 한스와 도라』, 앞의 책.
「쥐인간 - 강박증에 대하여」, 『늑대인간』, 위의 책.
이 외에 프로이트와 블로일러의 공동 작업으로 이루어진 『히스테리연구』를 들 수 있으나 이 저작은 엄밀한 의미에서 정신분석이 하나의 학문체계로서 공고화되기 전의 저작에 해당하므로 본서에서는 거론하지 않기로 한다.
82) J. C. 네마이어, 『정신병리학의 기초』, 유범희 역, 민음사, 1992. p.354.

프로이트는 이와 같은 강박 행동을 외상적 체험과 연결짓는다. 사실상 강박증에 특징적인 '반복' 행위는 외상적 체험의 반복이기도 하다. 또한 불안 감정을 피하기 위한 이차 증상 형성의 산물이기도 하다. 강박증 환자는 이 불필요한 행위를 강제로 그만두게 되었을 경우, 몹시 불안해한다. 앞서 불안 신경증에서 살펴보았듯이 불안과 신경증은 상호 대체가 가능하다. 증상이 형성되면 불안은 사라진다. 역으로 증상에 의한 대체가 실패로 끝나면 불안은 다시 나타난다.[83]

⑩ 나르시시즘적 신경증 narcissism neurosis

정신분석학적인 견지에서 볼 때 나르시시즘이란 개념이 일반적인 의미에서의 '자기애' 정도로 사용되는 것은 곤란하다는 사실에 대해서는 이미 살펴본 바와 같다. 프로이트는 이 용어를 대상리비도집중의 철회와 리비도의 자아리비도화 그리고 퇴행과 초기 발달 단계에의 고착 등과 같은 전(全)과정을 묘사하기 위해 사용한다. 특히 초기 발달 단계 중 '자가성애기'에 리비도가 고착될 경우, 그리하여 치료를 위한 어떠한 전이도 불가능하게 되는 경우를 나르시시즘적 신경증에 포함시키고 있다. 프로이트가 이 범주 내에 포함시키고 있는 신경증은 편집증 paranoia(망상 delusion), 조발성치매 dementia praecox, 그리고 우울증 depression 의 세 가지이다.

먼저 편집증에 대한 프로이트의 직접적인 언급은 다음과 같다.

---

[83] 강박 신경증에 대해 비교적 자세하게 언급하고 있는 프로이트의 저작들은 다음과 같다.
「쥐인간 - 강박증에 대하여」,『늑대인간』, 앞의 책.
「정신분석강의(하)」, 앞의 책.
「강박신경증에 잘 걸리는 기질 - 신경증의 선택 문제에 관한 기고」,『억압, 증후 그리고 불안』, 앞의 책.
「서른 두 번째 강의 : 불안과 본능적 삶」,『새로운 정신분석강의』, 앞의 책.

> 이 질병이 조발성 치매와 유사하다는 것은 의심의 여지가 없습니다. 나는 언젠가 편집증과 조발성 치매를 〈이상정신〉이라는 공통의 명칭으로 부를 것을 제안한 바 있습니다. 편집증의 형식들은 그 내용에 따라서 과대망상, 추적망상, 애정 망상증(과대성욕증), 질투 망상 등으로 서술됩니다.[84]

프로이트에 따르면 편집증은 조발성 치매와 유사하다. 물론 그 이유는 이 두 정신병리가 동일한 병인으로부터 발생하기 때문이다. 그 병인은 리비도의 나르시시즘적 퇴행이다. 편집증은 다시 여러 종류의 망상으로 나뉜다.

그 첫째는 과대망상이다. 과대망상은 대상리비도집중의 퇴행에 따라 직접적으로 파생된 자아의 확대를 일컫는다. 대상으로부터 철회된 리비도가 대상의 소멸과 함께 퇴행하여 자아를 강화시킨다. 자아는 비대해지고, 이상화되며, 자기애의 대상이 된다. 일반적인 의미에서 우리가 사용하고 있는 나르시스트(narcissist)란 표현에 가장 적합한 증례가 바로 이 과대망상증이다.

여러 망상들 중에서 프로이트가 주요하게 언급하고 있는 두 번째의 망상은 추적 망상, 혹은 박해 편집증이다. 환자는 박해자가 자신을 계속 추적하고 있다는 강박적 사고에 사로잡힌다. 프로이트는 이 추적 망상에서 항상 추적자가 동성(同姓)이라는 사실을 임상적으로 관찰한다. 게다가 그 추적자는 이전에 피추적자인 환자가 항상 흠모해 마지않던 이상화된 동성이기도 하다. 그러한 사례들을 기초로 프로이트는 이 망상이 무의식적으로는 동성애적 자극에 대한 저항의 형태로 발현된다고 결론짓는다. 과도한 애정의 과도한 증오로의 변화를 특징으로 하는 양가감정*ambivalence*은

---

84) 『정신분석강의(하)』, 위의 책. p.599.

3. 병인(病因)으로서의 전쟁 91

사실상 정신분석에서는 그리 낯선 현상이 아니다. 또한 오이디푸스 시기 이전의 아이들에게는 양성(兩性)기질이 일반적인 현상임을 감안할 때, 이 증상 또한 유아기 체험의 반복으로 볼 수 있다는 점을 확인해 둘 필요가 있다.

다음으로 중요하게 거론할 만한 망상으로는 관찰망상이 있다. 이 경우 누군가 항상 나를 감시하고, 지켜보고 있다는 강박사고가 환자를 지배한다. 프로이트가 '초자아'라고 하는 개념을 발견해내게 했던 것이 바로 이 관찰망상을 통해서이다. 지켜보고 있는 누군가를 환자는 외부에 있다고 망상하지만, 실제에 있어서 관찰자는 내부에 있다. 그 내부의 관찰자로 인해 자기징벌과 죄책감, 가책 등이 불러일으켜지는데 프로이트는 그로부터 자아가 분할 가능하다는 사실, 즉 관찰되는 자아와 관찰하는 자아로 나뉠 수 있다는 사실을 발견한다. 물론 전자는 자아이고 후자는 초자아이다.

이외에도 망상은 질투망상, 피해망상, 애정망상 등등 다양한 형태로 나타난다. 그리고 이러한 망상들이 거대한 논리적 그물망을 형성한 경우를 일러 편집증이라고 한다. 그 대표적인 사례가 바로 '쉬레버 판사의 증례'일 것이다. 쉬레버 판사는 구세주망상, 관찰망상, 피해망상 등등 망상들의 촘촘하고도 복합적인 그물망을 아주 전형적으로 보여준다.[85]

조발성 치매는 브로이어의 명명법에 따라 정신분열증 schizophrenia이라고 불리기도 한다. 병발 과정은 편집증과 유사하다. 즉 대상으로부터 철회된 리비도가 망상을 만들어내는 데 사용되는 과정은 동일하다. 그러나 조발성 치매의 경우 망상의 형태가 편집증과는 사뭇 다르다.

---

[85] 이에 대해서는 「편집증 환자 쉬레버 – 자서전적 기록에 의한 정신분석」,(『늑대인간』, 앞의 책) 참조.

편집증에서는 재건축이 승리하지만 조발성 치매에서는 억압이 승리한다. 조발성 치매에서 퇴행은 자기애까지만 가는 것이 아니고, 대상-사랑을 완전히 내버리고 유아기의 자가 성애로 돌아간다. 그러니 기질적 고착점이 편집증의 경우보다 더 멀리, 즉 자가 성애 단계에서 대상-사랑으로 가는 발달단계의 시작 부근에 있을 것이다. 또한 편집증에서는 동성애적 충동이 자주 – 아마도 빠지지 않고 – 발견되지만, 훨씬 더 포괄적인 병인 조발성 치매에서는 동성애적 충동이 편집증 정도로 중요한 원인으로 작용하지는 않는 듯하다.[86]

편집증에 걸린 환자는 자신의 망상을 치료하기 위해 노력한다. 물론 이미 보았듯이 이와 같은 자기치료 시도는 성공할 수 없다. 왜냐하면 나르시시즘적 신경증은 전이신경증과 달라서 의사에 대한 전이가 불가능하므로 치료 또한 불가능하기 때문이다. 그리하여 편집증 환자는 의사의 도움 없는 자기치료를 시도하는 것인데, 그 결과는 망상들간의 논리적 인과관계 설정이다. 편집증 환자 쉬레버 판사는 방대한 분량의 자서전을 통해 자신의 망상들을 체계화시켜 놓을 수 있을 만큼 논리적이었다.

그러나 조발성 치매의 경우는 사정이 다르다. 조발성 치매 환자들은 편집증 환자와 동일하게 다양한 종류의 망상들에 시달리지만, 그 망상들을 하나의 체계로 '건축'해내지 못한다. 그리하여 망상들은 분열된 상태를 고수한다.

프로이트는 조발성 치매의 이러한 특징을 퇴행한 리비도의 고착 지점에서 찾는다. 조발성 치매는 편집증보다도 이전 단계인 자가성애기 초기까지 리비도가 거슬러 올라가 고착된 상태이다. 반면 편집증의 경우는 리비도가 자가성애기의 후기에 고착된다. 그런 이유로 조발성 치매 환자는

---

86) 위의 책, pp.362~363.

어떠한 논리도, 어떠한 대상에도 알지 못한다. 동성애적 충동마저도 발견되지 않는다.

나르시시즘적 신경증의 마지막 유형으로는 우울증이 있다. 우울증의 증상에 대해 프로이트는 다음과 같이 묘사한다.

> 우울증의 특징은 심각할 정도로 고통스러운 낙심, 외부 세계에 대한 관심의 중단, 사랑할 수 있는 능력의 상실, 모든 행동의 억제, 그리고 자신을 비난하고 자신에게 욕설을 퍼부을 정도로 자기 비하감을 느끼면서 급기야는 자신을 누가 처벌해 주었으면 하는 징벌에 대한 망상적 기대를 갖는 것 등으로 나타난다.……한 가지 예외란 바로 슬픔에서는 나타나지 않는 자애심의 추락이다. 이것을 제외하고는 사실 모두 동일한 특징들이다.[87]

우울증과 슬픔은 거의 유사하다. 대상의 상실에 따른 무기력 상태라는 점에서 그렇다. 다만 차이가 있다면 우울증의 경우는 자애심이 완전히 사라진다는 사실이다. 즉 자기징벌욕이 과도해지면서 단식과 자학, 심지어는 자살의 기도도 서슴지 않는 것이 우울증의 증상이다. 그 증상형성 과정은 다음과 같다.

> 반항적인 심리 상태가 우울증으로 바뀌는 과정을 재구성하는 일은 그리 어렵지 않다. 하나의 대상 선택, 즉 어떤 특정인에게 리비도를 집중시키는 일이 한때 이루어졌다. 그런데 그 사랑하는 사람에게서 냉대를 받거나 그에게 실망을 하게 되면 그 대상 관계가 깨지고 만다. 정상적인 결과라면 그 대상에게 집중되었던 리비도가 철회되어 새로운 대상에게 전위되는 것이 보통이겠지만 여러 가지 다른 조건들 때문에 다른 식의 결과가 초래된 것이다. 즉, 저항할 힘을 지니지 못한 대상 카덱시

---

87) 「슬픔과 우울증」, 『무의식에 대하여』, 앞의 책, p.249.

스는 결국 사라지게 되고, 반면에 자유로운 리비도는 다른 대상을 찾는 대신 자아 속으로 들어가고 말았다. 그러나 자아 속에서도 그 리비도는 어떤 특별한 방식으로 이용되는 것이 아니라 오직 자아를 포기된 대상과 〈동일시〉하는 데에만 기여할 뿐이다. 그래서 그 포기된 대상의 그림자가 자아에 드리우게 되고, 그때부터 자아는 마치 그것이 떠나 버린 대상이라도 되는 듯 어떤 특수한 기관에 의해 대상처럼 취급될 수가 있는 것이다. 이런 식으로 대상 상실은 자아 상실로 전환되고, 자아와 사랑하는 사람 사이의 갈등은 자아의 비판적 활동과 동일시에 의해 변형된 자아 사이의 분열로 바뀌게 된다.[88]

인용문에서 보듯 우울증에서도 조발성 치매나 편집증에서와 동일한 병인이 발생한다. 즉 리비도집중 대상의 상실이 일어나고, 대상리비도의 철회가 이어진다. 당연히 대상리비도는 자아리비도로 변형된다. 그러나 우울증의 경우는 리비도만 자아로 퇴행하는 것이 아니라, 리비도가 집중되어 있는 대상까지 자아로 함께 따라 들어가는 상황이 발생한다. 프로이트는 이를 특별히 나르시시즘적 동일시 *narcissistic identification*라고 부른다.

바로 이 동일시 때문에 우울증 환자는 상실한 리비도집중 대상을 결코 떠나보내는 법이 없다. 가령 아이의 죽음으로 우울증에 걸린 환자는 결코 사멸한 리비도집중 대상으로서의 아이를 천상으로 떠나보내지 않는다. 대신 그 대상과 자신을 '동일시'함으로써 대상을 자신의 내부로 가져온다. 대상리비도를 철회해서 자아리비도로 변형시키되 그렇게 변형된 리비도를 이미 자신의 내부로 옮겨온 그 대상에 다시 집중시킨다. 우울증 환자에게 상실한 사랑 대상의 대체물은 이제 자기 자신이다.

죽은 아이가 내부에 있으므로 환자는 아이의 흉내를 낼 것이다. 아이의 이른 죽음에 원망이 쌓였다면 아이를 나무라듯 스스로를 자학할 것이다.

---

88) 위의 책, pp.256~257.

아이의 죽음이 연상될 때면 스스로 죽음의 상태, 말하자면 끝없는 잠과 무기력에 빠질 것이고, 술과 환각도 마다하지 않을 것이다. 우울증 환자들이 심한 자기징벌 욕구에 시달리는 이유도 여기에 있는데, 일찍 자신을 떠나 버린 아이에 대한 원망이 자기 자신에게로 돌아온 형국이다. 정상적인 대부분의 사람들이 힘들지만 벗어나는 사후 애도 과정을 우울증 환자들은 평생 계속해야 한다.

이상 리비도 경제학적 관점에서 각 신경증들의 증상형성 과정, 증상의 유형 그리고 증상의 특징들을 두루 살펴보았다. 다소 길게 이 과정을 설명한 것은 그간 정신분석 개념이 사용된 용례들이 대개 엄밀함을 보이지 못하고 있었다는 서론의 문제제기를 강조하고 보완하기 위해서이다. 정신분석적 개념들의 엄밀한 사용을 위해서는 위와 같이 증상형성 과정에 따른 용어의 정확한 설명과 사용이 필수 불가결하다.

이상의 증상형성 과정을 다시 표로 종합해 보면 〈표 5〉와 같다.

이 표를 통해 전쟁이라고 하는 전대미문의 외상적 조건 하에서 전후의 한국 사회에는 이러한 경로를 따라 발병한 신경증 환자들이 상당수 존재했을 것임을 유추해 볼 수 있다. 그 말은 곧 전후 소설의 인물들에 이러한 유형의 환자들이 자주 등장할 것이라는 유추로 이어진다.

이제 실제 작품 분석을 통해 그 증상들을 확인할 차례이다.

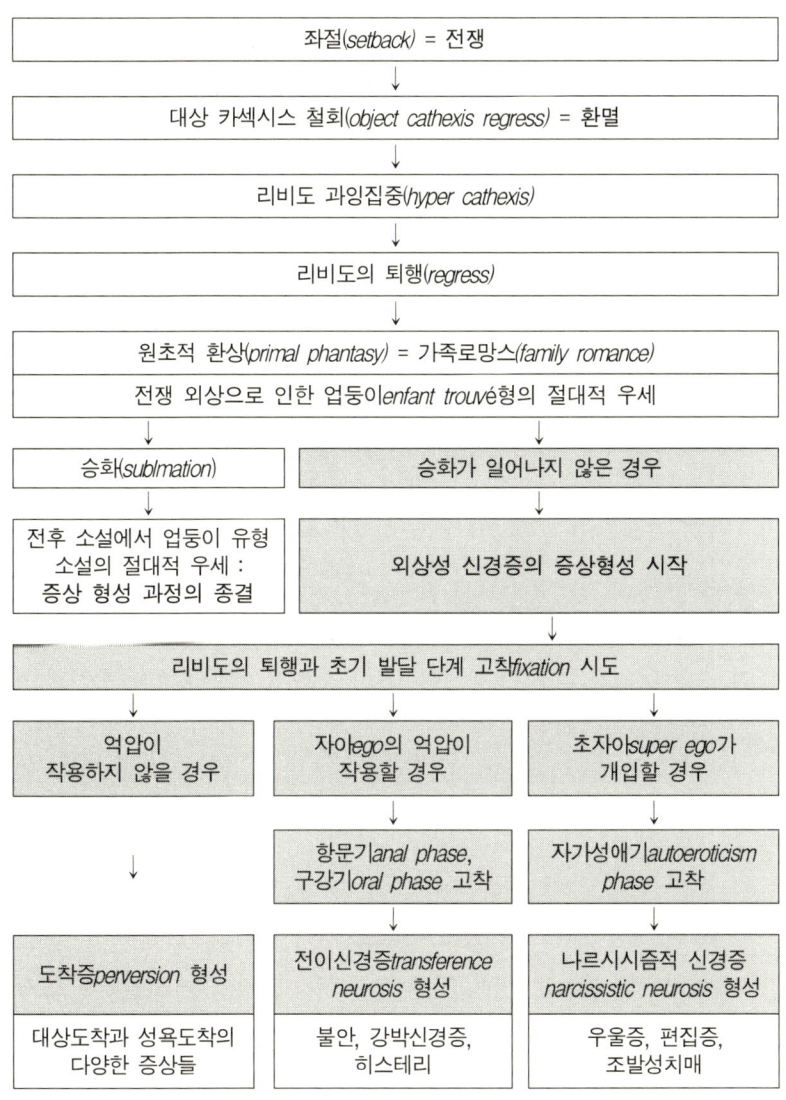

〈표 5〉 전후 소설의 승화와 신경증 증상 형성의 전과정

## 4. 전후 소설에 나타난 정신병리

승화*sublimation*를 통해 가까스로 신경증*neurosis* 증상형성*symptom formation*과정으로부터 벗어난 작가들의 경우, 자신들의 작품 속에서 신경증적 징후들을 무의식적으로 드러낼 가능성이 아주 높다. 승화란 항상 불완전한 것일 수밖에 없기 때문이다. 프로이트는 이렇게 말한다.

> 승화의 능력이 많은 사람들에게 매우 조금밖에 주어져 있지 않다는 사실은 제외하더라도, 승화는 항상 리비도의 일정한 부분만을 처리할 수 있습니다.[89]

승화가 항상 일어나는 것도 아니고, 설사 승화의 능력을 가지고 있는 사람들에게도 사실은 매우 조금밖에 주어져 있지 않는 것인데다, 승화가 이루어진다 하더라도 처리될 수 있는 리비도*libido*의 양이 제한적인 것이라면 전후 작가들의 작품에서 승화되지 못한 신경증의 잔재를 찾아낼 수 있다는 가설은 충분히 타당성이 있다.

---

89) 『정신분석강의(하)』, 앞의 책, p.492.

전쟁과 같은 거대한 외상*trauma*을 겪고 난 직후 시기의 작가는 하마터면 자신이 겪을 수도 있었던 신경증을 작품을 통해 대신 겪는다고 말할 수도 있을 것이다. 이때 작품은 작가에겐 예방 접종과 같은 역할을 한다. 미리 앓음으로써 치료되는 병이 곧 작품이다. 그렇다면 우리는 전후 작가의 작품들은 신경증의 좌절된 징후들이라고 보아야 한다.

게다가 전쟁의 거대한 외상에도 불구하고 승화를 겪지 못한 탓에 신경증 증세를 보인 인물들이 전후 한국 사회에서는 많이 발견되었을 가능성 또한 쉽사리 유추가 가능하다. 그리고 그들은 어떤 방식으로든 소설 속에 다시 등장했을 것이다. 바로 그들이 전후의 소설적 환경을 구성한 요소들의 일부였기 때문이다. 전후 소설이 다른 문학사적 시대에 비해 병리적인 주인공들로 가득 차 있는 것도 이런 이유이다.

그러나 문학 작품 속에서 병리적 징후들을 분석할 때 반드시 유념해야 할 점이 있다. 그것은 문학 작품이 정신분석 이론의 입증을 위한 단순한 증례(症例)나 임상기록의 형태로 존재하는 것은 아니라는 점이다. 물론 문학 작품 또한 지상에 존재하는 모든 문화적 업적들과 마찬가지로 리비도 방출의 결과물임에는 틀림없지만, 그러나 그것은 복잡한 미적 승화 과정을 겪은 후에만 나타나는 결과물이란 사실에 주의해야만 한다. 여기서 앞서 살펴 본 승화 메커니즘의 네 단계를 상기해 볼 필요가 있겠다. 승화 작업은 리비도적 퇴행 욕망을 첫째, '개인적 환상의 보편화 작업'을 통해, 둘째, '성적 환상의 탈성화(脫性化) 작업'을 통해, 셋째, '망상적 환상의 예술적 가공 작업'을 통해, 그리고 마지막으로 '대체표상으로서의 작품에 대한 리비도 재집중 작업'을 통해 극복한다. 바로 그렇게 때문에 그 어떠한 예술 작품에서도 퇴행에의 욕망이 단선적이고 직접적인 방식으로 드러나는 법은 없다. 이 승화의 네 단계는 퇴행에의 욕구를 간접적이고 비유적인 방식으로 그리고 쉽게 찾을 수 없도록 이차가공 secondary process한다. 승화란 은폐이기도 한 것이다.

이런 사실을 염두에 둘 때에만 문학적 대상을 심리학적 대상으로 치환해버리는 오류를 피할 수 있을 것이다. 이를 유념하면서 이제 그 징후들을 찾아 볼 차례다.

## 1) '퇴행'과 전후 소설

전쟁은 환멸을 낳고 환멸은 대상리비도집중 object-cathexis의 철회를 낳는다고 했다. 그리고 대상으로부터 철회된 리비도는 심리 발달 초기 단계로의 퇴행을 시작한다.

그러나 이러한 퇴행이 문학 작품에서 발현될 경우 아무리 순진한 작가라 하더라도 유아기로의 리비도 퇴행 욕구를 곧이곧대로 작품에 드러내는 경우는 드물다. 설사 작가가 원한다 해도 작품은 이를 결코 용인하지 않는다. 어떤 작품에서도, 그것이 승화의 산물인 한, 유아기로의 퇴행은 대체표상 substitute idea을 통해서만 나타난다. 퇴행은 문학적 장치에 의해 변형되고, 가공되며, 불쾌하지 않을 정도로 보편화되고 완화된 후에 작품 속에 자리를 잡는다. 말하자면 앞서 살핀 승화의 단계를 두루 겪어야만 작품 속으로 옮겨간다. 그것이 문학 작품인 한 예외는 없다.

선우휘의 「불꽃」을 예로 들어보자.

> 현은 중학에서 수영 선수를 지낸 일이 있었다. 그것이 현이 운동에 특별한 관심을 둔 때문은 아니었다. 알몸으로 혼자 물 속에 몸을 담그고 마음대로 헤엄칠 수 있는 것이 번잡한 어느 운동보다도 현의 성격에 맞

앉던 것이다.
　…… (중략) ……
　"학교엘 보내면 공부나 할 게지, 돈을 들여가며 헤엄이란 무슨 짓이야, 헤엄 잘 치는 놈 물에 빠져죽은 영문도 모르는군."
　그러한 할아버지의 비위 때문이 아니라 현은 곧 수영에 염증을 느끼기 시작했다. 규정에 얽매인 조직생활. 한 초를 다투는 경쟁의식.
　그것은 거침없이 뛰놀 수 있는 수영을 견디기 어려운 한가지 체형으로 만들었다.
　일년도 못 가서 현은 애원하다시피 간청한 끝에 선수생활에 종지표를 찍고 말았다.
　그 후 현은 식물 채취에 취미를 붙이기 시작했다. 산과 들을 헤매 다니며 가지각색의 화초를 채취하는 데는 특별한 즐거움이 있었다. 허리가 굽은 식물학 선생과 함께 들을 헤매는 한나절, 한마디 대화도 교환않는 것이 예사였다. 지쳐서 누우면 높고 푸른 하늘에 흐르는 구름이 눈을 시울게 했고, 말없는 꽃과 풀줄기에서 흐르는 생명의 소리를 들을 수 있었다.[90]

　위의 인용문은 이드 Id의 퇴행 욕구와 이에 작용하는 자아 ego의 억압, 그리고 이어지는 타협으로서의 증상 형성 symptom formatiom에 대해 살펴보기에 아주 적절한 예를 제공한다. 인용문에서 보듯 애초에 현은 수영 선수를 꿈꾸었다. 특별히 '알몸으로 혼자 물 속에 몸을 담그고' 수영하기를 즐겨했다는 지적은 현에게 수영이 단순히 운동 종목으로서의 의미만을 가지고 있는 것은 아니었단 점을 시사한다. 주지하다시피 물은 여성원리의 상징이고, 태내(胎內) 시절의 양수를 매개로 자궁의 상징이 되기도 한다. 현은 리비도 퇴행에 의해 모친과의 이자적(二者的) 관계로 특징지어지는 유아기 고착 fixation을 꿈꾸는 것이다.
　현의 아버지가 현이 태어나기도 전에 죽었다는 사실, 즉 현이 유복자라

---

[90] 선우휘, 「불꽃」(『문학예술』 1957.7), 『한국현대대표소설선 8』, 앞의 책, 322~323.

는 사실은 이와 같은 추론에 신빙성을 더해준다. 부친의 부재는 오이디푸스 콤플렉스*Oedipus complex*의 약화와 직접 관련되기 때문이다. 약화된 오이디푸스적 상황은 현으로 하여금 상대적으로 모성에 쉽게 고착될 수 있는 조건을 마련해 주었을 것이다.

그러나 설사 부친이 없다 하더라도 오이디푸스 단계로부터 완전히 자유로워질 수 있는 것은 아니다. 현의 경우는 부친 대신 조부(祖父)가 금기와 법의 도입자 역할을 한다. 할아버지의 법과 금기는 곧 '공부'와 '돈'이다. 거기에 덧붙여 '규정'과 '조직 생활'이 이내 그로 하여금 수영을 포기하게 한다. 즉 퇴행을 포기하게 한다. 현실원칙*reality principle*의 개입에 의해 그는 퇴행과 고착을 포기한 셈이다. 증상형성 과정에서 퇴행에 자아가 개입하는 경우와 동일한 과정이 이루어진다. 그리하여 증상이 형성된다.

비유적으로 왜곡되어 있긴 하지만 그가 많은 시간을 들이고 있는 식물채집은 일종의 신경증에 대한 완곡한 표현으로 읽히는 데가 있다. 허가받은 퇴행으로 보이기 때문이다. 식물 채집은 과학이라고 하는 남성원리를 위반하지 않으면서도, 꽃과 풀과 물이라고 하는 여성원리에 접근할 수 있도록 해 준다. 즉 절충안처럼 보인다.

남성원리와 여성원리가 원만하게 타협한 지점에서 식물채집이라고 하는 현의 새로운 취미가 발생한다. 이를 리비도 경제학적 용어로 다시 번역하자면, 이드의 퇴행 욕구에 자아가 리비도 반대집중*anti cathexis*을 형성하고 그리하여 그 타협점에서 식물 채집이라고 하는 강박증*compulsion*(현의 식물채집에 대한 관념은 다분히 강박적이다)이 형성된 사례[91]라고 볼 수 있겠다. 그렇지 않고서는 현의 느닷없는 식물채집, 그리고 이 새로운 취

---

[91] 프로이트에게 도착을 제외한 모든 신경증 증상은 자아와 이드, 혹은 자아와 초자아 간의 타협의 산물이다.

미에 대한 다소 광적인 집착을 달리 설명하기는 힘들 것이다.

현이 어머니와 맺고 있는 과잉 유대 그리고 이후에 그가 도피한 동굴의 상징성 등도 사실은 모두 이와 관련이 있어 보인다. 현은 리비도 퇴행에 의해 모성 고착을 시도하는 인물이다. 고착의 지점이 개체발생적인 차원에서 계통발생적인 차원으로 전환되어 있을 따름이다. 즉 구강기 *oral phase*의 충만한 낙원 경험이 꽃과 물과 풀과 하늘로 이루어진 외부세계의 낙원에 대한 '향수'로 전환 *conversion* 되어 있을 뿐이다.

이렇게 전후 소설의 경우 리비도 에너지의 퇴행 욕구는 대개 자신의 발생적(發生的) 기원을 전도시킴으로써 은폐 작업, 혹은 승화 작업을 완수한다. 즉 개체발생 차원에서 유아기로의 직접적인 퇴행이 선사기(先史期)로의 퇴행, 즉 계통발생차원의 퇴행으로 전환 *conversion* 된다. 개인의 퇴행 욕망이 인류 보편의 정서인 '향수'의 옷을 입고 나타나는 것이다.

전후 소설들에서 이런 식의 '전환', 개체발생적 유아기 퇴행을 계통발생적 낙원 회귀로 전도시켜 놓은 예들을 찾기는 전혀 어려운 일이 아니다. 전쟁은 주체들로 하여금 무수한 이산 *diaspora* 과 분리 *separation* 체험들을 겪게 했다. 고향을 잃게 했고, 부모와 사별하게 했으며, 자녀와 생이별하게 했다. 그리하여 이 외상적 체험 이전 상태로 되돌아가려고 하는 회귀 욕망을 만연시킨다. 사실상 전후에는 누구나 전쟁 전으로 돌아가고 싶었을 것이다. 누구나 향수병에 걸려 있었고, 누구나 퇴행 욕망에 사로잡혀 있었을 것이다. 다른 말로 하자면 누구나 신경증 직전에 있었을 것이다.

그런데 돌아가고자 하는 사람들은 대개 자신이 돌아갈 곳(고향 혹은 어머니)을 이상화하기 마련이다. 업둥이 유형의 로망스에서 그랬듯이 말이다. 즉 잃어버린 과거는 대개 신화화되고 낙원화된다. 그것이 개체발생 차원에서의 유년기이건, 계통발생 차원에서의 선사(先史)시대이건 사정은 마찬가지이다. 우리는 이미 이범선의 「학마을 사람들」에서 '학마을'이 어떻게 신화적 과거의 면모를 획득하고 있는가를 살펴 본 바 있다. 또한 「갈매기」의 섬 마을은 얼마나 낭만적으로 이상화되어 있는지에 대해서도 살펴 본 바 있다. 퇴행은 전후 작가들에게 일반적이었던 것이다.

이번에는 장용학의 경우를 예로 들어보자. 장용학의 소설들에 대해 신경득은 다음과 같이 언급한다.

> 장용학은 어머니의 죽음에 대하여 효자가 가질 수 있는 자책감 이상의 신경증을 가지고 있다. 그것은 단순한 어머니 콤플렉스에서 끝나지 않는다. 장용학의 거의 모든 작품은 바로 이 어머니에 대한 동일시와 투사, 승화와 퇴행에 지나지 않는다. 그들은 근친상간을 거쳐 어머니의 자궁으로 회귀하려는 퇴행을 거듭하며, 그것은 '죽음에의 사랑'을 일으킨다. 그리하여 그의 소설은 출생과 죽음을 연결하는 하나의 고리로서 원형성을 이룩한다.92)

신경득의 지적대로 장용학의 주요 소설의 주인공들, 예컨대 「요한시집」의 누혜, 「비인탄생」의 지호, 「상립신화」의 인후 등은 가난에 시달리면서 치유하기 힘든 병을 앓는 어머니를 모시고 있다. 그리고 대부분의 경우 아들은 병든 모친에게 감정적으로 고착되어 있다.

예를 들어 「상립신화」의 다음 구절을 보자.

> 그리고 미어지는 것 같은 마음 한구석으로는, 세 시간 후란 성당에 도착했을 때를 두고 말한 것인가, 집을 나설 때를 두고 말한 것인가 하는 것을 가지고 앓고 있었다. 어머니에게 가서 물어보고 싶었지만, 그러

---
92) 신경득, 앞의 책, p.147.

다가 그런 것도 혼자서 알아 처리 못하느냐 하고 실망을 할까 봐 그러지도 못하고 있었다.[93]

　인용된 「상립신화」의 주인공 인후는 장용학의 주인공들 중에서도 가장 심한 고착 증세를 보인다. 인용문에서 '세시간 후'란 인후의 어머니가 자신의 임종시간을 예상하여 성당에 가서 장례 절차를 밟도록 한 시간이다. 그러나 인후는 어머니의 임종시까지도 그것이 '집을 나설 때인지', '도착했을 때'인지를 물어봐야 할 정도로 어머니에 의존적이다. 그런 의미에서 이 작품을 두고 장용학 자신이 평론가 유종호와 논쟁[94]하면서 '어머니에 대한 예술적 보상'[95]이라고 한 말은 시사적이다. 그것은 자신의 창작에서 어머니가 차지하는 비중을 고백한 말에 다름 아닐 것이기 때문이다.

　오이디푸스 콤플렉스의 사회적 의의는 주지하다시피 아이가 금기, 제도, 법 등과 같은 부성을 섭함으로써 사회화된다는 점이다. 그러나 장용학의 인물들은 이 단계를 제대로 거치지 못함으로써 상대적으로 금기에

---

93) 장용학, 「상립신화」, 『현대한국문학전집 4』, 신구문화사, 1973. p.397.
94) 장용학·유종호 사이에 벌어진 「상립신화」 논쟁을 말한다. 이 논쟁은 1964년에 두 사람에 의해 『문학춘추』와 『세대』 양지에서 동시에 일어났다. 이 논쟁에 대해서는 다음을 참조.
　유종호, 「시니시즘·기타」, 『문학춘추』 1964. 11월호.
　장용학, 「해바라기와 '순수'신판」, 『문학춘추』 1964. 8월호.
　유종호, 「유소사」, 『문학춘추』, 1964. 9월호.
　장용학, 「편리한 비평정신」, 『문학춘추』 1964. 10월호.
　유종호, 「투박한 고정관념」, 『문학춘추』 1964. 11월호.
　장용학, 「긴 안목이라는 악령」, 『세대』 1964. 8월호.
　유종호, 「버릇이라는 굴레」, 『세대』 1964. 9월호.
　장용학, 「낙관론의 주변」, 『세대』 1964. 10월호.
　장용학, 「한글신화의 허구」, 『신동아』 1968, 1월호.
95) 장용학, 「해바라기와 '순수'신판」, 『문학춘추』 1964. 8월호.

서 자유로운 인물이 된다. 이는 필연적으로 그들이 제도나 문명, 관습 같
은 '인간적'인 미덕과는 이미 담을 쌓은 인물임을 의미한다. 다른 말로 하
자면 전형적인 '업둥이 유형'의 인물들이 된다. 장용학 소설의 주제가 대
부분 문명, 제도, 관습 등 부성 원리에 대한 철저한 반항으로 특징지어지
는 이유가 여기에 있다. 근친상간과 부친살해의 모티브가 자주 등장하는
것도 마찬가지 이유이다.

그러나 이 개체발생 차원에서의 퇴행 욕구가 '승화'를 거치게 되면 그
처럼 단순하게 자신의 모습을 텍스트 표면에 드러내지는 않게 될 것이다.
퇴행 욕구는 보편화되어야 하고 탈성화되어야 하며 완화되고 가공되어야
하기 때문이다. 그리하여 이 욕구는 다시 계통발생 차원에서의 퇴행, 즉
선사시대로의 회귀라고 하는 은유의 옷을 입고 재등장한다. 다음을 보자.

> 인간. 이렇게 흉물스럽게 생긴 동물이 또 있을까. 물고기도 아니면서
> 털이라곤 한 두 군데에 좀먹은 것처럼 발려 있을 뿐, 밍밍한 것이 구역
> 을 돋운다. 스스로도 창피스러운지 헝겊으로 가리었는데, 그 옷이라는
> 것이 또 망측하게 만든 것이어서 가달이 둘씩 달린 봉투 같은 것을 아
> 래위로 맞추어 댄 것이다. 그것을 또 지각머리 없이 아침저녁으로 입었
> 다 벗었다 한다. 그뿐인가. 남들은 모두 점잖게 네발을 땅에 짚고 사는
> 데 이건 능글능글 두 다리로 곤추서서 별별 짓을 다 한다. 지상 최대의
> 곡예사이다. 그들이 하는 짓으로 요술이 아닌 것이 있는가 보아라. 그래
> 서 그들에게는 절개라는 것이 없다. 그러기 때문에 그들의 자랑거리라
> 는 것이 그 끝이 다섯 조각으로 쭉쭉 잘려져 나간 손이라는 것으로 그
> 것으로 주물러보지 않은 것이 없고 못하는 것이 없다.[96]

인용문의 주인공이 인간을 경멸하는 이유가 이 인용문에는 잘 드러나
있다. 인간은 '털이 없어 밍밍한 것이 구역을 돋군다'. 그래서 몸을 가리

---

96) 장용학, 「肉囚」, 『사상계』 1955.4. pp.145~146.

고자 동물 중에서는 유일하게 옷이라고 하는 것을 입는데 그 옷도 흉물스럽기 그지없다. 게다가 인간은 '능글능글 두 다리로 서서 못하는 짓이 없다'. 손도 못마땅하다. 그 '손으로 못하는 짓이 없기' 때문이다. 인간 문명의 허위와 그 문명을 가능케 한 직립과, 문명을 창조한 도구인 손이 그에게는 몹시도 못마땅하다. 그는 인간이 아직 직립도 하지 않고 그래서 손도 도구도 발달되지 않은 전(前)문명 상태의 낙원을 기준으로 현대의 인간을 비꼬고 있다.

이렇듯 그에게는 선사시대에 대한 '종족의 기억'이 아주 강하게 자리하고 있다. 이 기억이 그를 현대에 적응하지 못하게 하고, 문명을 부정하게 하며, 문명 이전의 원시 상태로 회귀하고자 끊임없이 시도하게 만든다.

> "저런 땅굴 속에서 아직두 사람 같은 소리를 해!"
> "……"
> "인간을 버리구 좀 천진난만하게 살란 말이야. 툭툭 앞질러 가면서 자기가 자기의 주인답게 살란 말이야……"
> "……"
> "이를테면 이렇게 살란 말이오"
> 두 손을 내밀더니 앞으로 엎더진다. 네 발이 된 것이다. 네 발 걸음을 하는 것이다.[97]

인용문에서 보듯이 장용학에게 '자기가 자기의 주인답게 사는' 길은 두 손을 내밀고 '엎더져'서 '네 발 걸음을 하는 것이다'. 같은 이유로 『원형의 전설』의 이장은 혈거생활을 편안하게 느끼고, 「역성서설」의 지호는 과학 문명의 상징인 공장을 불사른다. 『위사가 보이는 풍경』의 문기오는

---

97) 장용학, 「비인탄생」, 『동서한국문학전집 17』, 동서문학사, 1987. p.335.

'신석기전'이라는 전시회를 기획하며, 「미련소묘」의 상주는 전근대적 미신을 떨쳐버리지 못한다.

 달리 말해, 개체발생 차원에서의 퇴행 욕구가 전환되어 계통발생 차원의 선사 회귀로 나타나고 있다. 혹은 리비도 퇴행 욕구가 이차가공의 옷을 입고 문명 비판의 형태로 승화되고 있다고 말해도 좋을 것이다. 그러나 정신분석학적인 견지에서 볼 때 이 두 '향수'는 동일한 기원을 갖는다. '향수'와 '퇴행'은 등가이다.[98] 양자는 리비도 '퇴행' 욕구의 산물 외에 다른 것일 수 없다. 오로지 차이가 있다면 예술적 승화에 의해 그 직접성이 가려졌는가 가려지지 않았는가의 여부에 있을 따름이다.

 여기에 송병수의 「쑈리킴」과 추식의 「부랑아」에서 보이는 '누이콤플렉스' 또한 퇴행 욕구의 승화된 형태라는 사실[99], 하근찬의 「수난이대」나 이호철의 「탈향」에 등장하는 목가적 고향 풍경 또한 이상화된 과거의 다른 모습에 다름 아니라는 사실 등을 덧붙일 수 있을 것이다. 요컨대 전후 소설 속에서 '퇴행'은 거의 보편적인 현상이었다.[100]

---

[98] 프로이트와 루카치의 소설에 대한 정의가 등가인 것과 마찬가지이다.
[99] 누이 콤플렉스는 또한 가족 로망스로부터 직접 변형된 원초적 서사구조의 하나이다. 이에 대해서는 본서의 2장에서 밝힌 바 있다.
[100] 앞서 본서의 3장 1절에서는 전후 소설에서 업둥이 유형의 소설이 우점종(優占種)을 점하고 있다는 사실을 확인한 바 있다. 그러나 논문의 서술 체계에 따른 한계 탓에 많은 작품을 거론할 수 없었다. 해당 절에서 많은 작품을 거론할 경우 본장에서 행하고 있는 작품 분석들과 많은 부분 중복을 피할 수 없었던 것이다. 그러나 이제 전후 소설에서 리비도 퇴행 욕구가 거의 보편적인 현상임을 확인함으로써 본 절은 그에 대한 보완이 될 수도 있을 것이다. 왜냐하면 전후 소설에서 퇴행에의 욕구가 일반적이라면, 그 말은 곧 업둥이 유형의 소설이 일반적이란 말에 다름 아닐 것이기 때문이다. 로베르는 업둥이 유형의 소설은 현실원칙을 자기 것으로 체화(體化)하기보다는 '지식과 행동 방식의 부족으로 도피나 토라짐을 통해서 싸움을 교묘히 피한다'고 말한 바 있다. 도피나 토라짐은 퇴행의 다른 말에 불과하다.

## 2) '도착'과 전후 소설

리비도의 퇴행은 억압을 부른다. 그러나 더러는 억압이 이루어지지 않는 경우가 있다. 이 경우 도착증이 발생한다. 그런데 흥미로운 사실은 전후 소설에서 도착증은 거의 매번 죽음충동*Thanatos*과 함께 등장한다는 점이다. 즉 전후 소설의 경우 프로이트가 분류한 여러 도착증들 중 시신애호증*necrophilia*(屍體性愛)이 주로 등장한다. 시신애호증이 아닌 도착증(절편음란증*fetishism*이나 동성애*homosexuality*)도 더러 등장하기는 하는데, 이 경우에도 대개 죽음 충동의 영향 하에서만 도착 증세가 나타난다.

물론 이런 언급을 전후 소설 속에서 시체를 대상으로 한 명확한 성행위 장면이 등장한다는 말로 받아들여서는 안된다. 도착의 경우에 있어서도 승화의 메커니즘은 작동된다. 그리하여 시신애호증이나 절편음란증, 그리고 동성애 등과 같은 도착증상들은 때로는 우정의 옷을 입고, 때로는 효도의 옷을 입고, 때로는 어쩔 수 없었다는 핑계와 함께 나타난다.

그러나 도착 증세에 대한 구체적인 예들을 분석해 보기 전에 우선 해결해야 할 문제가 있다. 전후 소설에서 도착이 반드시 죽음충동과 함께 나타나게 된 이유가 무엇인가 하는 점이 그것이다. 이에 대해 논의하기 위해서는 프로이트의 언급을 다시 인용해 볼 필요가 있다.

> 전쟁은 죽음에 대한 이런 관습적 태도를 일소해 버린다. 죽음은 더 이상 부인되지 않는다. 우리는 죽음의 존재를 믿을 수밖에 없다. 사람들은 정말로 죽고, 그것도 한 사람씩 죽는 게 아니라 하루에도 수만 명씩 죽는다. 그리고 죽음은 더 이상 우연한 사건이 아니다. 물론 죽음은 여전히 총알이 누구에게 맞느냐 하는 우연의 문제인 것처럼 보이지만, 첫 번째 총알에 맞지 않은 사람이 두 번째 총알에는 맞을 수도 있다. 이렇

게 수많은 죽음이 축적되면, 죽음이 우연이라는 느낌은 사라진다. 삶은 다시 흥미로워졌고, 원래의 내용물을 완전히 되찾았다.101)

전쟁은 우리가 평상시에 부인해 왔던 죽음이라고 하는 현상이 바로 우리 곁에 엄존(儼存)함을 확인시켜 준다. 전시(戰時)에 죽음은 모든 주체의 바로 곁으로 다가온다. '죽음은 더 이상 우연한 사건이 아니'게 된다. 수많은 죽음이 축적됨으로써 죽음이 우연이라는 느낌은 사라지기 때문이다. 죽음은 필연이 된다. 말하자면 사람들은 죽음과 친숙해지게 된다.

그리하여 프로이트는 「전쟁과 죽음에 대한 고찰」을 다음과 같이 마무리한다.

> 죽음이 현실과 우리의 생각 속에서 마땅히 차지해야 할 자리를 인정하는 편이 낫지 않을까? 우리는 지금까지 죽음에 대한 무의식적 태도를 그토록 조심스럽게 억눌러 왔지만, 이제는 그 태도를 좀더 겉으로 드러내는 게 낫지 않을까?102)

이제 죽음에 대해 그것이 애초에 가지고 있었던 지위를 되돌려 줄 때가 되었다는 얘기다. 그리고 프로이트는 바로 이 고찰로부터 죽음충동을 연역해 낸다. 죽음과 죽음에 대한 충동은 항상 인간 내부에 잠재해 있다. 그것도 인간으로서는 도저히 거역할 수 없는 본능의 형태로 잠재해 있다. 다만 삶의 본능인 에로스*Eros*의 위력 앞에서 그 모습을 감추고 있었을 뿐이다.

프로이트가 초기의 '성 본능/자아 본능'이라고 하는 본능이론 상의 이분법을 포기하고 '에로스*Eros*/타나토스*Thanatos*'의 새로운 이분법을 취하게 되는 것도 바로 이 전쟁체험 이후부터이다. 또 죽음 충동의 지배를 받는

---

101) 「전쟁과 죽음에 대한 고찰」, 『문명과 그 불만』, 앞의 책, p.60.
102) 위의 책, p.73.

열반원칙nirvana principle이나 항상성의 원칙constancy principle을 발견하는 지점도 여기이다.

> 만약 우리가 살아 있는 모든 것은 〈내적인〉 이유로 인해서 죽는다 – 다시 한번 무기물이 된다 – 는 것을 하나의 예외 없는 진리로서 받아들인다면, 우리는 〈모든 생명체의 목적은 죽음이다〉라고 말하고 또한 뒤를 돌아보면서 〈무생물체가 생물체보다 먼저 존재했다〉고 말하지 않을 수 없을 것이다.103)

「쾌락원칙을 넘어서」에서 발췌한 위 인용문을 통해 죽음충동의 존재는 일반화되고 있다. 즉 모든 생명체는 애초의 무기물 상태, 즉 죽음의 상태를 개체의 최종 목적으로 삼는다. 바로 그 상태로 돌아가려고 하는 원칙이, 현실원칙과 쾌락원칙pleasure principle 이후로 그가 발견해낸 세 번째 원칙, 즉 열반원칙이다. 중요한 것은 프로이트가 바로 그 충동의 존재를 전쟁 체험에서 발견했다는 점이다. 전쟁은 죽음 충동의 지배를 가속화한다.

전후 소설에서도 사정은 마찬가지였을 것이다. 전쟁을 겪으면서 작가들은 충분히 죽음과 친숙해진다. 그럴수록, 삶의 본능 저편에서 억압되어 있던 죽음 충동이 고개를 든다. 그런 이유로 도처에 존재하는 죽음과 주검이 전후 소설 속에 죽음 충동을 각인시켰으리라는 가정은 타당성이 있다. 그리고 그 각인의 일차적 형태가 바로 시신애호증이다.

다음의 예를 보자.

> 판잣문을 반쯤 열고 머리를 기웃한 동주의 눈에 해괴한 광경이 홱 비친 것이다. 수건하나 가리지 아니한 알몸으로 순이는 누운 채 허리를 굽

---

103) 「쾌락원칙을 넘어서」, 『쾌락원칙을 넘어서』, 앞의 책, p.53.

혀 자기의 사타구니를 열심히 들여다보고 있는 것이었다. 자연 동주의 시선도 순이의 사타구니로 끌렸다. 그 어느 한 부분에 쌀알보다 작은 생명체가 여러 마리 꼬무락거리고 있는 것이 눈에 띄었다. 동주는 그게 이가 아닌가 생각했다. 순이도 그때야 깜짝 놀라 동주를 흘겨보며 담요로 몸을 가렸다. 곧 자기 방으로 돌아온 동주는 그제야 그 조그만 생명들이 이가 아니라 구더기인 것을 깨달았던 것이다. 순이는 이제 오래지 않아 죽을 거라고 동주는 생각했다. 오히려 자기가 먼저 죽을지도 모른다고도 생각해 보는 것이었다.104)

성기, 특히 여성의 성기는 일반적으로 생산력의 상징이자, 돌아가야 할 낙원의 입구로 표상되어 왔다. 그러나 인용문에서 보듯이 손창섭의 소설에서는 여성의 성기가 공포의 대상이거나 죽음과 등가물이다. 손창섭에게는 자궁 회귀, 즉 퇴행이 죽음 충동의 지배를 받는다. 손창섭의 인물들에게 특징적인 시신애호증은 바로 여기서부터 발병한다. 다음의 인용문에서 동주의 시신애호증은 완연해진다.

순이는 입을 반쯤 벌린 채 자는 듯이 누워 있었다. 입에는 거품 흔적이 있었다. 파리가 몇 마리 입가로 기어다니고 있었다. 이미 싸늘하게 식은 소녀의 손을 동주는 쥐어 보았다. 그리고 잠시 고요한 얼굴을 들여다보다가 그는 왈칵 시체를 끌어안았다. 자기의 입술을 순이의 얼굴로 가져갔다. 인제는 순이가 아니다. 주검이 있었다. 동주는 주검에 키스를 보내는 것이었다. 주검 위에 무엇이 떨어졌다. 눈물이었다. 섧지도 않은데 눈물이 쏟아지는 것이었다. 자기는 분명히 지금도 살아있다고 동주는 의식했다. 살아 있으니까 죽을 수 있다고 생각했다. 그것만은 자기가 확신할 수 있는 단 하나의 〈장래〉라고 생각하며, 동주는 주검의 얼굴 위에 또 한번 입술을 가져가는 것이었다.105)

---

104) 손창섭, 「생활적」,(『손창섭 대표작 전집』 권3, 예문관, 1970), 『한국대표소설선 8』, 앞의 책, p.355.
105) 위의 책, pp.365~366.

순이의 주검과 입맞춤으로써 동주는 시신애호증의 징후를 보여준다. 물론 승화는 일어났다. 바로 그 승화 덕분에 시신애호증은 동정과 연민의 감정을 띄고서 소설 속으로 들어올 수 있었을 것이다.

흥미로운 것은 인용문의 마지막 몇 문장이다. 동주는 말한다. '살아 있으니까 죽을 수 있다고 생각했다. 그것만은 자기가 확신할 수 있는 단 하나의 〈장래〉라고 생각하며, 동주는 주검의 얼굴 위에 또 한번 입술을 가져가는 것이었'. 동주에게 확신할 수 있는 단 하나의 장래는 죽음이다. 프로이트 식으로 말을 바꾸자면 '만약 우리가 살아 있는 모든 것은 〈내적인〉 이유로 인해서 죽는다 — 다시 한번 무기물이 된다 — 는 것을 하나의 예외 없는 진리로서 받아들인다면, 우리는 〈모든 생명체의 목적은 죽음이다〉라고 말하'지 않을 수 없음을 동주는 행동으로 보여준다. 요컨대 죽음 충동이 연민의 힘을 빌려 시신애호증으로 표현되고 있는 형국이다.

이외에도 손창섭의 소설에서 발견되는 도착증으로는 절편음란증 *fetishism*이 있다.

> 이불 속에는 여러 가지 냄새가 배어 있었다. 그것은 광순의 살 냄샐까? 땀 냄샐까? 크림 냄샐까? 어쩌면 여러 종류의 사내들에게서 묻혀가지고 온 별의별 냄새가 다 섞이어 있는지도 모른다. 아무튼 광순의 이불에는 야릇한 냄새가 젖어 있는 것이다. 아무런 '해결'도 없는 나의 머리에는 그건 좀 독한지도 모른다. 그러기 나는 늘 그 냄새에 취하는 것이다.[106]

「미해결의 장」의 화자인 '나'는 여자에 전혀 관심이 없다. 유일하게 관심을 가지고 있는 여자라고는 '광순' 하나 뿐인데, 그녀는 손창섭 소설의

---

106) 손창섭, 「미해결의 장 — 군소리의 의미」(『현대문학』 1955.6), 『한국현대대표소설선 8』, 위의 책, p.391.

대부분의 여자 주인공들이 그렇듯이 창녀이다[107]. 그런데 흥미롭게도 '나'는 그녀를, 정확하게는 그녀의 육체를 전혀 욕망하지 않는다. 실제로 성적 접촉이 가능한 상황에서도 그는 전혀 성욕을 느끼지 않는다. 대신 그는 그녀의 이불에만 매혹당한다. 프로이트가 분류한 '성욕 도착', 그 중에서도 절편음란증에 속한다고 하겠다. '나'는 '이불 페티시즘' 환자이다.

물론 이때 이불은 앞서 언급한 대로 어떤 외상적 기억과 관련이 있을 것이다. 거세공포를 불러일으켰던 순간, 즉 최초로 거세된 신체로서의 여성의 성기를 관찰하게 된 순간에의 고착이 절편음란증을 낳는다고 할 때, 이불은 '나'가 최초로 여성의 성기를 확인하기 직전에 마지막으로 보았던 사물이었음에 분명하다.[108] 물론 이 작품만 가지고서는 그 외상적 순간이 어느 지점에 위치하는지 파악하기는 힘들다. 다만 본서에서는 그 외상이 전쟁 체험 어디쯤에 위치해 있을 것이라고 판단할 수밖에 없다. 왜냐하면 이미 보았듯이, 손창섭의 도착은 죽음 충동의 영향을 강하게 받고 있기 때문이다.

그러나 장용학의 소설들에 비하면 손창섭의 도착은 경미한 수준에 불과하다. 장용학의 경우 그의 모든 소설이 죽음 충동의 지배를 받고 있다고 해도 과언이 아니다. 그리고 시신애호증이나, 동성애와 같은 도착 증상을 보이는 예들도 아주 많다. 가령 「현대의 야」의 다음과 같은 구절은 장용학이 얼마나 죽음 충동의 영향에 심하게 노출된 작가인가를 보여준

---

[107] 여성에 대해 '성녀/창녀'의 양가감정을 갖는 것 역시 일종의 퇴행에 속한다. 유아기, 특히 오이디푸스 콤플렉스 단계에서 유아는 어머니의 욕망 대상이 자신이 아니라 아버지의 남근임을 감지한다. 이때 아이는 어머니를 '다른 남자의 여자'로 인식하면서 증오한다. 물론 이전에 어머니에 대해 가지고 있던 이상화된 감정 또한 유지된다. 그리하여 어머니는 성녀이자 창녀가 된다. 이 감정은 후에 성인이 된 뒤에도 대상 선택에 있어 막대한 영향을 미친다. 주로 남성 작가들의 작품에서 나타나곤 하는 '창녀 콤플렉스'는 이런 식으로 설명이 가능하다.

[108] 이 점에 대해서는 이 장의 마지막 절에서 다시 언급할 것이다.

다.

> 다른 사람들은 그런 그를, 아마 아는 사람의 시체라도 찾아보는 것쯤으로 생각하였겠지만 그는 문학청년이다. 기왕 이런 일에 걸려 든 바엔 후일을 위하여 폭격에 죽은 시체의 모양도 봐 둘 필요가 있다는 생각에서이다.109)

> 굴뚝 아래에 여자의 시체가 굴러 있었다.
> 뒷걸음질치다가 그는 눈을 크게 떠 가지고 한 두 걸음 다가들었다. 갈비뼈 아래 되는 데가 손바닥만큼 벌려 있다기보다 뭉쳐진 구더기로 꽉 막혔다. 뚫고 나온 것인가. 퉁퉁 부은 그 뱃속은 그런 구더기로 꽉 찼는지도 모른다.
> 수십 마리가 곰실곰실 순간도 쉬지 않고 움직이고 있는, 운동이라기 보다 무용, 구더기들은 거기서 대낮의 무용에 흥겨운 것이었다.110)

인용문은 여러 일 중에서도 유독 시체 치우는 일에 자원한 현우의 시점에서 기록되어 있다. 그는 아는 사람의 시신을 찾기 위해서가 아니라 단지 '문학 청년'이라는 이유로 시신 치우는 일에 자원한다. 문학 청년이므로 그는 '기왕 이런 일에 걸려 든 바엔 후일을 위하여 폭격에 죽은 시체의 모양도 봐 둘 필요가 있다는 생각'으로 자신의 네크로필리아를 합리화한다. 그리고는 시신들을 과학적이고 객관적인 시각에서 관찰하기 시작한다. 승화된 시신애호증이다. 물론 '문학 청년'이란 말이 바로 그 승화에 대한 핑계가 될 수 있을 것이다. 현우의 도착된 성욕이 문학이라는 핑계를 만나 시신애호증으로 분출되고 있는 것이다. 아래의 인용문에서 한 여자의 시신을 눈앞에 두고 그가 보여주는 흥분(구더기들의 흥겨운 무용)

---

109) 장용학, 「현대의 야」, 『현대한국문학전집 4』, 앞의 책. p.326.
110) 위의 책, p.331.

은 그에 대한 반증이 될 만하다.

또 다른 예로는 앞서 살펴 본 「상립신화」의 인후가 있다. 이 주인공은 도착증의 증상 형성 과정과 관련해서도 아주 특별한 예를 제공한다.

> 그리곤 방바닥에 몸을 내던지고,
> 「아, 내 어머니에게서 냄새가 나다니!」
> 하면서 통곡을 하는 것이지만, 소리를 죽이는 것이었다. 어머니의 관에서 냄새가 나는 것이 부끄러운 것이다. 부끄러워서 소리도 못 내고 우는 것이다. 그는 그런 아들이었다.111)

인후의 어머니가 죽었다. 즉 리비도 집중 대상이 급작스럽게 소멸했다. 슬픔이 나타난다. 슬픔은 대상 상실에 대한 애도 작업이다. 그러나 슬픔으로도 소멸되지 못한 리비도가 남았다. 남은 리비도가 결국 퇴행을 시작한다. 그러나 인후에게는 자아의 억압이 작용하지 않는다. 왜냐하면 어머니에 대한 고착은 대개 '효도'란 이름으로 칭송 받기 때문이다. 굳이 억압할 필요가 없는 것이다. 결국 인후는 자아에 의한 리비도 반대집중, 즉 고통스러운 감정을 유발하지 않는 신경증인 도착 상태에 이른다. 어머니의 시신에 대한 과장된 경외감은 그렇게 해석될 수 있을 것이다. 앞서 논의하였듯이 리비도 집중 대상의 소멸 후 슬픔이 나타난다. 그러나 슬픔으로도 소멸되지 않은 리비도가 남았다면 퇴행이 시작된다. 퇴행에 자아가 개입해서 리비도 반대집중을 형성하면 신경증으로 발전한다. 그러나 그렇지 않을 경우(효도라는 핑계가 억압을 피하는 수단이 된다)는 도착으로 귀결된다.

장용학에게 어머니는 고착의 대상이자 동시에 도착의 병인이다. 왜냐

---

111) 장용학, 「상립신화」, 앞의 책, p.398.

하면 위의 인용문에서 인후는 이미 시신애호증 단계에 접어들고 있기 때문이다.

　물론 장용학의 인물들이 보여주는 도착증들에는 시신애호증만 있는 것이 아니다. 정신병리에 관한 한 전후 장용학의 소설은 증상들의 진열장과 같다. 「요한시집」의 다음과 같은 구절은 비록 고도로 승화되어 있어서 그 심리적 기원을 밝히기 힘든 대상도착으로서의 동성애를 징후적으로 보여준다.

>　"엊저녁 꿈에 말이지, 아주 예쁜 여자가 나를 껴안지 않았겠나, 이렇게 말이야……"
>　"……"
>　나는 구렁이에게 안긴 처녀처럼 꼼짝을 못했다.
>　"그 순간 나는 어머니두 결국은 죽는다는 사실을 그제야 깨달았어. 그런 것을 그제야 깨달아야 할 일이 얼마나 있겠는가……"
>　"그 여자 누군 줄 알어?……네 살결은 참 부드러워……"
>　그것은 남색에 못지 않은 포옹이었다.
>　"싸로메……알지? 요한의 모가지를 탐낸 그 여자 말이야. 그 계집이었어."112)

　이 외에 죽음 충동의 영향력을 볼 수 있는 장용학의 소설들은 더 있다. 가령, 「형상화미수」에서 주인공 '상하'는 '이미 죽음이 들어가 있었던 여체와 결혼'113)한 후 본인도 병으로 죽고 만다. 「요한시집」의 동호는 비록 타의(他意)이긴 하지만 죽은 누혜의 눈알을 들고 새벽을 기다리며 서 있으며, 『원형의 전설』의 안지야는 동굴이 무너져 이장과 함께 죽는 순간 환희에 차서 다음과 같이 말한다.

---
112) 장용학, 「요한시집」, 앞의 책, p.367.
113) 장용학, 「형상화미수」, 『신동아』 1967.8. p.431.

'아! 우리는 같이 죽는 거예요!'114)

캄캄한 동굴, 떨어지는 바위. 어머니의 영원한 자궁으로 퇴행하여 죽음에의 사랑을 획득한 그들은 환희에 찬, 절망의 소리를 지른다. 그것은 본질적으로 '죽음이여 만세!'115)이다.116)

### 3) '전이신경증'과 전후 소설

도착과 달리 전이신경증 transference neurosis은 리비도 libido의 퇴행 욕구에 대해 자아 ego가 리비도 반대집중 anti cathexis을 형성해서 신경증의 증상형성에 이르게 된 경우이다. 이 유형의 신경증이 나르시시즘적 신경증과 다른 점은 전이를 통한 치료가 가능하다는 점에 있었던 바, 이에 대해서는 이미 상술한 바 있다. 본 절에서는 이제 전후 소설에서 나타나는 그 증상들을 다룰 차례다.

#### (1) 전쟁과 외상성 신경증

전후 소설을 전이신경증과 관련하여 다룰 경우, 도착증에서와 마찬가지로 신경증의 외상적 순간 역시 전쟁에 있다는 점을 염두에 두어야만 한다. 전후의 신경증은 대부분 외상성 신경증, 그것도 전쟁성 신경증이다. 프로이트가 언급한대로 전쟁은 무수한 신경증을 발병시키는 전대 미문의

---

114) 장용학, 『원형의 전설』, 앞의 책, p.154.
115) 신경득, 앞의 책, p.179.
116) 도착과 관련해서는 여기에 덧붙여 송병수의 「쑈리 킴」의 예를 더할 수 있을 것이다. 앞서 살펴보았던 바 '쑈리'는 유방 페티시즘적이다. 논의의 중복을 피하기 위해 여기서는 다시 거론하지 않는다.

외상으로 작용하기 때문이다. 아울러 승화 과정 또한 염두에 두어야 한다. 전이 신경증 역시 임상 기록처럼 단순하게 작품에 드러나는 예는 없다.

한국 전쟁이 당대의 작가들에게 얼마나 큰 외상이었던가에 대해서는 장용학의 소설 한 구절117)을 인용해 보는 것으로 족할 것이다. 종군(從軍) 작가들의 작품을 포함하더라도, 이처럼 사실적이고 참혹하게 전쟁의 참상을 묘사한 장면은 거의 유례가 없다.

> 산처럼 하늘을 밀고 덮어드는 B-29의 편대. 기러기처럼 줄지어 떨어지는 폭탄……. 꽝! 꾸르륵. 꽝! 하늘을 솟아오르는 시꺼먼 불기둥의 난립. 땅을 뜯어내고 공기를 녹여낸다. 정상은 단말마의 비명과 세계의 종말을 고하는 환영이 차지한다.

이 장면은 광장공포증이나 고소공포증의 외상으로 작용하기에 충분해 보인다. 날아다니는 동물에 대한 공포증도 가능할 것이다. 물론 임상적 차원에서 그러한 유비는 명백한 오류에 해당한다. 그러나 문학 작품을 다룰 때는 다르다. 문학적 승화는 사소한 유사성도 비유를 통해 동일화시킬 수 있다. 비행기가 박쥐나 모기의 대체 표상으로 전화 가능한 것이 승화의 논리이다.

> 그 속을 이리 뛰어 보고 저리 뛰어 보고 하다가 거꾸러지고 쓰러지고 타고 하는 시민의 절망. 등뒤에서는 이리 같은 공산주의가 총칼을 대었고 머리위로는 사치스러운 자유주의가 폭탄의 비를 쏟는다. 잿불에 떨어진 누에 같은 생령들이었다. 간신히 여백을 찾아 전봇대를 기어오르는 할아버지의 흰 머리카락!……

---

117) 장용학, 「사화산」, 『문학예술』, 1955.10. pp.49~50.

문학적 승화를 겪을 경우 할아버지의 죽음 직전에 확인한 흰 머리카락은 절편음란증의 대상이 될 수 있을 것이다. 죽음은 분리불안을 발생시킬 것이고, 그 불안을 피하기 위해 리비도는 죽음 직전의 장면에 고착될 것이기 때문이다. 여성의 거세된 신체가 있던 자리에 죽음이 들어선다. 그러나 둘 다 공포의 대상이긴 마찬가지이다. 문학적 승화는 공포를 매개로 '죽음'과 '거세' 양자를 쉽사리 교체시킬 수 있다. 앞서 『쑈리 킴』의 쑈리가 어머니의 죽음 직전 목격했던 유방에 대해 절편음란적 도착 증세를 보여주고 있었던 것과 동일한 원리이다.

> 지상은 가도가도 이런 화면의 연쇄였다. 있는 온갖 물감을 다 털어서 휘갈긴 이 벅찬 화폭에 또 그래도 우박처럼 쏟아지는 폭탄. 아귀처럼 달려드는 Z기의 난무. 무슨 장난을 하고 있는 것 같았다. 장난이 아니라면 역사의 고별식이었다.
> 그래서 그것은 일대 교향악인 것이다. 세계의 모든 잡음, 악음을 죄다 모아서 쏟아 놓아도 이렇게 우렁찬 오케스트라는 좀 만들어내기 어려울 것이다. 한계 밖의 산문이었다. 오히려 통쾌한 시였다.

일종의 히스테리로서의 이명(耳鳴)과 환청(幻聽)을 유발하기에 충분한 장면이다.118)

> 머리가 뜯겨 나가서 없어진 어머니의 젖꼭지에 매어 달려 젖을 빨고 있는 갓난아이의 포동포동 살진 발목. 그 발목을 잡아당기는 손이 있다. 다른 데는 다 일없는데 한쪽 발을 꾹 찝힌 기둥이 시방 신이 나서 불붙고 있는 것이어서 그 청년은 작두로 발목을 잘라버리고 목숨만이라도 싸안고 달아나고 싶으나 여기는 오양간이 없는 도시였다. 바지가랑이가 타오른다. 땅을 치고 손가락으로 흙을 긁어모으다가 그만둔다. 타죽은

---

118) 가령 1990년대 작가인 정찬의 「완전한 영혼」의 주인공이 광주 항쟁의 소음을 겪고 나서 이명과 환청에 시달렸던 것과 동일한 원리이다.

것이다.

유방과 발목에 대한 페티시즘, 그리고 화염에 대한 공포증이 외상적으로 각인될 수 있는 장면이다. 또한 어머니의 젖에 매달린 아이의 모습은 분리불안을 일으키기에 충분해 보이고, 다리를 잘라버리려고 시도하는 청년의 모습은 거세 공포를 유발하고도 남을 만큼 처절하다.

요컨대 전쟁은 모든 종류의 신경증에 대해 외상으로 작용할 만큼 충분히 처참했던 것이다. 위의 인용문에서 장용학이 보여주는 비탄과 절규는 이미 작가가 신경증 직전 상태에서 이 글을 썼음을 보여주기조차 한다. 전쟁의 참상, 그리고 그것을 받아들이는 작가들의 섬세한 영혼의 상처가 이와 같았다면 이후 전후 소설에 외상성 신경증이 만연했던 이유 또한 충분히 미루어 짐작할 수 있다. 그 중에서도 특히 강박증*compulsion* 증상이 먼저 눈에 띈다.

(2) '강박증'과 전후 소설

강박증의 간단한 정의는 '외상 체험의 고통스러운 반복'이다. 전후 소설의 주인공들은 장용학이 묘사한 바로 그 아비규환의 지옥으로 고통스럽게 되돌아간다. 그렇게 하지 않으면 불안하기 때문이다. 그런 점에서 강박증은 '불안의 대체 증상'이기도 하다.

> 봉우의 낮잠 자는 모양이란 아주 신기하다. 소파에 앉은 대로 허리와 목을 꼿꼿이 펴고 깍지 낀 두 손을 얌전히 무릎 위에 얹고는 눈을 감고 있다. 그러고 자는 것이다. 그는 밤에 집에서 잘 때에도 자세를 헝클지 않는다고 한다. 천장을 향하고 반듯이 누우면 다음날 아침까지 몸을 움직이지 않고 고대로 잔다는 것이다. 그러한 봉우는 언제나 수면 부족을 느끼고 있다고 한다. 그것은 6·25사변을 치르고 나서부터 현저해졌다

는 것이다. 전차나 버스를 타도 자리를 잡고 앉기만 하면 그는 으레 잠이 들어버린다. 그렇지만 자다가도 그는 자기가 내릴 정류장을 지나쳐 버리는 일이 없다. 자면서도 그는 차장의 고함 소리를 꿈속에서처럼 어렴풋이 듣고 있기 때문이다. 밤에 집에서 잘 때에도 그렇다. 자는 동안에도 그는 주위에서 일어나는 소리를 다 들을 수 있다. 재깍재깍 시계 돌아가는 소리, 천장이나 부엌에 쥐 다니는 소리, 아내나 아이들의 잠꼬대며 바깥의 바람소리까지도 들으면서 잔다. 말하자면 봉우는 오관 중 다른 감각기관은 다 자면서도 청각만은 늘 깨어 있는 셈이다. 그러니까 자연 깊은 잠을 이루지 못한다. 그렇게 된 연유를 그는 6·25사변으로 돌리는 것이다. 피난 나갈 기회를 놓치고 적치 삼개월을 꼬박 서울에 숨어 지낸 봉우는 빨갱이와 공습에 대한 공포감 때문에 잠시도 마음놓고 깊이 잠들어본 적이 없다고 한다. 밤이나 낮이나 이십사시간 조금도 긴장을 완전히 풀어본 일이 없다는 것이다. 그처럼 불안한 긴장상태가 어느덧 고질화되어 오늘날까지도 지속되고 있다는 것이다. 그러기에 꼬집어 말하면 그는 자면서도 깨어 있고 깨어 있으면서도 자고 있는 상태인 것이다. 까닭에 그는 밤낮없이 자면서도 항시 수면 부족을 느끼지 않을 수 없는 모양이다. 그것은 단지 육체적으로 오는 증상이기보다는 더 많이 정신적인 데서 결과하는 심리적 현상인 것이다.119)

손창섭의 「잉여인간」에 나오는 인물 봉우의 증상이다. 봉우는 가수면(假睡眠)의 긴장 상태를 유지한다. 실제로 외부적인 위험이 없음에도 불구하고, 그는 무의미하게 이 고통스러운 자세를 강박적으로 포기하지 않는다. 영원한 가수면 상태를 반복하는 것이다. 봉우에게 가수면 상태의 반복은 아무런 논리적인 원인이 없는 것이므로 무의미하다. 무의미한 행위, 즉 강박행위의 반복이 봉우의 증상이다.

작가 손창섭은 자신이 창조한 이 인물이 보여주는 증세에 연원을 부여한다. 봉우의 증상은 '피난 나갈 기회를 놓치고 적치 삼 개월을 꼬박 서울

---

119) 손창섭, 「잉여 인간」(『사상계』 1958.9), 『한국현대대표소설선 8』, 앞의 책, pp.414~415.

에 숨어 지낸' 은거(隱居) 경험, 그리고 '빨갱이와 공습에 대한 공포감 때문에 잠시도 마음놓고 깊이 잠들어본 적이 없'었던 외상 체험으로부터 비롯되었다는 것이다. 봉우의 증세가 전쟁 외상에 의한 신경증이라는 사실을 이미 작가가 설명하고 있는 셈이다. 그렇다면 봉우가 보여주는 여러 복합적인 신체 상태는 사실상 전시 은거 체험에 대한 '고통스러운 반복'으로서의 강박증에 틀림없다.

강박증은 손창섭의 다른 인물들에게서도 현저하게 드러나는 일반적인 특징이다. 가령 「비오는 날」의 동옥 남매는 항상 불을 켜두고 잠이 든다. 그들에게도 어둠과 관련된 외상이 있었던 것이다. 그리하여 그들은 불을 켜두는 강박 행위를 전후에도 반복한다. 「미해결의 장」의 동주는 광순의 '오피스'에 들르는 일을 하루도 거르지 않는다. 실제로 아무런 볼일이 없음에도 불구하고 그의 방문은 강박적으로 반복된다.[120] 또한 손창섭의 남자 주인공들에게서 자주 나타나는 '취직사업' 또한 강박증의 일종으로 봐야 한다. 그들은 실제에 있어서는 전혀 취직에 염사가 없다. 다만 무의미하게 취직하려는 시늉만을 반복한다. 설사 취직 사업이 아니라도 사정은 동일하다.

다음의 인용문을 보자.

(일련생략) / 모가지를 / 이 모가지를 / 뎅겅 잘라 / 내용 없는 / 혈서를

---

[120] 동주의 이 강박증은 불안과 강박증과의 관계를 잘 보여주기도 한다. 불안은 내부의 리비도 방출을 막기 위해 자아가 미리 보내는 신호이다. 그러나 불안만으로 내부의 리비도 방출을 막기가 어려울 때 강박증이 불안을 대체한다. 동주는 광순의 집을 방문하는 강박행위를 못하게 될 경우 심한 불안에 휩싸인다. 바로 그 불안을 대체해서 강박행위가 등장한 것이다. 이때 동주가 느끼는 불안은 전형적인 분리 불안separation anxiety이다. 그는 광순의 이불에 절편음란증fetishism적으로 집착하는데, 광순의 신체와 맞닿아 있었던 이 이불과 분리되는 것 자체가 그에게는 불안의 이유가 된다.

쓸까!

　　이게 규홍에게는 여간 대단한 작품이 아닌 모양이었다. 날마다 한두 구절씩, 혹은 한두 자씩 고쳐서는 다른 종이에 새로 베껴 책상 뒤 벽에 붙여 놓는 것이었다. 이 밖에도 그는 수십 편의 시작을 가지고 있었다. 그리고 그는 또한 거의 매달 신문이나 잡지에 투고를 하는 것이었다. 이 밖에도 그는 수십편의 시작을 가지고 있었다. 그리고 그는 또한 거의 매달 신문이나 잡지에 투고를 하는 것이었다. 그러나 규홍의 시가 한번도 발표된 일은 없었다. 그러면서도 그는 꾸준히 남의 시를 외고 또 자기의 시를 썼다. 그것만이 그에게는 최고의 생활인 모양이었다.[121]

　규홍의 시작(詩作) 행위는 실제에 있어서는 아무런 의미도 없다. 생계의 수단도 되지 못하고 문학적 명예와도 아무런 상관이 없다. 오로지 쓴다는 행위 그 자체가 규홍에게는 중요한 일일뿐이다. 무의미한 행위의 반복, 그것은 물론 강박 행위이다.

　그러나 표면적인 증상만 가지고 전이신경증으로서의 강박 신경증을 가늠해 내는 것으로는 아직 불충분하다. 손창섭의 주인공들이 보여주는 증상을 외상성 강박증으로 분류하기 위해서는 한 가지 조건이 더 충족되어야 한다. 즉 증상 형성 과정에서 자아에 의한 억압이 존재해야만 하는 것이다. 그래야만 도착과 구분 가능한 전이신경증 증상이 형성되었다고 볼 수 있기 때문이다. 결론부터 말하자면 억압은 물론 존재한다.

　손창섭의 주인공들이 강박증을 일으키는 장소에는 항상 이성(異性) 등장인물이 함께 존재한다. 「잉여인간」의 봉우는 친구 만기가 운영하는 병원의 간호사인 인숙을 사모한다. 물론 다른 손창섭의 주인공들과 마찬가지로 전혀 성적인 사랑은 아니다. 손창섭의 남성 인물들은 거의 모두 불

---

[121] 손창섭, 「혈서」(『손창섭 대표작 전집』 권3, 예문관, 1970), 앞의 책, pp.370~371.

감증 환자들이기 때문이다. 그리고 바로 그 불감증이 그들이 강박신경증 환자들이라는 사실을 반증한다.

강박증은 이드의 퇴행 욕구와 자아의 억압 사이에서 발생한 갈등의 타협이 만들어낸다. 말하자면 강박증은 리비도 퇴행을 대신해서 형성된 증상인 것이다. 그 말은 곧 리비도의 분출이 증상으로 대체되었다는 말에 다름 아니다. 성행위를 대신해서 증상이 발생한다. 그렇다면 봉우의 강박증은 인숙에 대한 리비도 방출 욕구와 자아의 억압 사이 어디쯤에서 탄생했다고 보아야 한다. 양자간의 타협이 전시(戰時)의 외상적 체험을 빌려와 강박증 증상을 형성한 것이다.

다른 소설들에서도 마찬가지이다. 「비오는 날」의 동욱은 여동생과 혼숙하는 생활을 영위하고 있다. 동욱이 불을 켜두어야만 편안해지는 증상을 보이는 이유도 이해가 된다. 근친상간에의 욕구와 이에 대한 자아의 억압이 선생 체험을 빌려와 증상으로 나타난다. 「혈서」의 규홍이 보여주는 강박증 너머에는 창애와 두 친구 그리고 자신의 혼숙 경험이 도사리고 있다. 마찬가지로 「미해결의 장」의 동주는 강박증을 통해 광순에 대한 리비도 방출로부터 도피하고 있다고 보아 무방할 것이다. 이들에게 강박신경증은 자아와 이드간의 갈등이 타협점을 전쟁 외상으로부터 찾아낸 경우에 해당한다.

확인해 둘 것은 이처럼 무의미한 행위를 반복하고, 가치 있는 행위에 대한 시도를 시늉으로만 계속하는 인물들은 손창섭이 아니라도 전후 작가들의 작품에서 아주 낯익은 편에 속한다는 사실이다. 서기원의 「암사지도」에 등장하는 예를 보자.

> 상덕은 바둑이 일의 전부가 되었다. 해도 무슨 계통 있는 공부라도 시작하는 것은 아니었다. 『포석개설』이란 책을 사다가 며칠 뒤적거리는

척하더니 이내 다락에 처넣어버렸다. 그날도 저녁때가 돼서야 집에 돌아오는 것이었다.122)

「혈서」의 규홍이 반복하는 시작(詩作) 행위와, 「암사지도」의 상덕이 반복하는 바둑은 정신분석학적으로는 아무 차이가 없다. 동일한 신경증의 두 가지 증상에 불과하기 때문이다. 물론 상덕의 증상에도 억압은 존재한다. 상덕은 한 집에서 여자를 친구와 성적으로 공유하고 있다.

강박증은 「오발탄」에서도 나타난다.

"가자! 가자!"
아랫방에서 또 어머니의 그 저주 같은 소리가 들려왔다. 벌써 칠년을 두고 들어와도 전연 모를 그 어떤 딴사람의 목소리.123)

어머니는 같은 소리를 칠 년 동안이나 되풀이해 왔다. 그 소리의 의미는 고향으로 돌아가자는 것이다. 아들인 철호가 제아무리 고향으로 돌아갈 수 없는 이유를 설명해도 막무가내다. 어머니는 고향으로부터 분리되기 직전의 순간, 즉 외상적 순간으로의 고통스러운 회귀를 반복한다. 아마도 어머니의 반복 강박에 개입한 자아의 억압은 퇴행에 대한 반발일 것이다. 계통발생적인 의미에서의 고향은 개체발생적으로는 유아기이기 때문이다. 어머니의 반복 강박은 퇴행 욕구와 자아의 억압 사이에서 발생한다. 외상성 신경증으로서의 반복 강박이다.

김동립의 경우도 있다.

---

122) 서기원, 「암사지도」,(『현대문학』 1956.11), 『한국현대대표소설선 8』, 앞의 책, pp.244~245.
123) 이범선, 「오발탄」, 앞의 책, p.48.

자꾸만 가슴이 설렜다. 꼭 무엇에 쫓기고 있는 상태, 난데없는 환상
들, 6·25때 마룻밑에 흙을 파내고 숨었다. 밤은 더욱 싫다. 새벽 한시
두시를 가리지 않고 인민군의 대문을 차는 소리, 짜박짜박 밀려드는 군
화 소리, 가슴이 잇달아서 쿵쾅거린다. 따발총이 머리 위 마루에서 꽝!
못을 박을 때 전신에 쪽 배는 식은땀, 불 켜라는 군대 고함소리, 아내가
들고 나오는 촛불은 깜깜한 마룻장 사이에서 일직선으로 가슴을 찌른
다. 섬뜩! 전신이 조여든다, 두 손으로 얼굴을 감싼다, 숨을 죽인다, 가슴
이 꽉 조인다. 자세를 획 돌렸다, 울부짖듯 고함을 질렀다.[124]

인용문은 「대중관리」에 등장하는 전쟁 체험이다. 역시 이 은거 체험은
후에 신경증을 유발한다. 이 소설의 주인공은 시간에 대한 강박증을 가지
고 있는데, 그에 대한 외상적 체험이 바로 인용문이다. 손창섭의 경우와
동일한 종류의 체험이 김동립의 주인공에게 있어서도 강박증의 원인이
되고 있다.

### (3) 히스테리와 전후 소설

강박증 외에 전후 소설에 자주 등장하는 전이신경증의 징후로는 히스
테리 *histeria*가 있다. 앞서 히스테리는 '심리적 갈등의 신체적 전환*conversion*'
이라고 정의했다. 물론 이때의 심리적 갈등이란 성적인 형태를 띠는 것이
일반적이다. 그러나 전후 소설에서와 같이 외상을 성적인 체험에 두지 않
고 전쟁체험에 둘 경우, 그리고 임상 기록이 아닌 승화된 형태의 예술 작
품일 경우, 히스테리가 어떤 형태로 나타나는지에 대해서는 좀더 전향적
으로 검토해 볼 필요가 있을 것이다.

실제로 엄밀한 의미에서의 히스테리를 전후 소설의 인물군에서 찾기
는 힘들다. 이미 살펴본 대로 전쟁은 대개 성본능보다는 죽음충동을 가시

---

[124] 김동립, 「대중관리」,(『사상계』 1959.12),『한국현대대표소설선 9』, 앞의 책, p.404.

화하는 측면이 강하기 때문이다. 성본능이 뒷전으로 물러난 상황에서 성적인 갈등의 신체적 전환으로서의 히스테리는 발병율이 낮을 수밖에 없다. 그러나 우리가 전후 소설을 단순한 임상기록으로 취급하지 않고 문학 작품으로 취급하겠다는 태도를 취할 경우, 히스테리는 고도로 승화된 형태로나마 작품들 속에 증상으로 각인되어 있음을 확인할 수 있게 된다. 전후 소설에서 빈번하게 등장하는 '신체적 불구'의 모티브가 바로 그것이다.

한국 문학사상 가장 유명한 신체적 불구는 조세희의 『난장이가 쏘아 올린 작은 공』의 예일 것이다. 이 작품에서 난쟁이나 앉은뱅이 등과 같은 신체적 기형이 축자적인 의미로만 사용되지는 않았다는 사실에 대해서는 누구나 다 알고 있다. 조세희의 소설에서 신체적 불구는 사회적 불구성의 신체적 전환 형태에 다름 아닌 것이다. 다른 말로 표현하자면 '사회적 갈등의 신체적 갈등으로의 전환'이 『난장이가 쏘아 올린 작은 공』의 핵심이다.

이와 유사한 분석을 전후 소설에 시도해 보자. 짐작할 수 있듯이 전후 소설에 자주 등장하는 신체적 불구 또한 축자적인 의미로만 해석되어서는 곤란하다. 그것 또한 전환의 과정을 겪는다. 그리고 이때의 전환은 사회적인 성질의 것이 아니라 심리적인 성질의 것이다. 다음의 인용문을 보자.

> 이 겨울 들어 불이라고는 지펴본 적 없는 방 한가운데, 다리 하나 없는 준석은 이불을 쓰고 누워 있는 것이다. 그는 낮이나 밤이나 한 장밖에 없는 이불 속에 엎드린 채 일어나려 하지 않는 것이다. 첫째 춥기도 하려니와 일어나 앉아 그에게는 아무것도 할 일이 없는 것이었다. 준석이가 누워 있는 발치 쪽으로 취사 도구가 놓여 있는 구석에는 돌부처와

같이 창애가 앉아 있는 것이다. 거기에 놓여 있는 석유풍로와 나란히, 창애는 언제나 그 자리에 그렇게 자리잡고 있는 것이었다.[125]

「혈서」의 준석은 다리 하나가 없는 불구이다. 물론 전쟁에서 다리를 잃었다. 인용문에는 나와 있지 않지만, 창애 역시 불구이다. 그녀는 간질병 환자이다. 그러나 이 둘이 만들어내고 있는 그로테스크한 풍경으로부터 축자적인 정보만을 얻어내는 것은 문학 작품에 대한 독해 방법이 아니다. 두 인물의 불구성은 충분히 상징적이다. 그들의 불구는 어떤 다른 의미를 함축하고 있는 것이다. 그리고 그 의미란 다름아니라 전쟁으로 인한 외상의 흔적이라고 보아야 할 것이다. 준석과 창애의 불구성은 사회적 불구성의 신체적 불구성으로의 전환인 것이다. 암울했던 전후 시기의 사회적 분위기를 작가는 두 사람의 불구를 통해 드러내고자 했을 것이다.

그런데 이미 살펴보았듯이 전쟁은 사회적 재앙이었을 뿐만 아니라 심리석 외상이기도 했다. 그렇다면 우리는 이렇게 말할 수도 있을 것이다. '그들의 불구는 전쟁으로 인한 심리적 외상의 신체적 전환이다'. 즉 '그들의 불구는 히스테리 증상의 문학적 변형이다'.

게다가 준석이 자신의 불구를 '이용하는' 방식을 보면 이러한 추론은 신빙성을 더한다. 위의 인용문에서 보듯 준석은 자신의 불구성을 훈장처럼 이용한다. 불구를 통해 그는 생계를 꾸리는 일에서도 면제되고 도덕적으로도 달수보다 우위를 주장한다.

준석의 행위를 프로이트의 다음 언급과 비교해 보자.

> (히스테리) 발작은 다음과 같은 경우에 일어난다. (1) 콤플렉스(충분히 리비도가 집중되었다면)의 내용이 의식적인 삶에서 그것과 관련이 있는

---
125) 손창섭, 「혈서」, 앞의 책, pp.367~368.

어떤 것과 접했을 때 연상적으로. (2) 내면의 신체적 이유와 외부의 심리적 영향의 결과로 리비도의 집중이 어느 정도 이상 일어났을 때 조직적으로. (3) 1차적인 목적에 도움이 되도록 — 현실이 괴롭거나 무서울 때 〈질환으로의 도피〉라는 표현으로서 — 즉, 위안으로서. (4) 2차적인 목적에 도움이 되도록 발작을 일으킴으로써 환자가 자기에게 도움이 되는 목적을 달성할 수 있게 되자마자 질환이 그 자체와 결합하는 경우. 마지막 경우에는 발작이 특별한 개인들에게로 향하며 그들이 나타날 때까지 미루어질 수 있고 따라서 의식적으로 가장되었다는 느낌을 준다.126)

인용된 프로이트의 언급에 따르면 히스테리 발작이 일어날 수 있는 조건은 네 가지이다. 먼저 리비도 집중에 의해 무의식적 콤플렉스가 발생한다. 그리고 의식적인 생활 속에서 그 콤플렉스를 발동시킬 만한 어떤 사건, 혹은 사물과 마주치게 된다. 예를 들어 거세 콤플렉스가 심한 어떤 환자가 과실수의 가지치기 등과 같은 일상적 조건에서 갑자기 거세를 '연상'하는 경우가 있다. 그는 불안해진다. '불안히스테리' 발작이다.

두 번째로, 이 발작은 '연상적으로' 이루어지기도 하지만 '조직적'인 발전을 보이기도 한다. 즉 신체 조직의 일부로 콤플렉스가 확장되어 조직이 마비되거나 기능을 상실하는 경우가 발생한다. 가지치기 광경을 목격한 예의 그 환자라면 다리가 마비되거나 손가락이 저릴 수 있을 것이다.

그러나 무의식적으로 이루어지는 이런 과정에 대해 손창섭의 주인공 준석은 아무런 언급이 없으므로 아직 그의 불구성을 히스테리의 문학적 등가물로 보기는 힘들다. 그러나 프로이트가 말한 발작의 세 번째 조건에 이르면 사정이 달라진다. 준석은 이제 확실히 히스테리성 발작의 경로를 따르고 있음이 확인된다.

세 번째 조건을 프로이트는 '질환으로의 도피'127)라고 명명한다. 그것

---

126)「히스테리 발작에 관하여」,『억압, 증후 그리고 불안』, 앞의 책, p.78.

은 질병을 통해 위안을 얻거나 현실로부터 도망갈 핑계를 무의식중에 마련하게 한다. 준석의 경우가 바로 그렇다. 그의 무능력과 그의 도취적 성격은 불구를 통해 심리적으로 핑계 거리를 마련한다. 신체적 불구가 심리적으로는 위안의 구실이 된다.

마지막 네 번째 조건은 '발작이 특별한 개인들에게로 향하며', '그들이 나타날 때까지 미루어질 수 있고 따라서 의식적으로 가장되었다는 느낌을 준다'고 했다. 즉 자신의 고통을 누군가에게 보여주길 바라고, 그러기 위해서는 그 누군가가 나타날 때까지 발작을 미루기도 함으로써 증상이 가장되었다는 인상을 준다는 말이다. 「혈서」의 준석만큼 이에 합당한 예를 제공하는 경우는 없을 것이다. 준석은 자신의 불구를 '이용해' 달수를 괴롭히며, 달수가 오기를 기다린다. 달수 앞에서 자신의 불구를 과시하고, 이를 통해 충분한 현실적 이득, 즉 게으름과 나태를 취한다.

요컨대 '준석'의 불구는 히스테리의 발작 과정을 그대로 답습한다 다만 구별되는 점이 있다면, 신경증적 히스테리에서와는 달리 신체 조직상의 이상이 가시적으로 드러난다(다리 절단)는 점에 있을 뿐이다. 그러나 이러한 차이는 실제적 임상기록과 문학작품의 차이에 불과하다. 준석의 불구성은 히스테리의 문학적 상징으로 승화되었던 것이다. 그러나 그렇다 하더라도 준석의 불구가 히스테리임에는 틀림이 없다. 작품 속의 불구는 원래의 히스테리가 그러한 것과 동일하게 '심리적 갈등의 신체적 전환'이기 때문이다.

「혈서」의 준석과 창애를 포함해서, 전후 소설에 빈번하게 등장하는 신체적 불구성의 의미는 그렇게 이해될 수 있다. 이제 그 예들을 더 찾

---

127) 이에 대해서는, 『꼬마 한스와 도라』(앞의 책)의 도라에 대한 히스테리 분석 부분과 『정신분석입문(하)』(앞의 책)의 스물 네 번째 강의를 더 참조할 수 있다.

아보자.

> 불구인 그 신체와 같이 불구적인 성격으로 대해 주는 동옥의 태도가 결코 대견할 리 없으면서도, 어느 얄궂은 힘에 조종당하듯이 원구는 또다시 찾아가지 아니할 수 없는 것이었다. 침침한 방안에 빗물 떨어지는 소리를 듣고 싶어서일까? 동옥의 가늘고 짧은 한쪽 다리가 지니고 있는 슬픔에 중독된 탓일까? 이도 저도 아니면 찾아갈 적마다 차츰 정상적인 데로 돌아오는 동옥의 태도에 색다른 매력을 발견한 탓일까? 정말 동옥의 태도는 원구가 찾아가는 횟수에 따라 현저히 부드러워지는 것이었다.128)

「비오는 날」의 동옥은 한쪽 다리가 가늘고 짧다. 그리고 그녀의 이러한 불구성이 원구의 동정과 연민을 얻는 수단으로 사용된다. 즉 동옥은 자신의 신체적 불구를 '이용하여' 원구의 애정을 얻기를 시도한다. 그러므로 위의 인용문에서 원구가 동옥에게 느끼는 매력은 사실 동옥이 의도한 바이기도 하다. 역시 '질병이 주는 이득'이다.

> 그렇게 하여 전쟁터를 택한 내 마음이었지만 급기야 내 목숨을 내던진 어깨에 총을 메고 전선으로 향하는 날 아침, 북진하는 군사, 「실향지 회복」이라는 관념은 내 마음에 전연 새로운 광명을 비쳐주었으니, 그것은 고향에 돌아가는 운동이었고, 네가 살고 있는 도시를 쇠사슬에서 풀어주는 구원에의 길이었던 것이다. 뛰는 가슴이었고, 노래하고 싶은 마음이었다.
> 그랬는데 리나. 그 마음에서 파랑새는 쫓겨 나가고 까마귀가 들어앉았다. 나는 소경이 되어버린 것이다. 전우의 오발은 내 육체에서 빛을 뺏어 버렸던 것이다.129)

---

128) 손창섭, 「비오는 날」, 앞의 책, p.374.
129) 장용학, 「사화산」, 앞의 책, p.36.

장용학의 「사화산」의 화자는 고향으로 돌아가는 '실향지 회복'을 시도하다가 전우의 오발로 인하여 소경이 되었다. 흥미롭게도 이 구절은 퇴행의 시도와 억압, 그리고 그로 인한 히스테리의 발병이라고 하는 증상형성 과정의 메타포로 읽히는 데가 있다. '실향지 회복' 시도란 정신분석적 용어로는 퇴행 시도에 다름 아닐 것이기 때문이다. 아마도 '전우의 오발'은 '자아의 억압'으로 번역되어도 무방할 것이다. 그 결과는 히스테리로서의 시력 상실이다. 다른 말로 하자면 심인성 시각 장애이다. 역시 화자는 이 불구를 연인 리나에게 쓰는 편지에서 무용담처럼 늘어놓는다. 설사 무의식적으로일지라도 그는 질병을 통해 얻는 이차 이득을 기대하고 있음에 틀림없다.

> 그러는 사이에 그는 배탈의 아픔을 느끼지 않게 되었다. 그의 생리는 배탈에 아주 물들어 버린 것이다. 건강체가 된 것이다. 모든 사람은 말하자면 그런 건강인인지도 모른다. 그렇다면 그들은 지금 무슨 아홉시 병에 걸려 있는 것인가?[130]

장용학의 다른 소설, 「비인탄생」의 한 부분이다. '아홉시병'이 바로 여기서 등장한다. 아홉시만 되면 배가 아픈 이 병 또한 전형적인 히스테리로 보인다. 물론 이 병 역시 자아와 이드간의 갈등으로 발생한다. 이드는 리비도 퇴행을 통해 아직 법, 금기, 규율, 제도 등을 모르던 시절로 퇴행을 시도한다. 그러나 자아는 이를 내버려두지 않는다. 그는 학교에 가야 하고, 줄을 맞추어야 하고, 법을 공부하고, 제도에 적응하는 법을 배워야 한다. 그 사이에서 타협으로서의 증상이 형성된다. 심리적 갈등의 신체적 전환이라고 하는 히스테리의 정의와 정확히 부합하는 증상이다. 아홉시

---

130) 장용학, 「비인탄생」, 앞의 책, p.317.

병은 분명한 히스테리이다. 게다가 이 병은 학교에 가지 않아도 된다는 이차적인 이득까지 제공한다.

그리고 마지막으로 하근찬의 히스테리 환자들이 있다.

"아부지!"
"와?"
"이래가지고 나 우째 살까 싶습니다."
"우째 살긴 뭘 우째 살아. 목숨만 붙어 있으면 다 사는 기다. 그런 소리 하지 마라. 나 봐라, 팔뚝이 하나 없어도 잘만 안 사나. 남 봄에 좀 덜 좋아서 그렇지, 살기사 와 못 살아."
"차라리 아부지같이 팔이 하나 없는 편이 낫겠어예. 다리가 없어노니 첫째 걸어댕기기가 불편해서 뚝 죽겠십더."
"야야, 안 그렇다. 걸어댕기기만 하면 뭐하노. 손을 제대로 놀려야 일이 뜻대로 되지."
"그럴까예?"
"그렇다니까. 그러니까 집에 앉아서 할 일은 니가 하고, 나댕기메 할 일은 내가 하고, 그라면 안되겠나, 그제?"
"예."131)

인용문으로 미루어 볼 때, 하근찬의 두 주인공의 히스테리는 치유가 가능해 보인다. 히스테리가 전이 신경증, 즉 전이를 통해 치료가 가능한 신경증의 범주에 포함되는 이유도 밝혀진다. 부자(父子)는 서로의 증상을 상대방에게 따스하게 전이시킨다. 아들의 상흔은 아버지에게 전이되어 해소될 것이고, 아버지의 상흔은 아들에게 전이되어 해소될 것이다. 요컨대 「수난이대」의 부자는 전후 소설 중 가장 감동적인 히스테리를 보여주고 있다고 하겠다.

---

131) 하근찬, 「수난이대」,(『한국일보』 1957.1.1), 『한국현대대표소설선 9』, 앞의책, p.262.

서로가 서로에게 정신분석 의사가 아님에도 전이가 일어난다는 사실은 물론 문학적 승화의 흔적이다. 문학 작품 속에서는 굳이 전이가 의사에게 이루어지지 않더라도 치유가 이루어질 수 있는 것이다.

## 4) '나르시시즘적 신경증'과 전후 소설

신경증 환자들 중에서도 전이신경증 환자들은 그나마 다행인 편에 속한다. 왜냐하면 「수난이대」의 두 부자에게서 보았듯이 그들은 전이를 통해 치료가 가능하기 때문이다. 그러나 나르시시즘적 신경증의 경우는 그와 다르다. 이 경우는 리비도가 심리 발달의 아주 초기 단계인 '자가성애기'로까지 퇴행한다. 자가성애란 말은 더 이상 사랑의 대상이 불필요하다는 말이기도 하다. 즉 대상 세계에 어떠한 리비도 집중도 감행하지 않음으로써 이 신경증 증상을 보이는 환자들은 완전한 자기세계 속으로 함몰해 버리고 만다.

이렇게 멀리까지 퇴행하는 이유는 전이신경증에서와는 달리 이번에는 자아가 아니라 초자아가 증상 형성에 관여하기 때문이다. 초자아는 자아보다도 엄격하고 징벌적이다. 이유형의 신경증에 걸린 사람들이 대개 자애심을 상실한 채, 자기징벌적이고, 마조히즘*masochism*적인 성향을 보이는 이유도 여기에 있다. 조발성 치매와, 편집증(망상), 그리고 우울증이 여기에 속한다.

### (1) '조발성 치매'와 전후 소설

먼저 그 중 가장 심한, 그래서 전후 소설에서도 그 예가 드문 '조발성 치매'의 소설적 증례를 살펴보자. 역시 증례는 장용학에게서 발견된다.

사람들이 정말 이 사람이 미친 것이 아닌가 한 것은 배가 고프다고 밥을 달래 가지고, 관이 있는 앞에 앉은 채 쩝쩝 씹어 먹으면서 어머니, 난 조금두 냄새가 안 나요. 재미있을 정도예요.」했을 때였다.
　그러다가 장지로 가기 전에 성당에 가서 마지막 미사를 올리고 있을 때이다. 슬그머니 상제의 자리를 떠나서 안쪽에 있는 마리아상 아래에 이르더니, 「안녕하셨읍니까, 미스 마네킨」한 것이었다.
「난 이렇게 여기서 만나게 될 줄 알았다니까……」
하면서 단 위로 뛰어오른다.132)

　조발성 치매가 신경증 중에서도 가장 심한 이유는 리비도 퇴행이 심리발달 단계의 가장 초창기, 그것도 자가성애기의 초기까지 거슬러 올라가기 때문이다. 편집증과 달리 이 증상에서는 망상들이 재건축조차 되지 않고 아무런 연관 없는 상태로 분열된다. 이 신경증의 다른 병명들이 '망상분열증'이나 '정신분열증'인 이유도 여기에 있다. 인용한 「상립신화」의 주인공 인후에게 이런 일이 일어나고 있다. 인용문의 마지막 장면은 그가 대상세계에 대한 지각 능력을 완전히 상실했음을 보여준다. 특히 성모 마리아를 '어머니 망상'의 체계 내로 재건축하지 않고 또 다른 망상적 사고의 산물인 '미스 마네킨'으로 부르는 행위는 그가 앞서 살펴본 바, 고착과 퇴행, 그리고 도착을 넘어서 조발성 치매에 이르고 있다는 근거가 된다. 인후는 망상들을 일관성 있는 하나의 체계로 건축하지 못한 채, 새로운 망상을 병렬적으로 추가하고 있다.
　인후의 병인은 어머니와의 사별이다. 어머니에게 집중되어 있던 대상리비도가 퇴행한다. 그리하여 심리발달 단계의 가장 초창기에 고착을 시도한다. 그런데 문제는 여기에 초자아가 개입하면서 발생한다. 만약 자아가 개입했다면 전이신경증을 유발했을 것이다. 혹은 자아도 개입하지 않

---

132) 장용학, 「상립신화」, 앞의 책, p.400.

았다면 앞서 분석한 대로 시신애호증, 즉 도착증에서 머물게 되었을 것이다.

> 그는 생전에 바르지 못하게 산 사람이 죽으면 냄새가 나는 법이란 말을 얻어 들은 바 있다.
> 나는 어머니를 다 안다! 속속까지 다 알고 있다. 타산으로 닭을 잡은 것도 다 알고 있다. 아니 아들인 나는 그 이상의 것도 알고 있다. 나는 어머니의 항문도 안다. 아니 그 이상의 것도 봤다. 돌기되어 있었다! 살이 다 빠져서 말이다!
> 그런 어머니를 나는 내동댕이쳤고, 지금 냄새가 난다고 소리도 못 내고 운다!133)

인용문으로 보건대 인후는 자신의 불효를 자책한다. 효도란 부모의 권위에 대한 복종을 의미한다. 그때 부모의 권위를 수호해 주는 것은 주로 초자아이다. 자책과 양심의 발생은 조자아의 권한에 속하기 때문이다. 그렇다면 인후의 증상은 자아와 초자아간의 갈등에서 유래하고 있음에 틀림없다.

물론 그 갈등은 리비도 퇴행 욕구에 대한 억압에서 비롯된다. '나는 어머니의 항문도 안다, 아니 그 이상의 것도 봤다'라는 구절은 인후의 퇴행 욕구가 얼마나 강한가를 설명해준다. 항문기 고착을 거슬러 태어나기 이전의 자궁 속으로도 그는 얼마든지 되돌아갈 준비가 되어 있다. 그리고 거기에 자아가 억압을 형성하고, 초자아가 우유부단한 자아를 질책하면서 증상이 형성된다. 나르시시즘적 신경증, 특히 조발성 치매의 전형적인 증상이다. 그리고 이 작품은 전후 소설을 통틀어 유일하게 조발성 치매 증상을 보여주는 작품이기도 하다.

---

133) 위의 책, p.399.

### (2) '편집증(망상)'과 전후 소설

나르시시즘적 신경증의 두 번째 주요한 증상은 편집증이다. 편집증은 조발성 치매와 동일한 병인을 공유한다. 리비도가 퇴행해서 고착을 시도하는 단계도 유사하고 망상이 등장한다는 점, 그리고 초자아가 증상형성에 참여한다는 점도 동일하다. 다만 여러 개의 망상적 사고들이 교묘한 인과망을 구축하면서 거대한 체계를 형성한다는 점에서만 차이가 있다.

전후 소설은 망상과 편집증의 진열장이다. 먼저 한무숙의 경우를 보자.

> "내일이 공판날입니다. 네? 내가 빨갱이가 아니라는 것을 증언해줄 분은 선생밖에 없다는 거야요."[134]

한무숙의 「감정이 있는 심연」에는 편집증에 걸린 환자들이 셋씩이나 등장한다. 하나같이 전형적인 증상들이다. 우선 가장 먼저 등장하는 것은 위 대사의 주인공인 삼십대 청년이다. 이 청년의 망상은 '좌익망상'이라 이름 붙일 만하다. 내일이 공판 날인데, 자신이 빨갱이가 아니라는 사실을 증명해 줄 사람은 화자뿐이라고 하는 것이 망상의 주 내용이다. 사실 청년은 정신병원에 있다.

두 가지 사실이 확인된다. 이 망상의 병인이 된 외상이 전쟁 체험, 구체적으로는 좌·우익 대립에 의한 살육극에 있을 거란 사실이 그 하나이고, 이때의 망상이 그로 인해 발생한 '피해 망상'의 일종이라는 점이 그 둘이다. 전쟁이라는 외상을 통해 나타나는 망상 중 가장 보편적인 '피해 망상'이 '좌익 망상'이라고 하는 구체적인 증상으로 나타난 경우로 보인다.

---

134) 한무숙, 「감정이 있는 심연」,(『문학예술』 1956.6), 『한국현대대표소설선 9』, 앞의 책, pp.338~339.

한무숙의 주인공 중 두 번째 망상증 환자는 '영부인 망상' 환자이다.

> "저 좀 보시유. 선상님……"
> 충청도 사투리의 여인의 음성에 나는 언뜻 정신이 들었다.
> 어지간히 때가 묻은 흰 환자복에 수건을 내려쓴 오십 가량의 부인이다. 그쪽으로 돌아앉는 나를 보자 입을 오므리고 제법 수줍은 듯이 호호 웃었다.
> "아까서야 경무대에서 기별이 왔잖겠어유…호호 기다린 보람이 있을 게라구유……그야 뭐."135)

이 50대 여인은 자신이 영부인이라는 망상에 빠져 있다. 그래서 경무대에서 기별이 왔으니 자신은 이제 곧 정신병원을 나갈 것이라고 믿는다. 외상과 증상 형성 과정은 알 수 없다. 그리고 마지막으로 이 소설의 여주인공 전아의 증례가 있다.

> 전아가 난지 이듬해에 그녀의 아버지가 무슨 교통사고로 죽은 후 전아의 집에는 사변 때 별세한 전아의 조모를 비롯하여 노소 네 과부가 남았다. 그 주동이 그녀의 큰고모였는데 이 광신적인 기독교인같이 잔인한 사람은 예가 드물었다.
> 사람은 남으로써 죄를 지니게 된다는 것이다. 인생의 궁극의 목적인 영생에 이르기에는 속죄를 하여야 한다는 것이다. 그녀의 말을 들으면 신은 지고의 사랑이 아니고 지고의 악의자라는 느낌이 더 커지는 것이었다. 전아는 이 고모 아래에서 항상 죄에 떨며 살아왔던 것이 아닐까. 어쩌면 어린 그녀는 사랑이란 말보다 '죄'라는 말을 먼저 들었는지도 모르겠다. 무엇보다도 이모의 반감을 산 것은 전아의 큰고모가 악에 관용하라는 것을, 신에의 배덕이라는 명분 아래 그 아우의 비밀을 발겨낸 일인 모양인데, 그보다도 더 소름이 끼치는 것은 죄의 끝을 보여야 된다고 열한살 난 어린 전아를 그 공판장에 끌고 나간 사실일 것이다.136)

---

135) 위의 책, p.353.

이 인용문에는 전아의 망상증에 대한 두 가지 병인이 기록되어 있다. 첫째는 아버지와의 사별이다. 즉 리비도 집중 대상의 소멸이다. 당연히 리비도는 철회되어 심리 발달 초창기로 퇴행한다. 망상의 첫 번째 병인이 이것이다. 두 번째 병인은 종교다. 프로이트에 따르면 신, 특히 기독교의 신은 엄격한 초자아가 집단의 승인을 얻어 외화(外化)된 존재에 다름 아니다. 대개 신이 '아버지'라고 불리게 되는 이유도 여기에 있는데, 초자아가 바로 아버지에 의해 형성되는 장치이기 때문이다. 이미 우리는 망상을 포함해서 나르시시즘적 신경증의 경우 억압에 초자아가 개입한다는 사실을 알고 있다. 이로써 전아가 앓고 있는 망상의 두 번째 요인도 밝혀진다. 전아의 증상 형성에는 초자아로서의 신이 개입해 있었던 것이다. 인용문에 거론된 '죄'와 '배덕'은 바로 신, 즉 초자아의 작용이었고 그로부터 유래한 죄책감이 그녀를 병들게 했다.

그러나 무엇에 대한 죄책감인가? 그녀의 자아는 어떤 죄를 저질렀기에 초자아의 자기징벌을 감수하면서 망상으로 퇴행해 갔던 것일까? 이에 대한 답이 바로 세 번째 병인이 될 것이다. 다음을 보자.

> "에, 통계적으로 보아 남자 환자는 궤짝이라든가, 주머니 같은 것을 많이 그린답니다. 여자는 여자 환자는 그렇지요⋯⋯ 버섯, 칼⋯⋯"
> 안경이 번쩍했다. 약간 외면을 한 것이다. 나는 가슴이 확 달았다. 그런 것들이 정신분석상으로 보면 성기를 상징하는 것이고, 여자 환자는 특히 다소 음해진다는 것은 몇 번 드나드는 동안에 얻은 지식이었다.[137]

세 번째 병인은 전아가 그린 그림 속에 숨어 있었다. 전아가 그린 것은 칼의 모양을 한 섬광이었다. 화자는 정신분석적 지식을 통해 칼이 남성

---

136) 위의 책, p.345.
137) 위의 책, p.355.

성기의 상징이란 사실을 깨닫는다. 전아의 세 번째 병인은 바로 성적인 연원을 갖고 있었던 것이다. 그렇다면 증상 형성 과정 전체가 이해가 된다. 그녀의 리비도는 화자와의 성행위를 통해 자극을 받았다. 그러나 곧바로 종교적인 그녀의 집안 분위기가 초자아를 강화시켜 자아로 하여금 리비도를 억압하도록 부추긴다. 퇴행이 발생하고, 망상의 증상이 형성된다. 여러 신경증들 중에서도 망상이 형성되는 것은 초자아가 개입했기 때문이다. 한무숙의 이 소설은 망상에 대한 임상 기록에 가까울 만큼 정신분석학적으로 정확하다.

그러나 '정신분석학적으로 정확하다'는 말이 작가에게 꼭 칭찬만은 아닐 것이다. 왜냐하면 그 말은 문학적 승화를 거치지 않은 정신병리가 작품 속에 그대로 드러나고 있다는 말이기도 하기 때문이다. 어떠한 신경증도 승화를 거치지 않고서는 문학이 되지 못한다. 그렇다면 이제 문학적 승화를 충분히 거친 망상들의 사례를 살펴볼 차례다.

망상이 문학적 승화를 거칠 경우 대개 '사변(思辨)'으로 나타난다. 그리고 전후 소설에서 사변에 관한 한 김성한과 장용학을 따를 작가는 없다. 먼저 김성한의 경우를 보자.

> 일찍이 위대하던 것들은 이제 부패하였다.
> 사제는 토끼 사냥에 바쁘고 사교는 회개와 순례를 팔아 별장을 샀다. 살찐 수도사들을 외면하고 위클리프의 영역 복음서를 몰래 읽은 백성들은 성서의 진리를 성직자의 독점에서 뺏고 독단과 위선의 껍데기를 벗기니 교회의 종소리는 헛되어 울리고 김빠진 찬송가는 먼지 낀 공기의 진동에 불과하였다. 불신과 냉소의 집중 공격으로 송두리째 뒤흔들리는 교회를 지킬 유일한 방패는 이단분형령과 스미스필드의 사형장뿐이었다.[138]

---

138) 김성한, 「바비도」(1956), 『한국현대대표소설선 8』, 앞의 책, p.153.

김성한의 「바비도」는 시공을 초월한 소설이다. 시간대는 이제 서적을 통해서만 확인 가능해져 버린 중세 시대까지, 그리고 공간대는 지구 정반대 편 영국까지 확장된다. 공간과 시간을 초월했으므로 거칠 것은 없다. 신이 등장하고 왕이 등장하고, 순교자가 등장한다. 구체적 시공과 무관해진 사고들이 아무런 제약 없이 광활한 스케일의 이야기를 획득하게 된다.

사변과 망상이 만나는 지점이 여기이다. 망상 또한 구체적인 시공으로부터 모든 인과 관계를 상실해 버린 사고들의 편린을 일컫기 때문이다. 대신 망상들은 자신들간의 인과관계만을 재정립한다. 그리고 그것들이 일종의 체계로 건축되면 편집증이 된다. 「바비도」 뿐만 아니라 김성한의 많은 소설들은 그러므로 '편집증적'이다.

예를 들어 「개구리」와 「오분간」은 그리스·로마 신화를 소설 속에 끌어들인다. 그리고 나서 인간의 전체 역사를 그 짧은 단편 속에 편집증적으로 봉합한다. 다만 망상이 문학적인 사변의 옷을 입고 있음으로 하여 '사변적인 소설'이 될 뿐이다.

대표적인 예를 하나만 더 들어보자. 다음은 「로오자」의 한 구절이다.

> 금강석과 순금의 창을 바른손에 힘있게 잡은 퓌러 히틀러의 얼굴은 과연 빛을 발하였다.
> 그것은 실로 이승과 저승을 함께 비춰주는 구원의 빛이었다. 인류는 그로 말미암아 영원한 생명을 얻고 만물은 그로 말미암아 영광이 있다.
> 이윽고 그가 천지를 뒤흔드는 호통을 지르니 인류는 한결같이 땅에 엎드리고 초목도 허리를 굽혔다. 그는 신이었다.
> 수정같이 투명한 천사들이 하늘에서 내려와 자기를 모시고 올라간다. 구름 위에 마련된 옥좌에 비스듬히 앉았다. 산천초목이 아득하게 보인다. 휘황한 세계다. 마리아는 목수 그리스도의 어머니였으나, 나 로오자는 적어도 지상을 지배하는 인간신 히틀러의 어머니다.[139]

위의 인용문이 김성한의 소설 작품 속이 아니라 편집증 환자의 임상 기록에서 발견되었다고 해도 그리 놀랄 일은 아니다. 로오자는 프로이트의 그 유명한 '쉬레버 판사'의 증례와 거의 구별할 수 없을 정도의 편집증을 보여준다. 인용문에는 구세주 망상과 박해 망상이 교묘하게 배합되어 있다. 아들 히틀러를 구원의 빛이자 신, 즉 예수와 동일시하는 장면이 그것이다. 게다가 우리가 업둥이 로망스라고 불렀던 원초적 서사에 특유한 신분 상승의 백일몽도 함께 섞여 있다. 아들 히틀러가 신이라면 자신은 신의 어머니가 되는 셈이기 때문이다. 또한 '아들/남근'에 대한 어머니의 과도한 선망도 보인다.

'승화'는 이 전형적인 편집증 증상을 예술로 만든다. 너무도 과장된 편집증이 작품 속에서 '풍자'로 변형되는 것이다. 김성한 소설의 알레고리와 풍자는 그러므로 편집증이 승화된 것이다. 바로 그 점에서 편집증 환자의 임상 기록과 달라진다. 그 차이는 작은 차이가 아니다. 이미 살펴보았듯이 승화는 실제로 그렇게 쉽게 아무한테서나 일어나는 일이 아니기 때문이다.

그런 의미에서 프로이트가 한 말, '편집증은 철학의 캐리커처이다'라는 말은 전혀 과장이 아니다. 철학은 사변을 무기로 하고, 사변의 특징은 논리적인 그물망 속에 세계 전체를 욱여 넣는 것을 특징으로 하기 때문이다. 편집증 환자는 철학자가 되지 못한 천재이다. 김성한처럼 사변적이고 철학적인 소설을 쓰는 작가들일수록 편집증적인 특징을 보여주는 이유도 최종적으로는 여기에 있을 것이다. 그 점에 있어서는 장용학도 마찬가지이다. 오히려 거대하기로 치자면 장용학의 편집증이 김성한의 것보다 더하다. 왜냐하면 장용학은 항상 인류의 계통발생사 전체를 '항상' 문제삼

---

139) 김성한, 「로오자」(1954), 『김성한 중단편전집』, 책세상, 1988. p.69.

기 때문이다.

> 바닷가에서 물과 공기의 마찰로 생겨난 바깥 세계의 인간들은 오랫동안 자기들의 의식구조가 단세포로 되어 있는 줄로만 알고 살았는데, 그러던 그들도 점점 슬기로와졌다고 할까, 바꾸어 말하면 의식하에 무슨 그림자가 움직이고 있다는 것을 알게 되었다. 거기서 그들은 옛날 그리스의 누가 말한 이데아의 세계가 공상의 산물이 아니고 사실로 있는 것이었다는 것을 깨달았다. 이 깨달음을 그들은 〈자아의 발견〉이라고 했는데 이것이 바로 물과 공기의 마찰로 생겨난 여러분의 존재를 그들이 엿보게 된 시초가 되는 것이다. 바꾸어 말하면 그들은 자기가 자기의 주인이 아니고, 한낱 그 머슴에 지나지 않았다는 것을 깨달은 것이다. 그러나 오만하고 미련스러운 그들이 이 사실을 순순히 받아들이려고 할 리 없었다. 그래서 이 사실을 외면하기 위해서 과학과 예술을 꾸며대기 시작했다. 그들이 만들어낸 진선미란 것은 바른 대로 말하면 여러분을 의식하에 그대로 가두어두려는 술책이었는데, 그들은 그것이 도리어 우리의 길을 준비하는 것이라는 것을 까맣게 모르고 있었다. 우리 공작원이 퍼뜨린 유언비어에 현혹되어 바깥 세계는 지금 혼란을 일으켜 스스로의 무덤을 파는 데에 혈안이 되어 있다.140)

인용문의 화자는 우리와 다른 차원의 세계에 속해 있다. 그가 언급하는 세계가 바로 우리들의 세계이기 때문이다. 그는 우리들의 세계 밖에서 이야기한다. 그리고는 아주 사변적인 어조로 우리들의 세계가 떠받들고 있는 여러 '가치'를 조롱한다. 소설 이전의 철학적 언술이라고 해도 무방할 정도로 사변적이다. 가장 흥미로운 부분은 인용문의 마지막 문장이다. '우리 공작원이 퍼뜨린 유언비어에 현혹되어 바깥 세계는 지금 혼란을 일으켜 스스로의 무덤을 파는 데에 혈안이 되어 있다.' 물론 이 문장은 전도되어 있다. 작가 장용학 자신도 자기가 조롱해마지 않는 바로 그 세계에

---
140) 장용학, 『원형의 전설』, 앞의 책, p.30.

속해 있음을 알기 때문이다. 결국 이 구절은 자신이 속한 세계가 어떤 외부세계의 공작에 의해 혼란을 일으키고 있다는 말에 다름아니다. 피해망상이다. 그리고 화자만이 유일하게 그 점을 깨닫고 있다는 사실을 감안할 때, 이 망상은 또한 '구세주망상'이기도 하다.

구세주 망상과 피해망상은 항상 짝패(double)로 나타난다. 대개 구세주는 박해받기 때문이다. 다음의 구절에서도 그 점은 확인된다.

> 아 여기서 내가 죽으면 이 사실을 누가 세상에 알리나. 모든 인간적 활동을 정지하고, 인간은 인간을 수호할 십자군을 결성해야 한다구 누가 타종해 주나.
> 그 오열은 〈다수결〉이니 〈좌측통행〉이니 〈자유 아니면 죽음〉이니 〈A는 비(非)A가 아니다〉니 하는 따위의 유언비어를 퍼뜨려서 우리 일상생활을 마비시키고 있다는 것을 어떻게 경고해야 하나. 우리 의식은 저들의 권모술수에 의해서 명도령을 당하고 있는지도 모른다는 것을 어디에 가서 밀고할 것인가?[141]

인용문에 따르면 인간을 수호할 십자군을 결성할 구세주가 죽어가고 있다. 그게 바로 자신이다. 이유는 역시 '오열(五列)' 즉 아직 알려지지 않은 외부의 어떤 세력 때문이다. 그들의 권모술수 때문에 구세주인 자신이 박해 당하고 이내 죽을 것이라는 편집증이 화자를 사로잡고 있다.

요컨대 김성한과 마찬가지로 장용학은 소설적 승화를 통해 가까스로 발병을 면한 편집증 환자다. 그리고 그 편집증의 가장 거대한 증상이 다음의 인용문에서 나타난다. 인류 역사 전체에 속한 모든 가치와 제도와 사상과 문화가 편집증의 재판대에 오른다. 장용학의 이 거대한 망상(승화된)에 비하면 쉬레버 판사의 자서전이 오히려 초라할 지경이다.

---

141) 장용학,『원형의 전설』, 같은 책, p.87.

〈최후의 심판〉이라는 것이 정말 있는 것이라면, 피고석의 맨 앞줄 한 가운데에 서야 할 것은 이 〈스물 네시간〉이어야 한다.

거기서 검사는 짜라투스트라이다. 라스콜리니코프가 변호사이고, 검사석 맞은 편에 있는 증인석을 보면 예수, 석가를 비롯한 4대 성인이 시무룩해서 앉아 있다.

피고석 제1열에는, 눈에 보이지는 않지만 〈스물 네시간〉을 필두로 진·선·미 등 원흉 중의 원흉들이 쇠고랑에 채어 있다.

제2열에는 경건한 모습들의 베드로, 성프란체스코를 위시한 성직자들이 앉아 있다.

제3열에는 베토벤, 바그너를 비롯한 도취적인 음악가들이 자리잡고 있다.

제4열에는 문학가인 단테, 톨스토이 등이 심각한 표정을 짓고 있다.

제5열에는 코페르니쿠스, 뉴튼을 위시한 과학자들이 냉철한 포우즈를 취하고 있다.

제6열에는 플라톤, 칸트 등 철학자들이 명상에 잠기고 있다.

제7열에서는 케사르, 비스마르크를 위시한 정치가들이 위엄을 뽐내고 있다.

그 뒤에는 도〈신의〉〈근면〉〈단아〉 등 그 밖의 잡범들이 차례로 줄지어 늘어앉아 있다.

그리고 히틀러 나폴레옹, 스탈린 등은 몽둥이를 들고 정리(廷吏) 노릇을 하고 있다.

피고들이 기소된 죄명은 〈인간거세〉이다.

피고 전원이 유죄가 분명해지자 검사는 사납게 일어서며, 증인석에 앉아 있는 성인들을 법정구속할 것을 주장한다.

「피고들의 선생인 저 자들을 벌하지 않고 피고들을 뉘우치게 할 수는 없다.」

변호사가 반박한다.

「이 법정의 피고석에는 상인들이 앉을 자리가 없는 것이고 더구나 저들은 선생이 아니라 반밖에 인간이 아니다. 그런 반인(半人)을 피고석에 앉히는 것은 당법정을 모욕하는 것이다.」

「증인석에 나선 자는 모두 피고석에 앉힐 수 있다.」

「검사석에 나선 자도 피고석에 앉을 자격이 있다.」
장내가 소란해진다.
재판장이 방망이를 두드림으로써 그들의 감정적 싸움을 제지한다.
그런데 그 재판장이 누군지 아는 사람은 한 사람도 없다. 어디서 늘 보던 얼굴인데 따지고 보면 아무도 본 사람이 없다. 말하자면 그저 〈인간〉이다.[142]

## (3) '우울증'과 전후 소설

이제 마지막으로 우울증에 대해 살펴볼 차례다. 그러나 우울증에 대해서는 사실상 세세한 언급이 불필요해 보인다. 왜냐하면 우울증은 전후 소설에 너무 만연해 있어서 그 중 몇 작품을 따로 다룬다는 것이 별 의미가 없기 때문이다. 우울증의 증상은 피로와 무기력, 자학과 자기단죄, 슬픔과 자애심의 상실 등이다. 그러나 전후 소설 중에서 피로와 무기력에 시달리는 인물들, 자학적인 인물들, 자애심을 상실한 채 슬픔에 잠긴 인물들이 등장하지 않는 소설을 찾기는 힘들다. 전후 소설 전체가 우울증의 증례를 형성하고 있다고 해도 과언이 아니다.

따라서 본서에서는 그 중에서도 '나르시시즘적 동일시 *narcissistic identification*'라고 하는 리비도 경제학적 정의에 완전히 부합하는 예만 한 가지 들고자 한다. 특별히 우울증을 나르시시즘적 동일시라 명명하는 이유에 대해서는 이미 언급했다. 이 증상에서는 리비도가 퇴행함에 따라 상실한 대상도 자아 내부에 들어앉기 때문이다. 곧 대상이 자신의 일부가 되어 버리는 동일시가 일어난다. 「요한시집」의 예가 있다.

 "어머니! 난 누혜입니다!"

---

142) 장용학, 『원형의 전설』, 앞의 책, p.109.

> 쥐를 빼앗기고는 마지막 밧줄마저 놓친 것처럼 김이 빠져나간 노파의 가슴에 매어달려 분한 눈물을 막 비볐다.143)

> 사실은 내가 죽어가고 있는 것이 아닌가! 그렇지 않으면 왜 내 육체가 이렇게 자꾸 차가워지는가? 구리 같아지는 내 손의 차가움…… 팔과 어깨를 지나 가슴으로…… 혈거지대로, 혈거지대로, 나는 자꾸 청동시대로 끌려드는 향수를 느낀다…… 아이스케키를 사먹다가 '동무'에게 어깨를 붙잡힌 나의 가련한 모습, 그런데 그 '동무'의 얼굴에는 왜 여드름이 그렇게도 많았던가.144)

첫 번째 인용문은 동호의 나르시시즘적 퇴행을 설명할 수 있게 해 준다. 동호는 죽어가는 누혜의 어머니를 만났다. 그런데 흥미로운 것은 현재 절규하고 있는 것은 누혜가 아니라 동호라고 하는 점이다. 누혜는 이미 포로 수용소에서 죽었다. 그렇다면 동호는 지금 누혜와 자신을 동일시한 후에, 누혜 어머니의 반주검 앞에서 자신이 누혜라고 주장하고 있는 셈이다. 즉 누혜는 동호의 자아 속에서 다시 부활했다. 동호의 대상리비도는 죽은 누혜로부터 철회되면서 집중 대상으로서의 누혜마저 자아 속으로 데리고 들어갔던 것이다. 알다시피 누혜와 동호는 동성애적인 관계까지 나눈 사이다. 그런 탓에 동호는 누혜의 죽음과 함께 나르시시즘적 동일시를 감행한다. 누혜는 이제 동호 자신이다.

따라서 이어지는 두 번째 인용문이 동호의 가사(假死) 상태를 보여주는 것은 당연한 일이다. 누혜가 죽었으므로 누혜와 동일시한 동호 역시 죽음의 상태를 연출한다. 몸이 차갑고 딱딱하게 굳는다. 그러나 여기서도 문학적 승화는 일어난다. 이내 나르시시즘적 '퇴행'이 계통발생적 '향수'로 변한다. 그리하여 동호의 우울증은 낙원 회귀라는 주제에 의해 변형된다.

---

143) 장용학, 「요한시집」, 앞의 책, p.28.
144) 위의 책, p.29.

시간이 역전되고 동호는 어린 시절로 되돌아가 '아이스케키'를 사먹는다.

한 가지 주목할 점은 동호의 나르시시즘적 동일시가 한 번의 외상으로 발생한 것이 아니라는 점이다. 전후 소설에서 나르시시즘적 동일시가 일어나는 경우는 예외 없이 외상이 누적될 때이다. 동호는 최초에 전쟁 체험과 잇따른 '환멸'을 통해 이미 대상리비도를 철회한 상태였다. 첫 번째 외상이다. 그리고 나서 그는 다시 포로수용소에서의 참담한 장면들을 목격한다. 심지어 죽은 누혜의 눈알을 들고 새벽 동이 터 올 때까지 철조망가에 서 있어야 하기도 했다. 두 번째 외상, 즉 리비도 집중 대상의 폭력적인 소멸이다. 그리고 나서 누혜와 동일시한 후에, 다시 누혜의 어머니의 죽음, 그것도 쥐를 먹고 연명하다 비인간적인 종말을 맞은 노파의 죽음을 목격한다. 사실상 누혜와 자신을 동일시했으므로 그 노파는 자신의 어머니이기도 하다. 세 번째 외상이다. 이렇게 외상이 누적된 후에야 나르시시즘적 동일시, 즉 우울증의 증상 형성은 완료된다. 최소한 전후 소설에 있어서 우울증은 가장 심각한 신경증임에 틀림없다.

## 5) 기질과 정신병리 : 손창섭의 경우

지금까지 프로이트의 신경증 증상 형성 과정을 따라 전후 소설에 나타난 여러 유형의 신경증들에 대해 구체적인 사례를 들어가며 살펴보았다. 이제 전후 소설과 관련해서 한 가지 문제만 더 언급하고 본 장을 마무리 짓도록 하자.

본서의 서론에서는 그간 전후 소설에 대한 정신분석학적 관점에서의 연구 성과들이 대개 특정 작가들에만 집중되어 왔다는 점을 지적한 바 있다. 물론 그 특정 작가들이란 장용학과 손창섭을 말한다. 그런 이유로 본서에서는 가급적 이 두 작가 외에도 전후 세대에 속하는 다른 작가들의 작품에까지 정신분석학적 연구 방법을 적용해 보려고 시도했다. 그리고 실제로 한무숙, 이범선, 송병수, 김광식, 추식, 하근찬, 김성한 등과 같이 그간 전혀 정신분석학적 조명을 받지 못했던 많은 작가들의 작품들을 프로이트의 신경증 증상 형성이론에 따라 분석해 보기도 했다.

그럼에도 불구하고 본서 역시 많은 부분을 장용학과 손창섭의 작품들을 분석하는 데 할애했음은 부인할 수 없는 사실이기도 하다. 그러나 그런 현상은 필연적인 것이었다. 왜냐하면 전후 소설에 나타난 정신 병리를 추적하는 과정에서 손창섭과 장용학을 제외하고 나면 사실상 할 얘기가 별로 없어지기 때문이다. 그만큼 손창섭과 장용학은 전후 소설에서 독보적인 자리를 점한다. 정신분석학적 연구 방법을 적용하고자 할 경우에는 더더욱 그렇다. 그들만큼 정신병리적인 작가 그리고 그들의 작품만큼 정신병리적 증상들이 많이 드러나는 예가 달리 없기 때문이다.

그런 이유로 본 절에서는 바로 그 현상을 문제삼고자 한다. 즉 도대체 왜 손창섭과 장용학의 작품에서 유독 정신병리적인 증상들이 자주 출몰하는가 하는 문제가 그것이다. 사실상 기존의 연구들에서 이런 문제의식은 발견되지 않는다. 대개의 경우 표면적으로 정신병리적 징후들이 쉽사리 드러나는 이 두 작가의 작품에 정신분석 이론을 적용해 놓고, 그 결과를 동어반복적으로 제시하고 있을 뿐이다. 보다 근본적인 문제의식이 필요하다. 같은 시기 같은 외상을 겪고도 특별히 어떤 작가에게서 정신병리적인 징후들이 많이 나타나는 이유에 대해 밝히지 않는 한, 연구는 동어반복을 피하기 힘들 것이다.

이런 전제 하에 본서에서는 그러한 현상의 원인을 손창섭의 예를 들어 밝혀 보고자 한다. 장용학을 예로 들어도 무방하겠으나, 손창섭의 경우 자신의 전기적 사실들 자체를 소재로 한 흥미로운 소설을 남긴 바 있어 연구에 많은 편의를 제공하고 있기 때문이다. 한 작가가 특별히 정신병리적인 징후를 자주 드러내 보인다면, 그 원인은 그 작가의 전기적 사실들에서 찾을 수밖에 없다. 작가 개인의 기질적인 원인을 고려하지 않고서는 그 이유를 밝히기 힘들기 때문이다. 그런 이유로 손창섭의 「신의 희작」[145]은 문학작품에 대한 정신분석학적 연구에 있어 아주 소중한 자료가 된다.

손창섭의 작품에 대한 면밀한 분석에 들어가기 전에 전제해 둘 사실이 있다. 프로이트의 다음과 같은 언급이 그것이다.

> 우리는 단도직입적으로, 모든 개별적인 성적 충동의 경우, 충동의 일부분이 성적 발달 과정의 전단계에 잔류할 수 있다고 말하고 싶습니다.[146]

> 계속 전진한 집단은 다른 집단의 공격을 받아 패배하거나 너무 강찬 적들을 만나게 되면, 강한 집단이 도중에 정착했던 곳으로 되돌아와야 합니다. 이동하는 도중에 더 많은 수의 구성원들을 뒤에 남겨 놓을수록 패배할 가능성은 높아집니다.[147]

첫 인용문은 소위 '기질적 고착'에 대한 설명이다. 프로이트에 따르면 유아는 심리 발달 과정을 거치면서 발달의 매 단계마다 충동의 일부를 전단계에 남겨두게 된다. 즉 자가성애기에서 구강기로 진행해 가면서 유아는 자가성애기에 일정량의 리비도를 남겨둔다. 마찬가지로 구강기에서 항문기로 발달하는 과정에서도 일정량의 리비도 에너지는 구강기에 그대로 남아 있게 된다. 이런 현상은 일반적으로 모든 인간에게 일어나는 현

---

145) 손창섭, 「神의 戱作」, 『정통한국문학대계 20』, 어문각, 1994.
146) 『정신분석강의(하)』, 앞의 책, p.485.
147) 『정신분석강의(하)』, 앞의 책, p.486.

상이다.

이를 '퇴행적 고착'과 구별하여 '기질적 고착'이라 한다. 퇴행적 고착이란 주체가 성인이된 후에 어떤 이유로 발생한 리비도집중 대상의 소멸을 통해 진행되는 것이기 때문이다. 반면 기질적 고착은 퇴행 없이도 일어난다. 프로이트는 이런 현상을 유목 집단의 예를 들어 설명한다. 이주를 시작한 유목 집단은 특정 지역에 이르러 잔류 집단을 몇 남겨두고 떠난다. 그리곤 다른 곳에 임시 정착하고, 거기서 다시 이주할 때 또 다른 잔류 집단을 남겨 둔다. 물론 유목집단은 리비도에 대한 비유이다.

두 번째 인용문은 '퇴행성 고착'에 대한 설명이다. 이에 대해서는 우리가 살펴본 증상 형성 과정을 염두에 두면 될 것이다. 리비도집중 대상이 소멸하고, 리비도는 자아 내부로 퇴행한다. 그런데, 이런 동일한 퇴행을 겪으면서도 어떤 이는 이를 극복해서 사후 애도를 마치고 정상인으로 복귀한다. 그러나 어떤 이들은 증상 형성 과정을 계속해서, 신경증 환자의 상태에 빠진다. 또 신경증 환자들에도 다양한 종류가 있다. 어떤 이는 구강기로 퇴행한 환자가 있는가 하면 어떤 이는 항문기로 그리고 나르시시즘적 신경증의 경우는 자가성애기로까지 퇴행한다. 이런 현상을 어떻게 설명해야 할까? 프로이트의 유목 집단의 비유가 이를 설명하는 데에는 아주 유용하다.

프로이트는 첫 문장에서 '계속 전진한 집단은 다른 집단의 공격을 받아 패배하거나 너무 강한 적들을 만나게 되면'이라고 했다. 이 비유는 잔류 집단, 즉 초기 발달 단계에 잔류해서 고착된 리비도 에너지가 아니라 발달을 계속 진행했던, 그래서 정상적인 대상애 단계까지 도달했던 리비도의 운동 경로에 관한 것이다. 그 리비도가 다른 집단의 공격을 받는다. 물론 이때의 공격은 리비도 집중 대상의 상실, 즉 좌절이다. 그리하여 현실의 공격을 이기지 못한 리비도가 퇴행을 시작한다. 그러나 어디로 퇴행하는가?

'강한 집단이 도중에 정착했던 곳으로 되돌아와야 합니다'란 문장은 바로 그 퇴행이 어디를 향하는가에 대한 답이 된다. 즉 발달 단계에서 리비도 에너지를 잔류 시켰던 곳으로 돌아간다. 물이 서로 모여 응집하는 현상과 비교해 볼 수도 있을 것이다. 퇴행한 리비도는 애초에 자신이 잔류 에너지를 남겨 두었던 곳, 그 중에서도 가장 많이 남겨 두었던 곳으로 되돌아간다. 만약 구강기에 가장 많은 리비도를 기질적으로 고착시켜 놓았던 사람이라면 리비도는 그곳으로 퇴행할 것이다. 기질적 고착이 항문기에서 가장 많이 일어났던 사람이라면 항문기로 퇴행할 것이다. 자가성애기도 마찬가지이다. 요컨대 어디에 가장 많은 잔류 집단을 남겨 놓았는가 하는 점이 바로 같은 퇴행을 겪으면서도 어떤 이는 전이신경증 증상을 보이고 어떤 이는 나르시시즘적 신경증 증상을 보이게 되는 사정에 대한 이유가 된다.

결국 같은 외상적 경험을 겪고도 신경증에 걸리는가 걸리지 않는가는 순전히 기질적인 문제이다. 만약 기질적 고착이 거의 없었던 사람이라면 현실적 좌절을 충분히 이겨낼 수 있을 것이다. 기질적 고착이 없다라는 말은 다른 집단(현실적 좌절)과 싸워도 지지 않을 만큼 충분히 강한 집단(성기기를 거쳐 완전한 대상애에 이른 리비도)이 이주에 성공했다는 말이고, 그리하여 웬만한 좌절로는 퇴행 증상을 보이지 않을 것이기 때문이다. 또 같은 외상적 경험을 겪은 후 어떤 이는 전이신경증을, 어떤 이는 나르시시즘적 신경증을 겪게 되는가 하는 문제도 순전히 기질적인 문제이다. 주류 집단이 어느 지역쯤에 잔류 집단(기질적 고착을 일으킨 리비도 에너지)을 가장 많이 남겨두고 왔느냐에 따라 퇴행적 고착 지점이 정해지기 때문이다. 항문기에 많은 잔류 집단을 두고 온 사람이라면 전이신경증(특히 사도마조히즘적인) 증상을 보일 것이다. 만약 자가성애기에 많은 잔류 집단을 두고 왔을 경우에는 그리로 퇴행해서 우울증이나 편집증 증상을 주로 보일 것이다. 요약하자면 발병 여부 그리고 어떤 신경증이 발병하는가의 여부는 개인의 기질이 좌우한다.

손창섭 역시 예외는 아닐 것이다. 유독 그의 작품 속에서 정신병리적인 증상들이 자주 나타난다면 그 이유는 손창섭 개인의 기질적인 문제로 파악해야 한다. 같은 전쟁 체험 후에 다른 작가들의 작품에서는 그에 비해 비교적 정상적인 주인공들을 많이 만나볼 수 있기 때문이다. 그 말은 손창섭이 이미 기질적으로 신경증적 증상을 보일 만한 충분한 이유를 갖추고 있었다는 말이기도 하다. 그는 이주 과정에 여기 저기 많은 잔류집단을 남겨 두고 온 유목 집단에 해당한다. 그리고 우리로 하여금 그런 흔적을 소상히 발견해 낼 수 있게 해 주는 작품이 바로 「신의 희작」이다.

「신의 희작」의 부제는 '자화상'이다. 그리고 최소한 손창섭에게 있어서 자화상은 곧 '병적(病迹) 보고서'이기도 하다.

> S가 겨우 철이 들기 시작하면서 처음으로 커다란 충격을 체험하게 된 것은, 어머니가 모르는 남자와 동침하는 현장을 발견했을 때였다.
> 모친이 어떤 남자와 같이 잔다는 것은, 그만큼 중대하고 싫은 사건임에 틀림없었기 때문이다. 불과 열세 살의 S로서는 왜 중대한지는 모르면서도, 아무튼 그것이 칵 뒈지라고 하거나, 칵 뒈지고 싶도록 싫고 중대한 사건인 것만은 직감이 알려주었다.
> 하기는 S는 나이보다도 훨씬 남녀 관계에 대해서는 조숙한 편이었다. 환경 탓이었다. 국민학교 일학년까지 그는 유곽 거리에서 자랐다.[148]

---

148) 손창섭, 「신의 희작」, 앞의 책, p.214.

손창섭이 겪은 첫 번째 심리적 외상이 묘사되어 있다. S가 작가 자신임은 소설 초두에 이미 밝혀 놓은 바 있다. 부친 부재 상황에서 S가 어머니와의 행복한 이자적 관계, 즉 오이디푸스 이전 단계의 낙원을 오래 누렸으리란 짐작은 충분히 타당성이 있을 것이다. 물론 많은 양의 리비도가 이 단계에 기질적 고착을 보였을 것이란 점도 짐작 가능하다.

그러던 S가 어머니와 낯선 남자의 동침 장면을 목격한다. S와 같이 오랜 기간을 모성과 고착된 상태로 지내온 주체에게는 분리 불안, 절편음란증, 반복강박 등등의 신경증을 일으키기에 충분한 외상이다.

게다가 S는 국민학교 일학년 때까지 유곽에서 자랐다. 그런 환경이 그에게 심어 주었을 성적인 환상들, 여성에 대한 환상들에 대해서도 충분히 짐작 가능하다. 그리하여 그가 성장 과정에 상당량의 리비도를 전(前)성기기에, 즉 오이디푸스 단계 이전에 기질적으로 고착시켜 두었을 것이라는 가정 또한 충분히 가능해진다. 다음의 예문은 이러한 가정을 더욱더 타당성 있는 것으로 만들어 준다.

> 언젠가 잠자리에서 있은 일이었다. 물론 S는 아직도 어머니와 한 이불 속에서 잤다. 밤중에 어렴풋이 잠이 깼을 때였다. 사타구니에 별안간 어머니의 손길이 느껴졌다. 어머니의 손은 다정하게 그것을 주물러주었다. 그러자 그의 조그만 부분은 어이없게도 맹렬한 반응을 일으킨 것이다. 어머니는 놀라선지 주무르던 손을 멈추었다. 그러나 놓지는 않고 한참이나 꼭 쥔 채로 있었다. 그는 어머니의 손의 감촉을 향락하듯이 고간(股間)에 힘을 주어 꼭 끼었다. 어머니는 갑자기 손을 뺐다. 그러더니 그를 탁 밀어붙이듯 하고 돌아누워버렸다.[149]

위 인용문으로 미루어 보건대, S가 어머니에 대해 근친상간적 감정을

---

149) 위의 책, p.215.

품고 있었음이 확인된다. 부친 부재의 효과일 것이다. 그는 이 시기까지도 아직 오이디푸스 콤플렉스에 의한 동일시 과정을 겪지 못한 상태에 있다. 그런 상태의 S에게 어머니의 돌아눕는 몸짓은 또 한 번의 외상으로 작용할 만하다. 어머니는 직접적으로 자신의 욕망 대상이 S가 아님을, 특히 S의 남근이 아님을 표현한 셈이기 때문이다. 이로 인해 결국 S는 이른 시기에 이미 신경증적 증상을 겪게 된다.

> 어머니는 날더러 깍 돼지라고 했다. 어머니는 그 남자와 동침하기 위해서는 정말 나를 죽일지도 모른다. 어째 꼭 그럴 것만 같았다. 그는 무서운 생각이 들었다.150)

인용문으로 미루어 볼 때 그가 겪은 최초의 신경증은 분리 불안이다. 어머니가 욕망하는 것이 내가 아니란 사실을 깨달은 탓이다. 그리하여 어머니는 언제 어떻게 내 곁을 떠날지도 모른다는 분리 불안이 가속화된다. 거기에 어머니로부터 외면당한 자신의 성기에 대한 증오가 덧붙여진다. 아다시피 불안이란 신경증 형성 이전에 자아가 보내는 신호이다. 이 불안이 더 이상 리비도의 충동을 잠재울 수 없을 경우, 불안을 대체하는 것이 신경증이다. 그리하여 S는 본격적인 신경증 상태에 돌입한다.

S가 자주 보여주는 증상은 마조히즘이다.

> S는 자주 아무도 없는 곳에서 고간의 돌출부를 내놓고 학대했다. 실없이 잠자리에서 찔찔 갈겨서 소유주의 체면을 여지없이 손상시키는 이 맹랑한 돌출부가 그에게는 참을 수 없이 미웠던 것이다. 일종의 성기 증오증이라고 할까. 그는 더없이 증오에 찬 시선으로 자신의 그것을 들여다보며 손가락으로 때리기도 하고 손톱으로 꼬집기도 했다.151)

---

150) 위의 책, p.216.

S의 피학대 음란증, 즉 마조히즘을 여실히 보여주는 부분이다. 마조히즘과 사디즘은 대개 항문기에 터득하게 된다는 사실을 고려할 때 S는 이 시기부터 이미 어머니로부터 좌절당한 자신의 리비도 에너지의 상당 부분을 항문기로 퇴행시키고 있음을 알 수 있다. 심지어 그는 자살을 시도하기까지 한다. 자살은 물론 어머니에 대한 복수이다. 즉 어머니에 대한 사디즘적 충동의 산물이라고 하겠다. 이렇게 마조히즘과 사디즘은 항상 짝패를 이루어 등장한다.

결국 S의 성격은 이때 이미 정해져 있었다고 봐야 한다. 그는 성인이 되기 전에 이미 리비도 퇴행과 항문기 고착을 통해 전형적인 항문 성격 소유자가 되었던 것이다. 이후에 성인이 된 S가 보여주는 사도-마조히즘적인 성향들은 모두 이와 같은 기질에서 비롯된다. 그리고 아래의 두 인용문은 이제 성인이 된 S, 즉 작가 손창섭의 성격이 여전히 항문기 고착에서 벗어나지 못하고 있음에 대한 반증이 된다.

> 이러한 나날을 보내면서도, 괴이한 것은 그는 전보다 불행하거나 절망하지 않았다. 새옷을 입었을 때는 구겨지거나 더러워질까봐 조심을 하며 신경을 쓰다가도 차츰 먼지가 묻고 때가 끼고 후줄그레해지면 아무데나 마구 앉기도 하고 누워 뒹굴 수도 있듯이 그는 이미 불행하거나 절망할 필요는 없었던 것이다. 도리어 이러한 인간 몰락의 종점에서 그는 일종의 미묘한 쾌감조차 향락하는 것이었다. 그것은 변태적인 인간에게서만 찾아볼 수 있는 현저한 정신적 매저키즘이었다.[152)]

> 그놈들을 도망가지 못하게 감시하면서 S는 이번에는 학살 작업에 착수하는 것이다. 보리알만큼씩 디룩디룩 살이 찐 놈은 아껴두고, 먼저 조그맣고 초라한 놈부터 잡아서 두 엄지 손톱으로 눌러죽이는 것이다. 툭

---

151) 위의 책, p.218.
152) 위의 책, p.236.

소리와 함께 피가 튄다. 그 소리는 그를 무한히 도취케 하는 것이다. 조금도 더러운 생각은 나지 않았다. 툭, 툭, 툭…… 굵은 놈일수록 손톱 사이에서 터지는 소리는 통쾌무비였다. 나중엔 제일 비대한 놈만 대여섯 마리 남겨두었다가 그 통쾌감을 깊이 음미하듯이 한 놈 한 놈 아껴가며 천천히 툭, 툭 터치는 것이다. 가벼운 흥분에 나른히 취하면서.[153]

물론 제 아무리 자전적이라 할 지라도 소설은 소설이다. 즉 소설 「신의 희작」의 얼마가 진실이고 얼마가 허구인지에 대해서는 누구도 쉽사리 장담하기 힘들다. 설사 작가 자신이라도 마찬가지일 것이다. 왜냐하면 작품이란 꿈과 마찬가지로 이차 가공의 소산이어서, 작가 자신도 사실성 여부를 완전하게 밝혀내지는 못하기 때문이다. 그러므로 사실이 소설이 되는 순간, 그것은 소설로 읽혀야 한다. 그럼에도 불구하고 위에서 살펴본 소설가 S의 증례는 프로이트의 '기질'에 대한 설명으로는 부족함이 없어 보인다.

손창섭은 심리 발달 초기 단계에 너무 많은 잔류 리비도를 고착 시켜두었음에 틀림이 없다. 특별히 그가 성인이 되기까지 겪은 외상적 체험들은 그의 리비도의 상당량을 항문기로 되돌려보냈던 것으로 보인다. 그리하여 그의 열등감, 그러면서도 가학적인 성격이 형성되었을 것이다. 그렇다면 우리는 다음과 같이 결론지을 수 있다. 손창섭에게는 정신병리에 노출될 수 있을 만한 충분한 기질적 요인들이 있었다. 그리고 바로 그 기질적 요인이 왜 유독 그의 소설들에서 정신병리적 증상들이 빈발하는가에 대한 이유일 것이다. 작가의 기질은 소설에 반영된다.

장용학에게서도 마찬가지일 것이다. 예를 들어 우리는 이미 「상립신화」가 장용학의 자전적 요소들을 많이 담고 있는 작품임을 알고 있다. 그 두 작가의

---

153) 위의 책, p.237.

작품이 다른 전후 작가들의 작품에 비해 현저하게 정신병리적이었던 이유가 이로써 밝혀진 셈이다.

## 5. 소설사와 정신분석

　앞장에서는 전후 소설에 나타난 정신병리들을 프로이트의 증상 형성 과정의 리비도경제학에 따라 서술했다. 본 장에서는 앞에서 거론하지 않은 다소 예외적인 두 작품을 거론해 보기로 한다. 박경리의 「불신시대」와 김광식의 「213호 주택」이 그것이다.
　사실 이 두 작품에서도 공히 정신병리적 징후는 등장한다. 「불신시대」의 경우 우울증*depression*, 「213호 주택」의 경우 강박증*compulsion*이 그것이다. 그렇다면 굳이 이들 두 작품을 예외적인 작품으로 취급해 새로 한 장(章)을 할애해 논할 필요는 없다고 볼 수도 있겠다. 그러나 그렇지가 않다. 이 두 작품 역시 다른 전후 소설들과 마찬가지로 신경증 증상의 문학적 예시가 될 만하지만 그러나 그 구체적인 증례는 사뭇 다른 데가 있다. 이 두 작품은 우리 소설이 소위 '전후 소설'의 단계에서 벗어나 새로운 소설사의 초입에 들어섰음을 미리 알리고 있는 신호탄으로 읽힌다. 왜 그러한지를 살펴보도록 하자.

## 1) 여성성과 우울증 : 「불신시대」의 경우

박경리의 「불신시대」의 화자 진영에게서는 '우울증' 징후가 발견된다. 그리고 그녀의 우울증 역시 앞장에서 살펴본 「요한시집」의 동호와 마찬가지로 외상*trauma*의 누적으로부터 비롯된다는 점에서는 별반 특이할 바가 없다. 최초의 외상은 다음과 같다.

> 9 · 28 수복 전야, 진영의 남편은 폭사했다. 남편은 죽기 전에 경인도로에서 본 인민군의 임종 이야기를 했다. 아직도 나이 어린 소년이었더라는 것이다. 그 소년병은 가로수 밑에 쓰러져 있었는데 폭풍으로 터져 나온 내장에 피비린내를 맡은 파리 떼들이 아귀처럼 덤벼들고 있더라는 것이다. 소년병은 물 한 모금만 달라고 애걸을 하면서도 꿈결처럼 어머니를 부르더라는 것이다. 그것을 본 행인 한 사람이 노상에 굴러 있는 수박 한 덩이를 돌로 찌개서 그 소년에게 주었더니 채 그것을 먹지도 못하고 숨이 지더라는 것이다.
> 남편은 마치 자신의 죽음의 예고처럼 그런 이야기를 한 수 시간 후에 폭사하고 만 것이다.154)

이 인용문에서 사실상 외상적 경험은 누적된다. 왜냐하면 남편이 죽기 전에 이미 외상적 체험을 겪었기 때문이다. 남편은 피난 도중 경인도로에서 내장이 터져 나온 소년병의 시신을 목격한다. 물론 이 외상은 진영이 겪은 것은 아니다. 그러나 작가 박경리가 겪은 것이기는 하다. 왜냐하면 작가는 사실상 소설 속에 등장하는 모든 인물들의 체험을 다 겪기 때문이다.

이어서 마치 그 소년병의 죽음을 반복하듯이 남편이 죽는다. 이 유사한

---

154) 박경리, 「불신시대」(『현대문학』 1957.8), 『한국현대대표소설선 8』, 앞의 책, p.166.

체험의 반복으로부터 반복강박을 유추해내기는 어렵지 않다. 동일한 죽음이 반복된다. 그러나 아직 나르시시즘적 동일시*narcissistic identification*는 일어나지 않았다. 그런데 아들 문수마저 죽는다.

> 문수가 자라서 아홉 살이 된 초여름, 진영은 내장이 터져서 파리가 엉겨붙은 소년병을 꿈에 보았다. 마치 죽음의 예고처럼 다음날 문수는 죽어버린 것이다. 비가 내리는 밤이었다.155)

진영이 다시 꾼 소년병의 꿈은 반복강박의 소산이다. 신경증 환자들은 외상적 체험으로 고통스럽게 되돌아가 그 경험을 반복한다. 그리고 다시 한 번 그 소년병에게서와 같은 일이 아들 문수에게 일어난다. 외상이 누적된다. 그리고 나르시시즘적 동일시, 즉 우울증이 발병한다.

> 아까, "큰일나려구" 하면서 약병을 빼앗던 자기의 모습이 어둠 속에 둥그렇게 그려진다. 참 목숨이란 끔찍이도 주체스럽고 귀중한 것이고 — 몇 번이나 죽기를 원했던 자기 자신이 아니었던가.
> 진영은 배꼽이 터지도록 밤하늘을 보고 웃고 싶었다. 그러나 그 웃음이 터지고 마는 순간부터 진영은 미치고 말리라는 공포 때문에 머리를 꼭 감쌌다. 사실상 내가 미쳤는지도 모른다. 모든 일은 미친 내 눈앞의 환각인지도 모른다. 지금은 밤이 아니고 대낮인지도 모른다.156)

이 인용문의 주된 어조는 자책이다. 즉 우울증에 특징적인 자애심의 결여이다. 아들 문수가 죽은 뒤 그토록 죽기를 원했던 자신이었건만 정작 병을 얻자 약병을 빼앗아 살기를 바랬다는 자책이 진영을 괴롭힌다. 물론 자책과 양심의 가책은 자아에 의한 초자아의 징벌이 만들어내 감정이다. 나르시시즘적 신경증에서는 반드시 초자아가 개입한다는 사실에 대해서

---

155) 위의 책, p.167.
156) 위의 책, p.176.

는 이미 여러 번 확인한 대로다. 진영에게서도 마찬가지이다. 초자아는 양심의 가책이라는 형태로 문수의 죽음에 대한 책임을 진영에게 묻는다. 진영은 죽은 문수를 자아의 내부로 데리고 와 자신과 동일시한다. 그런데 문수가 죽었으므로 진영은 자신을 죽음과 동일시한다. 진영의 우울증이 시작되는 순간이 바로 여기다.

최소한 여기까지는 박경리의 우울증과 장용학의 우울증은 구별되지 않는다. 그런데 여기서 임상의학적으로는 기적에 해당하는 일이 발생한다. 앞서 확인했듯이 자가성애기로의 퇴행으로 특징지어지는 나르시시즘적 우울증의 경우 치료는 불가능하다. 전이가 불가능하기 때문이다. 그러나 진영은 기적을 일으킨다. 자기치유에 성공하는 것이다. 「불신시대」의 마지막은 이렇다.

> 진영은 비탈길을 돌아 산으로 올라간다 올라가면서 진영은 이리저리 기웃거린다. 어느 커다란 바위 뒤에 눈이 없는 마른 잔디 옆에 이르자 진영은 그 자리에 주저앉는다. 그리하여 문수의 사진과 위패를 놓고 물끄러미 한동안 내려다본다.
> 한참만에 그는 호주머니 속에서 성냥을 꺼내어 사진에다 불을 그어 댄다. 위패는 이내 살라졌다. 그러나 사진은 타다 말고 불꽃이 잦아진다. 진영은 호주머니 속에서 휴지를 꺼내어 타다 마는 사진 위에 찢어서 놓는다. 다시 불이 붙기 시작한다.
> 사진이 말끔히 타버렸다. 노르스름한 연기가 차차 가늘어진다.
> 진영은 연기가 바람에 날려 없어지는 것을 언제까지나 쳐다보고 있었다.
> "내게는 다만 쓰라린 추억이 남아 있을 뿐이다. 무참히 죽어버린 추억이 남아 있을 뿐이다!"
> 진영의 깎은 듯 고요한 얼굴 위에 두 줄기 눈물이 흘러내리고 있었다.
> 겨울하늘은 매몰스럽게도 맑다. 잡목 가지에 얹힌 눈이 바람을 타고

진영의 외투 깃에 날아 내리고 있었다.
　　　"그렇지, 내게는 아직 생명이 남아 있었다. 항거할 수 있는 생명이!"
　　　진영은 중얼거리며 잡나무를 휘어잡고 눈 쌓인 언덕을 내려오는 것
　　이다.157)

　　진영은 문수의 위패와 사진을 불살라 버림으로써, 자아 내부로 들어와 있던 죽음을 내보낸다. 사진을 태워버림으로써 기나긴 사후애도가 종결된다. 진영이 아들의 사진을 불사르는 행위는 곧 자아 내부에 동일시했던 아들을 외부 세계로 되돌려 보내는 행위와 같기 때문이다. 즉 나르시즘적 동일시를 통해 철회되었던 대상리비도를 원래의 자리로 되돌려 놓는 행위인 것이다. 문수에게 집중되었던 자아리비도가 이렇게 해서 소멸한다. 바로 그 퇴행하던 리비도가 병인이었던 바, 이제 퇴행이 불필요해지고 고착도 불필요해진다. 물론 나르시시즘적 퇴행이 사라졌으므로 더 이상의 리비도 에너지를 가져다 쓸 수 없게 된 우울증의 증상도 소멸한다. 전혀 치료될 수 없을 줄 알았던 병이 치료된 것이다.

　　어떻게 이런 일이 일어난 것일까? 아마도 이와 같은 기적 앞에서 우리가 내릴 수 있는 해석은 두 가지일 것이다.

　　첫째는 역시 승화에서 이유를 찾는 것이다. 문학은 임상기록과 다르다고 했다. 임상적으로 우울증은 치료 불가능할지라도, 문학 속에서는 치유되는 수가 있을 것이다. 왜냐하면 문학 작품에서의 우울증이란 하나의 병이기 이전에 상징이거나 기호로 사용되기 때문이다.

　　두 번째로 가능한 해석은 박경리가 여성 작가라고 하는 점에서 찾아야 할 듯싶다. 다시 프로이트의 언급을 인용해 보자.

---

157) 위의 책, p.189.

여자아이에게는 거세 불안이 없음으로 인해서 남자아이를 짓눌렀던 오이디푸스 콤플렉스를 극복하고자 하는 주요 모티프 역시 여자아이에게는 나타나지 않습니다. 여자아이는 그 상황에 기한 없이 오래도록 머물러 있게 되며, 한참이 지나서야 불완전하게 그것으로부터 빠져 나옵니다. 초자아의 형성 과정은 이러한 상황 속에서 지장을 받게 되므로, 초자아는 문화적 의미를 부여할 수 있는 충분한 만큼의 세기와 독립성에까지 이르지 못합니다. 이러한 요소가 평균적인 여성적 성격에 미치는 영향력을 지적하려고 하면 페미니스트들은 그것에 대해 듣고 싶어하지 않는 것입니다.158)

거세란 존재하는 것을 없애는 행위이다. 따라서 여성들에게는 오이디푸스 시기를 벗어나는 데 필수적인 거세 불안이 나타날 수 없다. 프로이트가 여자아이의 오이디푸스 단계는 남자아이들에 비해 훨씬 오래 지속되고, 그 극복도 불완전하게만 이루어진다고 말하는 이유가 여기에 있다. 오이디푸스 단계는 부모와 자신을 동일시하는 단계이기도 하다. 그리고 그때의 위협장치가 거세불안이다. 거세불안을 느끼는 남자아이의 경우는 쉽게 이러한 동일시에 승복한다. 말하자면 아버지에게 투항한다. 그러나 여자아이의 경우는 이와 다르다. 동일시는 느리게 진행된다. 거세 불안이 없기 때문이다.

그런데 여기서 초자아라고 하는 심리적 장치가 바로 그 동일시를 통해서만 형성된다는 점을 상기할 필요가 있겠다. 부모로부터 전수된 법, 금지, 명령 등이 초자아를 형성하기 때문이다. 그런데 여자아이의 경우는 부모와의 동일시가 지연된다. 프로이트는 바로 그런 이유로 여자아이의 초자아는 남자아이의 초자아에 비해 상대적으로 약한 상태를 오래 유지한다고 말한다. 즉 여성들의 초자아는 성장이 저지된 상태에 머무르는 것

---

158)「서른 세 번째 강의 : 여성성」,『새로운 정신분석강의』, 앞의 책, p.184.

이다.

여기서 초자아가 하는 역할을 다시 상기해 보자. 초자아가 자아에게 요구하는 것은 복종과 순응이며, 자기징벌이자 교화이다. 초자아는 확실히 푸코의 '규율권력'이란 단어를 연상시키는 데가 있다. 전후 소설에서 남성 주인공들이 절대적인 외부적 폭력 앞에서 쉽사리 신경증 형성의 길로 들어섰던 이유가 아마 여기에 있을 것이다. 그들은 쉽사리 절대 앞에 고개를 숙이고 저항을 포기한다. 규율권력으로서의 초자아를 내재화했기 때문이다. 그러나 여성들은 다르다.

「불신시대」의 진영이 절대적인 외부의 폭력에 굴하지 않았던 이유가 여기에 있을 것이다. 아울러 진영에게 일어났던 기적, 즉 우울증으로부터의 자기 치유도 이런 관점에서 바라 볼 필요가 있다. 나르시시즘적 신경증에는 필연적으로 초자아가 관여한다고 했다. 그런데 여성들의 경우는 위에서 살펴본 대로 그 초자아의 강화가 지연되어 있다. 그렇다면 우울증의 증상 형성에서 초자아가 하는 억압적 역할 역시 남성들의 경우보다 축소될 수밖에 없다. 곧 진영이 우울증에서 벗어날 수 있었던 두 번째 이유다.

이러한 결론은 이후 우리 소설사에서 나타나는 여성 인물들의 강한 생명력에 대한 해석으로까지 확대 가능할 것이다. 그러나 본서에서 다룰 수 있는 지점은 여기까지이다. 다만 박경리의 「불신시대」가 바로 그 여성들의 역사 서막을 장식하고 있다는 사실만은 확인해 두도록 하자.

이후 우리 소설사에서 보듯 여성들은 쉽사리 절망하는 법이 없다. 남자들이 의용군이나 빨치산으로 끌려가 죽고 다치고 폐인이 되어 돌아온 전후(戰後)에도, 월남전에 나가 상이군인이 되거나 훈장으로만 돌아온 후에도, 그리고 박정희식 개발독재의 허황된 꿈에 정신을 팔다가 노름과 술로

패가망신한 후에도, 혹은 80년대 내내 감옥에서 옥바라지를 시키는 동안에도 한국 소설사의 여성들은 좌절하는 법이 없었다. 생계는 거의 그들 몫이었다. 아마도 그러한 인물들의 초입에 「불신시대」의 진영이 있을 것이다.

박경리의 「불신시대」는 그런 점에서 여성성을 통해 한국의 전후 소설이 그 기나긴 사후 애도과정을 종결짓고, 새로운 소설사 특히 여성 소설사의 도정을 시작하는 초입에 서 있음을 웅변적으로 보여주는 작품에 해당한다. 진영의 자기 치유는 전후 소설의 자기치유이자, 한국 소설사의 가장 어두운 시대가 끝나가고 있다는 증거이기도 했던 것이다.

## 2) 전쟁 외상의 종결 : 「213호 주택」의 경우

김광식의 「213호 주택」은 박경리의 「불신시대」와는 다른 측면에서 '전후 소설'의 시대가 끝나가고 있음을 예견한 작품이다. 물론 이 작품에도 정신병리의 징후는 나타난다. 그러나 김광식의 작품에 드러나는 강박증은 전후 소설에서 거의 예외적인 경우에 속한다는 사실을 미리 밝혀둘 필요가 있겠다. 외상적 순간이 전쟁 체험에 있지 않은 특이한 경우이기 때문이다. 먼저 이 작품의 주인공 '김명학씨'의 증상을 보자.

> 눈을 감고 걷던 김명학씨는 육십 미터쯤에서 눈을 떴다. 틀림없는 자기 집 앞이었다. 그는 현관에 들어가 웃저고리를 벗어 던지고 곳간으로 나가 삽을 들고 나오는 것이었다. 그리고 길가에서 현관으로 들어가는 뜰길에 발자국을 내어놓고 그 발자국 하나하나를 파내는 것이었다.
> 아내는 보다 못해,
> "여보, 왜 이러세요, 왜 이래요."

"왜 이러긴 뭐가 왜 이래."
　그는 곳간 담밑에 가서 벽돌을 안고 왔다. 벽돌을 수없이 날라놓고 그 발자국 구멍에 벽돌 둘씩을 가지런히 놓고 발돋움길을 만드는 것이었다.
　아내는 무슨 영문인지 모르고 이러한 남편이 슬프게만 보였다.
　"여보, 당신, 정말 이게 뭐에요. 사람이 돌기도 한다더니 정말 돌았수."
　"돌아? 누가…… 돌지 않기 위해서 이렇게 해놓는 거야."
　그는 발돋움길이 되자 몇 번이고 그 발돋움길을 걸어본다. 또 눈을 감고 걸어본다.
　아내는 남편이 가엾었다.
　김명학씨는 다시 부엌으로 들어가 식칼을 들고 나오는 것이다. 그의 아내는 깜짝 놀랐다. 아내는 남편의 칼 든 손을 붙들고 그 칼을 뺏으려 했다. 무슨 영문인지 몰랐다. 그는 아내를 밀어버리고 현관문의 손잡이 근방을 깎아내는 것이다. 마치 일본 빨래판 모양 손잡이 부근을 깎아내고 파내는 것이었다. 그리고 그는 눈을 감고 손잡이 부근을 쓸어보는 것이다.
　김명학씨는 다시 길가로 나와 현관 발돋움길을, 눈을 감고 걸어가 문의 손잡이 부근을 쓸어보고, 문을 드르륵 하고 열어보는 것이다.
　몇번이고 몇번이고 같은 동작을 계속하는 것이다.
　그의 아내는 형용할 수 없는 서로운 눈물에 흐느꼈다.[159]

　「213호 주택」의 주인공 김명학씨의 증상이 전형적인 강박신경증임에는 틀림없다. 아무런 의미 없는 행위, 즉 강박행위(정확한 보폭의 발자욱을 새겨 집까지의 거리를 완벽하게 보폭과 일치시키려는)를 반복하고 있기 때문이다. 그러나 김명학씨의 이 강박증은 다른 전후 소설에서와는 판이하게 전쟁의 외상을 반복하고 있는 것이 아니다. 전쟁은 이제 김명학씨

---

[159] 김광식, 「213호 주택」,(『문학예술』 1956.6),『한국현대대표소설선 9』, 앞의 책, pp.388~389.

의 강박증과는 무관하다. 외상은 전쟁에서 비롯되는 것이 아니라 실직에서 비롯된다.

그는 실직자다. 그가 실직한 이유는 정확하게 구분된 시간, 일상의 계획표, 조직생활의 규율 등에 그가 적응하지 못했기 때문이지 전쟁 때문이 아니다. 「잉여인간」의 봉우와 김명학씨가 동일한 강박증을 겪고 있으면서도 완전히 다른 이유가 그것이다. 둘의 증상은 각각 다른 외상을 그 병인으로 두고 있다.

다른 말로 하자면 김명학씨의 자아는 전후에 재편되기 시작한 자본주의적 규율권력에 제대로 대응하지 못한 탓에 강박증을 보이고 있다. 그렇다면 그가 보여주는 강박신경증은 전쟁으로부터 온 것이 아니라 획일과 정확성을 강요하는 자본주의적 일상으로부터 온 것이다. 그래서 그는 '정확성'을 강박적으로 추구한다. 바로 그 자본주의적 정확성에 패배했기 때문이다.

그런 이유로 김광식의 강박증은 전후 소설에서는 아주 특이한 형태에 속한다고 말했던 것이다. 그는 전쟁 외상을 가지고 있지 않거나, 그로부터 벗어나고 있다. 만약 후자라면 그는 자신의 시대에 대해 가장 민감하게 반응했던 강박증 환자이다. 전후 소설 이후 한국 소설의 강박증은 이제 대거 그가 묘사하고 있는 유형의 증상으로 옮겨갈 것이기 때문이다. 외상으로서의 전쟁은 후경으로 밀려나고 이제 전경화되는 것은 산업사회에 진입한 한국 사회의 자본주의적 일상의 문제이다. 요컨대 「213호 주택」의 김명학씨는 전후 소설의 주인공들보다는 김승옥 소설 속의 무미건조한 '서울 생활자'들을 닮아 있다.

시간이 오래 걸릴지라도 사후 애도는 종결되기 마련이고 증상은 사라진다. 전쟁 외상이 사라진 자리에는 우리가 알다시피 1960년대 이후 줄기

차게 진행되어온 한국 사회의 개발 독재 체험이 들어선다. 「213호 주택」의 주인공 김명학씨는 이제 막 시작된 새로운 외상 체험의 초입에 서 있다.

# 6. 결 론

 본서가 최초로 설정한 목표는 '정신분석 이론의 문학이론화'였다. 즉 서론의 연구사 개관을 통해서도 드러났듯이, 정신분석 이론이 단순히 개개 작품의 특정 요소들을 분석하는 데 사용되는 도구 수준을 넘어서 온전한 문예 이론으로 전화될 수 있는가를 탐구해 보는 것이 이 저서의 일차적 목적이었다. 이 목적을 달성하기 위해 본서에서는 소설 장르론과 정신분석이론을 결합시키려는 시도로부터 논의를 시작했다. 이러한 시도는 또한 정신분석이 깊은 차원에서 이미 소설 이론을 함축하고 있음을 증명해 보이려는 시도이기도 했다.
 이런 전제 하에 우선 본서의 2장에서는 그간의 일반적인 소설 정의 방식을 피하고, 대신 정신분석 이론을 통해 소설을 다시 정의해 보았다.
 1절에서는 문학개론서로부터 문학용어사전, 그리고 루카치와 지라르, 골드만 등과 같은 위대한 사상가들의 저작에서 소설이 어떻게 정의되고 있는지를 먼저 살펴보았다. 그리고 그 과정에서 그간 소설이란 장르를 정의하기 위한 무수한 시도들에도 불구하고 '소설'이라고 하는 장르가 제대로 정의되어진 적이 없다는 사실이 확인되었다. 대부분의 정의는 소설의 기원으로 대체되고 있었다. 그리하여 서사시에서 시작해서 비극과 로망스를 경유하는 서사문학의 역사가 소설의 정의를 대신하고 있었다. 즉 '계통발생 차원'에서 소설의 기원이 소설의 정의를 대체하고 있는 형국이었다. 그러나 본서에서는 이러한 사태를 사상가들, 그리고 저자들의 무능력 탓으로 돌리지 않았다. 그토록 많은 시도에도 불구하고 소설이라고 하는 장르가 제대로 정의되지 않았다면 그것은 애초에 소설 자체가 정의 불가능한 것이기 때문이란 점을 인정해야 한다. 그리하여 본서에서는 로베르의 논의를 빌려 소설이 왜 정의 불가능한가를 밝혔다. 한 마디로 요약하자면 소설은 정의 내리기엔 너무도 이질혼종적이고 제국주의적이다. 그런 이유로 소설의 역사적 기원에 대한 탐구가 소설 자체의 정의를 대신해 왔던 것이다.

　본서의 2장 두 번째 절에서는 그간 무수히 반복해서 기술되어 왔던 계통발생 차원의 소설 기원론 대신 '개체발생' 차원에서의 기원을 정신분석학의 도움을 받아 밝혀보았다. 이유는 그렇게 함으로써 소설에 대한 개연성 있는 정의에 도달할 수 있다고 보았기 때문이다. 물론 소설의 개체발생 차원에서의 기원은 프로이트가 말한 '승화*sublimation*'에 있었다. 신경증 *neurosis* 발병 직전에 예술가는 신경증을 예술로 승화시킨다. 그러나 기존의 연구들에서 간략하게 언급되고 마는 승화의 과정을 본서에서는 프로이트의 예술 생산에 관한 저작들을 '징후적'으로 독해함으로써, 증상 형성과정과의 복합적인 연관 관계 속에서 다시 살펴보았다. 아울러 승화가 정확하게는 네 단계를 거쳐 발생한다는 사실도 확인했다. 그 네 단계에 대해 본서에서는 각각 '개인적 환상의 보편화 작업', '성적 환상의 탈성화(脫性化) 작업', '망상적 환상의 예술적 가공 작업', '작품에 대한 리비도 재집중 작업'이란 명칭을 붙였다.

3절에서는 특별히 '승화'라고 하는 개념이 여러 예술 장르 중에서도 유독 소설 장르에 적합한 이유를 살펴보았다. 프로이트에 따르면 예술의 바로 전(前)단계이자 신경증의 바로 전단계는 환상*phantasy*, 혹은 백일몽*day-dream*이다. 그런데 본서에서 확인한 바에 따르면 환상과 백일몽은 대개 서사(narrative)를 가지고 있었다. 즉 '줄거리'가 있는 전(前)소설적 형태를 취하고 있었던 것이다. 본서에서는 바로 이 점을 들어 여러 예술 장르들 중에서도 특히 서사를 주된 형상화 방법으로 삼는 소설이 승화에 가장 적합한 장르임을 주장했다.

4절에서는 3절에서 논의한 소설의 전단계로서의 백일몽이 두 유형으로 구분이 가능하다는 점에 대해 논의했다. 이러한 구분은 프로이트의 저작들 속에서, 특히 유명한 「가족 로맨스*family romance*」에서 이미 발견되고 있었다. 그런데 흥미롭게도 로베르는 다시 이 두 가지 유형의 가족 로망스에 각각 '업둥이*enfant trouvé*'형 로망스와 '사생아*bâtard*'형 로망스란 이름을 붙여 준다. 그리고 그가 보기에는 바로 이 두 유형의 가족 로망스가 개체발생 차원에서 파악된 소설의 기원이다. 로베르는 전자의 유형에 '낭만주의적'인 소설들 전체를, 그리고 후자의 유형에 '사실주의적'인 소설들 전체를 포함시킨다. 그가 보기엔 지상에 존재했었던 모든 서사 양식은 이 두 범주로 구분이 가능하다. 결국 이러한 논의를 통해 소설 장르에 대한 새로운 정의를 내리는 것이 가능해졌다. '소설은 본질적으로 유년기 가족 로망스의 반복이자 변형이다'가 그렇게 해서 얻어진 소설의 정의였다.

2장의 마지막 절에서는 새롭게 내린 소설의 정의를 루카치가 내린 바 있는 소설의 정의와 비교해 보았다. 이는 곧 개체발생 차원에서의 소설의 기원과 계통발생 차원에서의 소설의 기원을 비교해 보는 작업이기도 했다. 비교 결과 사실상 양자간의 대립이 정신분석학적으로 해소 가능한 것임이 밝혀졌다. 양자 모두 '퇴행*regress*'의 관점에서 소설을 정의하고 있었는 바, 다만 프로이트의 경우는 그 황금시대를 개체발생의 초기 단계에, 그리고 루카치의 경우는 계통발생의 초기 단계에 두고 있단 점에서만 차이가 났다.

본서의 3장은 전후 소설에 대한 본격적인 정신분석학적 적용의 예비 작업에 할애했다.

먼저, 1절에서는 로베르가 구분한 두 유형의 소설 양식들 중 업둥이형 소설이 유독 전후 소설의 주류를 차지하고 있음을 밝혔다. 이러한 결론은 그간 정신분석학적 연구 대상으로 각광받았던 손창섭과 장용학 뿐만 아니라, 사실상 정신분석이 불가능해 보이던 이범선이나 추식, 송병수와 같은 작가들의 작품에 대한 분석을 통해서도 얻어진 것이어서 흥미롭다. 분석 결과 이 시기의 소설은 일반의 평가와 달리 '모더니즘적'이기보다는 오히려 '낭만주의적'이었음이 확인되기도 했다.

2절에서는 그렇다면 전후 소설의 대부분이 왜 업둥이 유형에 속하게 되었는가의 이유를 밝혔다. 물론 그것은 외상*trauma*으로서의 전쟁 체험 때문이다. 전후 소설의 정서를 표현하는 데에 일반적으로 사용되는 '환멸'이란 정서는 정신분석학적 용어로는 '대상리비도집중의 철회*object cathexis regress*'로 번역이 가능하다. 즉 전쟁과 그로 인해 폐허화된 현실에 대한 환멸은 작가들로 하여금 대상 세계로부터 모든 애정, 즉 대상리비도 집중을 철회하게 한다. 그리하여 현실에 대한 환멸의 정서가 주류를 차지하게 되고, 그 결과는 정신병리이거나 낭만적 과거, 혹은 낙원으로의 도피이다. 본서에서는 이러한 사실을 입증하기 위해 프로이트가 전쟁에 관해 언급한 주요 저작들을 모두 일별했다.

3절에서는 전쟁을 거대한 좌절, 혹은 병인으로 상정했을 때, 이어지는 신경증 증상들의 가능한 형태가 무엇인가를 리비도 경제학의 관점에 따라 서술했다. 2절에서의 논의에 따르면 전쟁이라고 하는 외상은 고착*fixation*, 퇴행, 도착*perversion*, 그리고 전이신경증*transference neurosis*(불안*anxiety*, 히스테리*histeria*, 강박증*compulsion*)과 나르시시즘적 신경증*narcissistic neurosis* (편집증*paranoia*, 망상*delusion*, 조발성 치매*dementia praecox*, 우울증*depression*)의 원인으로 작용할 만큼은 거대한 것이기 때문이다. 순수하게 리비도 경제학적인 논의라서 직접적으로 전후 소설과 관련된 것은 아니었지만, 프로이트가 이론화한 증상형성 과정을 따라간 데에는 이유가 있었다. 바로 이 과정을 통해 발병한 신경증 환자들이 전후 소설에서는 대거 등장할 것이기 때문이다. 또 작가들은 승화된 작품 속에서 이 증상들을 다시 앓을 것이기 때문이다. 아울러 정신분석학적인 개념들의 엄밀성을 유지하기 위해서도 이러한 논의는 필수적이었다.

본서의 4장에서는 3장까지 논의된 정신분석학적 개념들을 전후 소설에 구체적으로 적용해 보았다. 장 전체의 서술 체계는 프로이트가 언급한 증상형성*symptom formation*의 과정을 따랐다. 간단하게 증상형성 과정을 요약하면 다음과 같다.

1. 좌절*setback* → 2. 대상리비도집중 철회*object cathexis regress* → 3. 리비도 과잉*hyper libido* → 4. 대체 표상*substitute idea*에 대한 리비도 재집중 실패(1차 억압) → 5. 철회된 대상리비도*object libido*가 자아리비도*ego libido*로 변형 → 6. 리비도 퇴행*regress* → 7. 리비도의 초기 발달 단계 고착*fixation* 시도

전쟁을 최초의 좌절로 설정할 경우, 그로 인한 환멸이 대상리비도집중

의 철회를 낳는다. 철회된 대상리비도는 자아를 향해 되돌아온다. 이때 적절한 해소책을 못 찾을 경우 리비도는 심리 발달과정의 초창기로 '퇴행'해서는 이내 '고착'된다. 4장의 1절은 바로 이 '퇴행'과 '고착'이 전후 소설에서 나타나는 양상에 대해 살펴보았다. 물론 임상기록과 문학 작품이 동일한 것이 아님을 충분히 감안한 논의였다.

위에서 제시한 일곱 단계의 과정 이후에야 신경증은 증상으로 자리를 잡는다. 그 중 리비도의 퇴행 시도에 자아의 억압이 개입하지 않는 경우, '도착'이 발생한다. 4장의 2절은 바로 그 도착증과 관련해 전후 소설의 작품들을 살펴보았다. 이를 통해 전후 소설에서는 도착증이 주로 죽음충동*Thanatos*의 지배하에 놓여 있음을 발견하기도 했다. 절편음란증*fetishism*, 동성애*homosexuality*, 그리고 시신애호증*necrophilia*이 전후 소설에서 주로 나타나는 도착 증세들이었다.

리비도의 초기 단계 고착 시도에 자아에 의한 억압이 개입할 경우에는 신경증 증상이 형성된다. 그 중 리비도가 구강기*oral phase*나 항문기*anal phase*로 퇴행할 경우 발병하는 신경증을 프로이트는 '전이 신경증'이라고 불렀다. 3절에서는 바로 이 전이신경증의 징후들을 보여주는 전후 소설들에 대한 사례 분석을 시도했다. 특별히 히스테리와 전후 소설의 관계에 대한 논의를 통해 전후 소설에 빈번하게 등장하는 '불구'의 모티프에 대한 새로운 해석이 가능해지기도 했다.

전이신경증은 정신병리 환자들에게는 그나마 다행인 경우에 속한다. 왜냐하면 '전이'를 통한 치료가 가능하기 때문이다. 그러나 나르시시즘적 신경증의 경우는 사정이 다르다. 이 경우 리비도는 구강기보다도 초기인 자가성애기*autoeroticism phase* 단계로까지 퇴행한다. 사실상 이 경우는 대상 리비도를 집중할 어떠한 타자도 고려하지 않는 단계이므로 전이 자체가 불가능하다. 따라서 치료 또한 불가능하다. 4절에서는 전후 소설에서 이 유형에 속하는 인물들에 대해 다루었다. 조발성 치매의 경우는 그 예가 무척 드물었는데, 오로지 장용학의 「상립신화」에서만 그 예가 발견되었다. 편집증과 망상, 그리고 우울증의 증례들은 다양하게 발견되었다.

  4장의 마지막 절은 주로 손창섭의 「신의 희작」에 대해 논의했다. 특별히 이 장을 따로 할애한 이유는, 그간 정신분석학적 방법을 차용한 연구들이 이 작가에게 집중되어 있었고, 그럼에도 불구하고 그 정확한 이유가 밝혀지지는 않았기 때문이다. 어떤 특정 작가에게서 정신병리적 징후들이 유독 자주 드러난다면, 거기엔 어떤 이유가 있는가를 살펴 볼 필요가 있다. 본서에서는 「신의 희작」을 분석함으로써 손창섭이나 장용학의 작품에 유독 정신병리적인 증상들이 자주 등장하는 '기질적' 이유를 찾고자 했다.

  본서의 마지막 장에 해당하는 5장에서는 전후 소설에서는 예외적인 경우에 속하는 두 작품에 대해 언급했다. 김광식의 「213호 주택」과 박경리의 「불신시대」가 그것이다. 이들 작품은 전후시기에 쓰여진 작품이면서도 이후 한국 소설사의 진행에 대해 일종의 예시적 역할을 한다는 점에서 흥미롭다. 「213호 주택」은 같은 시기의 다른 작품들과는 판이하게 더 이상 병인으로서의 전쟁을 상정하지 않는다. 이 소설에서 병인은 이제 전쟁이 아니라 산업사회의 획일적인 일상이 된다. 즉 50년대적 병인과 결별하고 60년대적 병인이 나타나기 시작하는 것이다. 아울러 박경리의 「불신시대」에는 병리학적으로 치료 불가능한 '우울증'을 이겨내는 주인공이 등장하는 바, 이 역시 전후 소설의 주된 외상이었던 전쟁의 상흔으로부터 벗어나고 있는 인물을 형상화함으로써 소설사의 '이행'을 암시하는 데가 있다. 전쟁 외상으로부터 벗어남으로써 전후 소설은 이제 서서히 60년대 소설에 자리를 내주기 시작하는 것이다.

　이상 본서에서 시도했던 논의들을 요약해 보았다. 요약과정에서 드러난 한계들이 없을 수 없겠는데 이에 대해서는 추후의 과제로 미룬다. 본 논문에서 제기될 수 있는 추후 연구 과제들은 다음과 같다.

　첫째, 본 저서의 전제와 가정들은 통계학적인 방법에 의해 보완될 필요가 있다. 즉 전후 시기를 대상으로 한 정신병리 증상들에 대한 임상적 통계들이 확보되어야 한다. 그러나 이러한 작업은 문학적 연구 방법의 범위를 넘어서는 것이 될 수도 있을 것이다. 의학과 문학의 범주 문제를 제기할 것이기 때문이다.

　둘째, 본 저서의 주요 목적 중 하나가 정신분석학적 개념의 엄밀성을 확보하자는 것이었던 탓에 프로이트의 이론에 대한 여러 비판적인 언급들에 대해서는 의도적으로 눈을 감을 수밖에 없었다. 본서에서도 언급한 바 있는 지라르를 비롯해서, 들뢰즈나 푸코의 논의들은 프로이트의 이론에 대한 면밀한 비판 작업이 여실히 필요하다는 사실을 상기시켜주고도 남는다. 그러나 그와 같은 작업은 본서의 성격상 논외로 할 수밖에 없었음을 밝힌다.

## 2부

소설과 정신분석

# 1. 서울과 무진 사이, 위악(僞惡)과 죽음의 경계에서
## — 김승옥론

### 1) 들어가는 말

김승옥의 중·단편 소설을 발표 연대와 무관하게 체험 공간의 이동에 따라 분류해보면 아래와 같다.[1)]

1) 고향(무진)체험 : 「生命演習」(1962), 「乾」(1962), 「霧津紀行」(1964), 「재롱이」(1968)
2) 탈향(서울)체험 : 「누이를 이해하기 위하여」(1963), 「확인해 본 열다섯 개의 고정관념」(1963), 「力士」(1963), 「霧津紀行」(1964), 「싸게 사들이기」(1964), 「차나 한잔」(1964), 「서울 1964년 겨울」(1965), 「들놀이」(1965), 「염소는 힘이 세다」(1966), 「多産性」(1966), 「빛의 무덤 속」(1966), 「夜行」(1969), 「그와 나」(1972), 「서울의 달빛 ○章」(1977), 「우리들의 낮은 울타

---

1) 『보통여자』, 『강변부인』 등의 장편소설들은 일단 통속성에 기울었다는 기존의 평가도 있고 아직 본격적으로 김승옥 소설 전편에 대한 정치한 분석의 준비가 미진한 관계로 차후의 논의로 미루기로 한다.

리」(1979), 「먼지의 방」(1980)
　3) 귀향(무진)체험 : 「幻想手帖」(1962), 「누이를 이해하기 위하여」(1963), 「霧
　　津紀行」(1964)

　다소 자의적이고 소재주의적이라는 느낌이 있지만 그럼에도 물리적으로 뿐만 아니라 작품을 통해 재구성된 작가의 아이덴티티(identity) 역시 '무진과 서울' 사이의 경계 어디쯤엔가 항상 머무르고 있는 김승옥 소설의 주인공들을 염두에 둘 때, 이런 식의 배열이 그의 소설을 논하는 데에 그다지 부족함은 없으리라는 생각이다.
　50년대 전쟁체험을 다루고 있는 1) 군(群)의 소설들은 김승옥 소설과 50년대 소설들간의 연속성과 변별성 모두를 설명하기에 모자람이 없다. 1) 군의 소설들은 유년체험에 있어서 만큼은 김승옥 역시 본질적으로 전후세대 소설가임을 보여준다. 그러나 그러한 전쟁 체험을 한 개인이 자신의 의식 속에 '내면화'하는 과정을 섬세하게 포착하고 있다는 점에서, 그는 이미 '외적 현실 그 자체를 맹목적으로 거부하는 태도만을 보일 뿐'2)인 손창섭 등의 50년대 작가들을 넘어서 있다. 또한 성장소설에 속하는 「생명연습」과 「건」의 정신분석적 독해를 통해 우리는 2) 군의 소설들에 등장하게 될 김승옥적 주체들의 불온한 탄생과정을 목도할 수 있게 된다.
　김승옥의 소설적 역량이 그 진가를 발휘하는 것은 수적으로나 질적으로나 당연히 2) 군의 소설들에서이다. 이 소설들에서 김승옥은 1) 군의 소설들에서 불온한 60년대적 주체로 탄생한 인물들이 탈향하여 이제 막 산업사회로의 변모를 눈앞에 둔 60년대의 서울에 살며 겪게 되는 소외와 고독을 특유의 우울하고 냉소적인 문체3)로 탁월하게 형상화해낸다. 이점이

---

2) 한상규, 「환멸의 낭만주의」, 문학사와 비평연구회 편, 『1960년대문학연구』, 새문사, 1993, p.53.
3) 김승옥의 문체에 대해서는 당대의 평자들, 특히 그와 함께 '산문시대' 동인활동을 했

김승옥식 허무주의를 50년대의 허무주의와 구별하는 또 하나의 기준이기도 한데, 김승옥의 허무주의는 50년대의 그것과는 달리 존재론적이지 않고 사회적인 것으로, 역사도 주체도 없는 공허한 허무주의가 아닌 산업사회의 소외 현상과 직접 맞닿아 있는 허무주의라는 지적 등[4]을 예로 들 수 있겠다. 물론 2) 군의 소설들 모두가 천편일률적으로 60년대의 서울 체험을 다루고 있는 것은 아니다. 예를 들어「역사」나,「염소는 힘이 세다」에서 언뜻 보이는 민중적 삶에 대한 천착이나, 같은 서울의 소시민을 소재로 다루더라도 김승옥 답지 않게 따스한 인간애가 넘치는 작품「우리들의 낮은 울타리」, 그리고 도시 소시민의 심리나 행태 묘사가 거의 자연주의적이라 할 만치 세밀해서 '환멸의 낭만주의'[5]니 '도시적 허무주의'니 하는 수사와는 전혀 어울리지 않을 만큼 현실적이고 구체적인 작품「들놀이」와「차나 한잔」등은 다소 예외적이다. 이들 작품들에 대해서는 이

---

년 비평가들이나 이후의 '분지계' 비평가들에 의해 여러 차례 반복되어 거론된 바 있다. 유종호의 '감수성의 혁명'이라는, 이제는 거의 김승옥에 대한 수식어가 되어 버린 문구가 그렇고, 또한 다음의 김현의 평이 그렇다.
'그의 소설은 중문과 복문의 교묘한 배합, 청각적 이미지와 시각적 이미지의 교합 등으로 서구적인 냄새를 풍기면서도 번역투 같지 아니한 교묘한 문체를 내보인다. 중문과 복문의 알맞은 배합은 관계대명사의 부재로 우리글에서 상당히 힘든 부분에 속하는데도 그는 교묘하게 그것을 행하고 있다. 청각적 이미지와 시각적 이미지의 결합은 거의 독보적이다.' 김현,「구원의 문학과 개인주의」,『김현 문학전집 2 — 현대한국문학의 이론/사회와 윤리』, 문학과지성사, 1991, p.390. 참조.
4) 예를 들어 다음의 구절을 보자.
'김승옥의 소설에는 현대적 도시화가 진행되는 60년대의 서울의 모습이 인상주의적으로 드러난다. 김승옥 소설에는 사람살이의 우연성과 익명성과 공통의 경험을 공유할 수 없는 소통불능의 상태가 그려진다. …… 김승옥의「서울 1964년 겨울」에는 근대적 도시화가 진행되던 1964년의 서울 겨울 풍경이 선연히 드러난다. 그 겨울 풍경에는 근대화의 진행 속에서 물질들에 주체의 자리를 내주고 '목적지를 잊은 채' 그저 쓸쓸히 스쳐 지나가는 60년대 사람들의 삶에 대한 가장 인상적인 소묘가 그려져 있다.' 진영벽,「한국 자본주의 형성과 60년대 소설」, 민족문학사연구소 현대문학분과 편,『1960년대 문학연구』, 깊은샘, 1998, pp.80~81. 참조.
5) 한상규, 앞의 글, p.51.

글의 말미에 따로 잠시나마 지면을 할애할 수 있을 것이다. 2)군에 속하는 작품들에서 가장 전형적인 것으로는 「누이를 이해하기 위하여」와 「서울 1964년 겨울」을 꼽을 수 있겠다.

 3)군의 소설들에는 김승옥의 소설세계를 '허무주의'나 '환멸의 낭만주의'로 칭할 때 가장 적절한 부류의 소설들이 포함된다. 김승옥에게 고향 무진은 돌아가야 할 낙원이라거나 어머니의 품이라거나 하는 감상적인 공간이 아니다. 그래서 그의 귀향체험 소설들은 오히려 다른 소설들보다도 더욱 우울하며 죽음의 냄새를 짙게 풍긴다. 이 작품들을 통해 우리는 김승옥의 허무주의가 섣부른 관념의 유희가 아님을 확인하게 되는데, 예를 들어 장용학 같은 작가가 귀향에 부여했던 신화적이고 낭만적인 의미를 김승옥에게서는 전혀 찾아볼 수가 없다.6) 관념적인 절망은 섣부르게 관념적인 해결책을 낳기 마련이다. 김승옥의 근대적 가치체계 전반에 대한 뿌리 깊은 허무주의적 거부는 역설적으로 그의 소설이 갖는 '대안의 부재'가 증명하는 셈이다.

 결과론적인 얘기이긴 하지만 당시에 김승옥과는 다른 경향에 속했던 일군의 작가들이나 평론가들에게 '대안'이었던 '민중의 발견' 또한(설사 그것이 관념적인 것은 아니었다 할지라도) 결코 완전한 대안이 아니었음

---

6) 이러한 대안의 부재 현상을 두고, 산업사회 초기에 행해진 서구식 교육으로 인해 아예 정신의 고향마저 상실한 지식인의 자기파멸로 폄하하거나, '민중'을 발견하지 못한 소시민 작가의 자기환멸로 치부할 수도 있겠고, 혹은 아직 '민중'을 발견할 수 없었던 과도기 문학으로서의 60년대 문학의 한계로 인식할 수도 있을 것이다. 그러나 필자는 이를 오히려 산업사회의 소외현상에 대한 섣부른 관념적 해결을 거부한 작가적 고뇌의 면모로 이해하는 것이 올바를 것으로 보인다. 김승옥의 어떤 소설을 보더라도 '대안'이라느니 '허무의 극복'이라느니 하는 것은 한낱 강박관념에 불과한 것이 되고 말기 때문이다. 특히 그의 귀향 체험의 소설들이 그러한데, 어쨌거나 애초부터 '대안의 부재'를 자신의 소설의 화두로 삼은 작가에게 '대안 없음'을 탓하는 것은 사실 가혹한 면이 없지 않다. 김윤식·정호웅, 『한국소설사』, 예하, 1993, pp.355~360. 참조.

을 알게 된 지금, 보다 뿌리깊게, 그리고 보다 '탈근대적으로' 절망했던 김승옥 같은 작가로부터 다시 '대안'을 사고하거나 '대안의 부적절성'을 사고하는 것도 자못 의미 있는 일이 아닐까 싶다. 이 3) 군에 속하는 전형적인 작품으로는 「무진기행」과 「환상수첩」을 들 수 있다.

## 2) 불온한 주체의 탄생 : 「생명연습」, 「건」

초기의 두 성장소설 「생명연습」[7]과 「건」을 놓고 볼 때, 김승옥은 장용학이나 손창섭과 마찬가지로 '전후세대' 작가이다. 이 두 작품의 주인공인 '나'가 궁극적으로는 전쟁체험을 통해서 어른의 세계에 들어서게 되기 때문이다. 이는 표면적으로는 전후의 무질서와 무의미 속에서 거의 잉여적인 삶을 살아가는 손창섭의 주인공들이나 장용학의 「요한시집」, 『원형의 전설』 등의 주인공들과 별빈 다를 바가 없어 보인다.

그러나 문제는 김승옥이 손창섭이나 장용학과 마찬가지로 전쟁을 '체험했다'는 데 있지 않다. 오히려 문제는 그가 50년대 소설가들과는 뭔가 '다른 방식으로 전쟁을 체험했다'는 데에 있다. 장용학이나 손창섭과는 달리 김승옥에게 전쟁은 그저 전쟁일반, 혹은 존재론적 허무주의의 구실이 아니라 구체적인 개인의 기억 속에 하나의 강력한 '외상(trauma)'으로 각인되고 내면화된 전쟁이다. 「생명연습」이 이를 증거한다.

---

[7] 「생명연습」이 성장소설인가는 논란이 있을 수 있다. 왜냐하면 이 소설은 현재의 '나'가 은사와의 대화 속에서 상기하는 유년의 기억들과 교수의 또다른 위악의 에피소드, 그리고 주변의 친구나 자기가 아는 한 만화가의 에피소드 등으로 이루어져 있는바, 정확히는 그 여러 에피소드들 중 하나에 불과한 유년체험만이 성장소설의 형태를 취하고 있기 때문이다. 이 글에서 이 소설을 성장소설이라고 하는 것은 바로 이 에피소드가 소설의 중심에 위치하면서 현재의 '나'의 '자기세계'를 형성하고 있다고 판단하기 때문이다.

누나와 나는 그 다음날 저녁, 등대가 있는 낭떠러지에서 밤 파도가 으르릉대는 해변으로 형을 떠밀었다. 우리는 결국 형 쪽을 택한 것이었다. 미친 듯이 뛰어서 돌아오는 우리의 귓전에서 갯바람이 윙윙댔다. 얼마든지 형을, 어머니를 그리고 우리들을 저주해도 모자랐다. 집으로 돌아와서 불을 켜자 비로소 야릇한 평안을 맛볼 수 있었다.
그리고 얼마 있지 않아서였다. 판자문을 삐걱거리며 열고 물에 흠씬 젖은 형은 살아서 돌아온 것이다. 우리의 눈동자는 확대된 채 얼어붙어 버렸다. 형은 단 한마디, 흐흥 귀여운 것들, 해놓고 다락방으로 삐걱거리며 올라갔다. 그리고 사흘 있다가, 등대가 있는 그 낭떠러지에서 스스로 몸을 던져 죽은 것이었다. 나와 누나의 눈에는 감사의 눈물이 반짝이고 있었다. 그러나 어머니의 오해에는 어떻게 손대볼 도리가 없이 우리는 성장하고 만 것이었다.[8]

위의 인용문은 소설 속의 주인공 '나'가 회상하는 유년체험의 에피소드 중 마지막 부분이다. '죽음'을 통과의례(通過儀禮) 삼아 성인의 세계에 들어서는 전형적인 성장소설적 결말이다. 그러나 여기서의 전쟁체험이 '나'의 성인세계로의 진입에 결정적인 역할을 하고 있다는 증거는 찾기 힘들다. 게다가 이 소설에서 '나'의 유년체험의 무대가 되는 곳은 '전쟁 중이긴 했지만' '전선에서는 퍽 먼 국토 최남단의 항구여선지 인민군이 남겨놓고 간 자취도 비교적 빨리 지워져가고 있'[9]는 무진(작가의 전기적 사실로 볼 때 순천 어디 바닷가가 분명한) 근처의 항구도시 여수이다. 뿐만 아니라 또 다른 성장소설 「건」에 나타난 전쟁체험 역시 직접적이기보다는 전투가 있던 날 아침에 죽은 빨치산의 시체 하나를 보는 정도로 그치고 있다. 따라서 그의 전쟁체험은 일견 장용학이나 손창섭 혹은 선우휘의 전쟁체험과는 비교도 안될만큼 주변적이고 덜 강렬한 것이었다고 짐

---

8) 김승옥, 「생명연습」, 『김승옥 소설전집 1』, 문학동네, 1995, pp.43~44. 이하 '전집'으로 표기.
9) 「생명연습」, 『전집 1』, p.20.

작하기 쉽다.

그러나 문제는 전쟁에 대한 체험의 직접성이 아니라 체험의 본질이자 그 내면화 방식이다. 전쟁은 개인에게는 일차적으로 그 사회학적 연원을 따지거나 이데올로기적 당위, 혹은 동족상잔의 역사적 비극 운운하기 전에 기본적으로 하나의 거대한 심리적 폭력이자 '외상'이다.

이런 견지에서 보면 전쟁이 개인에게 가하는 외상은 심리적으로는 오이디푸스 단계 이전으로의 퇴행(regress)이나 오이디푸스 단계에 그대로 고착(fixation)되는 것과 관련된다. 전쟁은 마치 이드(Id)의 욕구만큼이나 무질서하며, 인간의 이면에 깊이 감추어져 있던 가학성을 발동시킬 만치 폭력적이기도 하다. 또한 전쟁은 실제적인 의미에서나 상징적인 의미에서나 부권부재(父權不在)의 특성을 지닌다. 게다가 김승옥의 전쟁 즉, 6·25는 특히 일반적인 전쟁보다도 훨씬 더 많은 점에서 정상적인 오이디푸스 단계의 진행을 거부하는 속성을 가지고 있는데, 첫째로는 그것이 근친상간의 전쟁이었기 때문이다. 오누이간에는 서로를 범할 수 없다는 금기를 어긴 전쟁, 그것이 바로 6·25였던 것이다. 둘째로는 그 전쟁이 이데올로기라는 부성적(父性的) 원리로부터 초래된 전쟁이었단 점을 들 수 있다. 6·25가 부성원리로서의 이데올로기 때문에 일어난 전쟁이었단 점은 전후에 이데올로기에 대한 냉소와 혐오가 풍미하는 이유가 된다. 부성이 초래한 전쟁은 당연히 부성을 거부하는 결과로 나타나는 것이다.

김승옥을 두고 전쟁체험의 간접성에도 불구하고 그 본질의 내면화에 성공한 작가라고 하는 이유는 바로 이런 점에서인데, 위에서 인용한 「생명연습」의 '형의 죽음'은 사실은 실패한, 혹은 거부된 오이디푸스 콤플렉스(Oedipus Complex) 즉 '부친살해' 모티프의 왜곡된 형태에 다름 아니기 때문이다. 다음을 보자.

세번째의 사내가 처음으로 다녀간 다음날 형은 드디어 어머니를 때리고 만 것이었다. 그리고 어머니의 눈에 처음으로 불이 — 희미하나 금방 알아볼 수 있는 파란 불이 켜지기 시작한 것이었다. 그리고 그 불빛 속에서 영원한 복종과 야릇한 환희와 그러나 약간의 억울함을 나와 누나는 본 것이었다.[10]

사닥다리를 삐걱거리며 올라가는 것을 보고 있노라면 아아 형은 하늘로 가는구나, 라는 말이 저절로 입에서 나왔다. 다락방은 이 세상에 있지 않았다. 그건 하늘에 있었다.
그곳은 지옥이었고 형은 지옥을 지키는 마귀였다. 마귀는 그곳에서 끊임없이 무엇을 계획하고 계획은 전쟁이었고 전쟁은 승리처럼 보이나 실은 패배인 결과로서 끝났고 지쳐 피를 토해냈고 — 마귀의 상대자는 물론 어머니였고 어머니는 눈에 불을 켠 채 이겼고 이겼으나 복종했다. 형은 그 다락방에서 벌레처럼 끊임없이 부스럭거리는 소리를 내고 있었다.[11]

어머니의 난잡한 남자관계를 단죄하는 형, 다락방에서 끊임없이 부스럭거리며 마치 '지옥을 지키는 마귀'처럼 가족 전체를 지배하는 형의 존재는, 사실은 사라져버린, 혹은 사라져가는 '부성(父性)'의 상징으로 읽힌다. 형이 만약 부재하는 부친의 현존, 혹은 아직 남아 있는 부친의 '실체 없는 효과'가 아니라면 어머니가 갖는 그에 대한 복종과 환희의 양가감정이나 '나'와 누나가 형에 대해 갖는 공포감을 쉽사리 이해하기가 어려워진다.

결국 소설 속의 이 가족은 지극히 위태롭고 아슬아슬하게 '오이디푸스 삼각형'을 유지하고 있는 셈이다. 삼각형의 맨 위 꼭지점에는 부재하는 부친의 대리자인 형이 위치하고 있고, 그 아래에 그 형, 그러니까 오이디

---

10) 「생명연습」, 『전집 1』, p.37.
11) 위의 책, p.52.

푸스 왕으로부터 반자유(半自由) 상태에 있는 어머니와 '나'(그리고 누나)가 있다. 어머니는 다른 사내를 끌어들임으로써 이 삼각형을 벗어나려 하며, '나'와 '누나'는 일종의 근친상간적 동맹12)을 맺음으로써 이 삼각형에서 벗어나려 한다.

형은 사라져가는 부성으로서의 자신의 역할을 이해하고 있다. 그러나 결국 '나'와 '누나'는 그의 편을 들지 않고 오히려 그를 살해하고자 시도함으로써 오이디푸스 왕의 권위에 도전한다. 물론 이 '부친살해'는 실패로 끝나지만 이내 형이 왕좌를 스스로 벗어버리고 자살해 버림으로써 아슬아슬하던 오이디푸스 삼각형은 무너져 버리고 만다.

그러므로 형, 아니 '부성'의 죽음과 함께 '어머니의 오해에는 어떻게 손대볼 도리가 없이' '성장하고 만' '나'란 주체는 이미 우리가 '정상적'이라고 부르는 건전한 주체와는 상관없는 '불온한 주체'가 된다. 대개 심리학적으로 '정상적'이라 함은 오이디푸스 단계에서 금기와 질서, 법, 체계 등의 사회적 가치들을 부성원리의 강제를 통해 습득하게 되었다 함인데, 부친을 살해한 주체가 그런 의미에서 '정상적'인 주체가 될 수는 없겠기 때문이다.

김승옥 소설 속의 대부분의 인물들이 결국 막 시작된 60년대 한국의 자본주의 체계에 적응하지 못하고 위악과 냉소를 일삼는 것, 넓게는 생활과 관련된 모든 상식적인 '미덕'을 결핍하고 있는 것은 바로 이런 연유이다. 즉 그들은 라깡의 용어를 빌자면13) 역설적으로 '부친살해에 의해서만' 주체로 성장하여 '상징계'에 진입한 매우 불온한 주체들인 것이다. 그

---

12) 예를 들어 '나'와 누나가 함께 스스로를 거세한 신부의 미사에서 느끼는 강렬한 신체적 체험이라든가, 애란인 선교사의 수음장면을 훔쳐보면서 둘 사이에 발생하는 묘한 공모감 등을 상기해 보라.
13) 자끄 라깡, 「정신분석 경험에서 드러난 주체기능 형성모형으로서의 거울단계」, 권택영 편역, 『자끄 라깡 - 욕망이론』, 문예출판사, 1994, 참조.

러므로 그들이 오이디푸스 삼각구도를 벗어나 독립적인 주체로 형성되어 최초로 '상징계'의 질서를 접할 때 그 상징계의 모습이 어떠하리란 것은 짐작이 가고도 남는다.

또 다른 성장소설 「건」의 다음 구절을 보자.

> 아아, 모든 것이 항상 그렇지 않았더냐. 하나를 따르기 위해서 다른 여러 개 위에 먹칠을 해버리려 할 때, 그것이 옳고 그르고를 따지기보다 훨씬 앞서 맛보는 섭섭함. 하기야 그것이 '자라난다'는 것인지도 모른다. 미영아, 내게 응원을 보내라. 형들의 음모에 가담한다는 건 아주 간단한 일이다. 미영아, 내게 응원을 보내라. 그건 뭐 간단한 일이다. 마치 시체를 파묻듯이 그건 아주 간단한 일이다. 뭐 난 잘 해낼 것이다.14)

이 소설 역시 '전쟁체험'과 '죽음'을 입사식으로 하여 성장하는 '나'를 다루고 있다. 그러나 여기서 그렇게 성장한 '나'가 세계를 바라보는 시선은 자못 흥미롭다. 그가 처음으로 독립적인 주체, 즉 성인으로 탄생하여 바라본 '상징계'의 모습은 결국 '하나를 따르기 위해서 다른 여러 개 위에 먹칠을 해버리려 할 때, 그것이 옳고 그르고를 따지기보다 훨씬 앞서 맛보는 섭섭함' 같은 것이다. 또한 그것은 몇 푼의 돈을 위해 빨치산의 시체를 아무렇지도 않게 묻어버리는 아버지의 무심함과도 같다. '나'는 그리하여 가장 따르고 의지하던 윤희 누나를 윤간하려는 형과 형의 친구들의 음모에 가담한다. 성인이 된다는 것, 즉 '상징계'에 진입한다는 것은 이처럼 거대한 음모에 가담한다는 것, 그래서 이미 존재하는 세계의 악마성을 그대로 받아들인 채 '극기'하거나(「생명연습」의 인물들처럼), 아니면 끊임없이 거부하고 냉소한다는 것(「환상수첩」, 「누이를 이해하기 위하여」, 「서울 1964년 겨울」의 그로테스크한 인물들처럼)에 다름 아니다.

---

14) 「건」, 『전집1』, p.64.

김승옥의 주인공들이 50년대 작가들의 주인공과 다른 점은 아마 이 점일 것이다. 그들은 전쟁체험의 직접성을 과장하며 세계 전체를 대상으로 엄살떨지 않는다. 다만 그들은 전쟁이 자신에게 남긴 외상, 즉 「생명연습」의 '나'가 거의 강박관념처럼 집착하는 '자기세계'에 대해 섬세하게 성찰하며 성인이 되어갈 뿐이다.

근대적 개인주의, 즉 '내면성'이 이제 50년대와 스스로를 구별지으면서 60년대 문학의 한 주류로 자리를 잡아가게 되는 것이 여기서부터이다.15) 바야흐로 2)군의 소설들에서 등장하게 될 그로테스크한 김승옥식의 불온한 주체들이 냉소를 머금은 채 그 모습을 드러내고 있는 것이다.

### 3) 위악의 도시 : 「서울 1964년 겨울」, 「누이를 이해하기 위하여」

'부친살해'를 통해 극적으로 오이디푸스 삼각형을 벗어난 김승옥의 인물들은 이제 고향을 떠나 더러는 유학을 위하여, 더러는 '누이를 이해하기 위하여' 서울을 향해 탈향(脫鄕)한다. 그러나 이미 '불온한 주체'로서 상징계에 진입한 그들의 눈에 비친 서울은 말이 아니다. 그들에게 산업사회의 문턱에 들어선 서울은 의사소통 불가능의 도시이자, 위악과 무력의 도시이다.

이렇게 보면 2)군의 소설 속에 등장하는 인물들의 그처럼 그로테스크하고 부조리한 삶의 방식은 두 가지 연원을 갖는 셈이다. 첫째로 이미 살펴본 유년체험, 즉 '부친부재'의 전쟁 체험이 그 하나이고, 둘째로 그들이

---

15) 차혜영, 「자율적 주체의 개인주의와 모더니즘적 글쓰기」, 민족문학사연구소 현대문학분과, 앞의 책. pp.102~105.

탈향해서 경험하는 서울체험이 그 둘이다. 그들은 유년기에 부친살해를 통해 상징계에 진입했으므로 이미 순응적이고 건전한 주체이기는 틀린 인물들이다. 그런 그들이 소외와 규칙의 도시인 서울생활에 적응한다는 것은 애초부터 불가능하다.

결국 그들은 모두 허무주의자나 냉소주의자가 된다. 그들 중 누구도 구체적인 생활세계의 고민을 안고 사는 사람은 없다. 오히려 그들은 어떻게 하면 상식적인 생활세계에 편입되지 않을까만을 고민한다.

> "평화시장 앞에 줄지어 선 가로등들 중에서 동쪽으로부터 여덟번째 등은 불이 켜 있지 않습니다." 나는 그가 좀 어리둥절해하는 것을 보자 더욱 신이 나서 얘기를 계속했다.
> "……그리고 화신백화점 육층의 창들 중에서는 그 중 세 개에서만 불빛이 나오고 있었습니다……"
> 그러자 이번엔 내가 어리둥절해질 사태가 벌어졌다. 안의 얼굴에 놀라운 기쁨이 빛나기 시작했기 때문이다.
> 그가 빠른 말씨로 얘기하기 시작했다.
> "서대문 버스정거장에는 사람이 서른 두 명 있는데 그 중 여자가 열일곱 명이었고, 어린애는 다섯 명, 젊은이는 스물 한 명, 노인이 여섯 명입니다."16)

60년대의 서울은 먼저 그들에게 무엇보다도 의사소통이 불가능한 고립된 개인들의 도시로 다가온다. 모두들 '자기세계'에 묻혀 살 뿐, 그들에게 공통의 화제나 경험은 존재하지 않는다. 다른 말로 하면 이제 막 근대적 산업사회의 문턱에 들어선 서울은 지독한 인간소외의 도시이다.

인용문의 '나'와 '안'의 대화는 정확히는 대화가 아니다. 그것은 두 사람의 각각 다른 독백이다. 말하자면 베케트의 『고도를 기다리며』의 두 주

---

16) 「서울 1964년 겨울」, 『전집 1』, p.207.

인공들처럼 그들은 '고도'를 기다리지도 않으면서 무의미한 독백만을 뇌까릴 뿐이다. '기쁨에 빛나는' 표정이나 자못 진지한 애기를 하는 듯한 가장(假裝)은 사실은 김승옥 소설 등장인물 특유의 과장이거나 냉소의 다른 표현에 불과하다. 그들은 모두 들떠 있는 듯하고 애써 즐거움을 가장하지만 실제에 있어 그들은 모두 고독하고 불안하다. 서울이 그들을 그렇게 만드는 것이다. 다음을 보자.

> 우리는 갑자기 목적지를 잊은 사람들처럼 사방을 두리번거리면서 느릿느릿 걸어갔다. 전봇대에 붙은 약 광고판 속에서는 이쁜 여자가 '춥지만 할 수 있느냐'는 듯한 쓸쓸한 미소를 띠고 우리를 내려다보고 있었고, 어떤 빌딩의 옥상에서는 소주 광고의 네온사인이 하마터면 잊어버릴 뻔했다는 듯이 황급히 꺼졌다간 다시 켜져서 오랫동안 빛나고 있었고, 이젠 완전히 얼어붙은 길 위에는 거지가 돌덩이처럼 여기저기 엎드려 있었고, 그 돌덩이 앞을 사람들은 힘껏 웅크리고 빠르게 지나가고 있었다. 종이 한 장이 바람에 휙 날리어 거리의 저쪽에서 이쪽으로 날아오고 있었다. 그 종이조각은 내 발 밑에 떨어졌다. 나는 그 종이조각을 집어들었는데 그것은 '美姬 서비스, 特別廉價'라는 것을 강조한 어느 비어홀의 광고지였다.17)

「무진기행」의 초두, 무진의 특산물 안개를 묘사하는 부분만큼이나 걸출한 위의 묘사는 사실 서울의 모든 것을 거의 표현주의 영화처럼 그려낸다. 1964년 겨울의 어느 날 밤에 이들을 위로하는 것은 약 광고판 속의 여자 사진과 소주 광고의 네온사인, 그리고 특별염가를 지불할 경우에만 그 돈만큼의 시간 동안 그들에게 서비스해 줄 비어홀의 미희들뿐이다. 웅크린 거지는 돌덩어리처럼 움직임이 없고 스산한 바람이 부는 도시의 주민들은 모두 그 곁을 바쁜 듯, 추운 듯 잔뜩 웅크린 채 황급히 지나칠 뿐이

---

17) 「서울 1964년 겨울」, 『전집 1』, p.212.

다. 설사 누군가와 어울려 함께 있다 하더라도 그들은 위의 인물들처럼 혼자인 것이고, 그렇기 때문에 설사 죽어서 해부학 실험을 위해 팔려간 아내를 따라 자살을 결행한 사내와 한 여관에서 자고 나서도 나 몰라라 사라질 뿐이다.

그러나 그들은 '서울을 견뎌낸다'. 견뎌내는 방식은 대개가 '위악'을 통해서이다. 말하자면 '일부러 못된 짓 하기'라든가 '일부러 건전한 짓은 하지 않기' 등의 방식으로 그들은 서울식 삶에 저항하면서 그것을 견디는 것이다. 예를 들어 「환상수첩」의 '나'와 '영빈'은 애인을 서로 바꾼 다음, 누가 먼저 '해치우는가' 내기를 하며, 「다산성」의 주인공들은 '찐빵'을 만들어 실제로는 지극히 소심한 소시민의 삶에 불과한 일상을 벗어나 치기와 일탈을 합리화한다. 그런가 하면 「서울 1964년 겨울」의 '나'와 '안'은 오로지 자신 소유의 비밀을 만들기 위해, 특정시간 버스 정류장에 서 있는 군중들의 성비(性比)를 계산한다거나, 화장실 손잡이 아래에 손톱으로 자국을 내는 기이한 짓을 하고 다니며, 「누이를 이해하기 위하여」의 주인공은 서울에서 귀향한 후 아예 입을 다물어 버린 '누이를 이해하기 위하여' 간 서울에서 오로지 걸식과 요설 외에는 달리 하는 일도 없이 살아간다.

그들이 자본주의 산업도시 서울이 부여하는 코드화된 삶에 저항하는 방식이란 대개 이런 식이다. 그들은 새로운 '대안'을 찾아 뭔가 건설적이고, 조직적이고, 이성적이며, 주체적인 행위를 하지 않는다. 다만 그들은 자본주의적 질서와 무위도식 사이의 경계 어딘가에 머물면서 '코드화' 하지도 '탈코드화' 하지도 않는 존재로 살아간다. 그들은 어쩌면 일종의 아나키스트들인 셈이다.

그러나 그들은 아나키스트들과도 다르게 자신들의 다소 '저항적'이기도 한 이러한 삶을 자랑스러워하지 않는다. 김수영식의 표현을 빌자면 그들은 자신들의 위악마저도 '개관'하고 있어서 스스로 자신의 행위를 자조한다. 말하자면 그들은 위악적이면서도, '생활적'인 여러 가치들에 대해 죄의식을 가진 존재들인데, 이는 마치 유년체험 속에서 부재하면서도 여전히 하나의 효과였던 부친에 대한 죄의식과 닮아 있다. 성인이 된 그들에게 부재하는 부친으로서의 아버지 역할을 이제 '생활적'인 가치들이 대신 담당하고 있는 것이다.

예를 들면, 「서울 1964년 겨울」에서 '나'가 소설 말미에 '안'에게 '우리가 너무 늙어버린 것 같지 않습니까?'라고 물을 때, 그는 이미 자신들의 위악이 자신들의 나이에 걸맞지 않게 소모적인 것일지도 모른다는 자의식을 드러내고 있는 것에 다름 아니다.

다른 예로 다음을 보자.

> 어느 날, 고향의 어머니께 보내고 싶은 마음 간절했던 편지의 한 구절 – '실은 의사가 되고 싶었는데 병자가 되어버렸어, 라고 힘없이 말하며 병들어 죽어간 친구를 오늘 보고 왔습니다.'
>
> 누이에게 쓰고 싶던 편지의 한 구절 – '도시에 가서 침묵을 배워왔던 네가, 도시에서 조리에 맞지 않는 감정의 기교만을 배운 나보다 얼마나 훌륭했던가.'
>
> 별도 보이지 않는 밤에, 고향의 논두럭이 그리워서 중량교 쪽 어느 논두럭에 가서 서다. 개구리들이, 거꾸러져라거꾸러져라거꾸러져라고 내게 외쳐대다.[18]

'누이의 침묵을 연장시키고 혹은 모든 것을 썩어나게 하는' '그 파편들'

---

18) 「누이를 이해하기 위하여」, 『전집 1』, p.110.

이 무엇인가를 알기 위하여 '이번엔 내가 가보지'하고 결행했던 탈향. 그런 그가 남긴 메모이다. 마치 의사처럼 누이의 침묵을 이해하고 그것을 무진의 '해풍에 씻겨' 주고자 했으나 역으로 자신은 누이의 침묵보다도 못한 '감정의 기교'만을 배워버린 것이다. 개구리 울음이 '거꾸러져라'로 들릴 만큼 그는 후회하고 있으며 자신의 위악을 개관하고 있다. 마찬가지로 「환상수첩」의 '나'가 고향으로 떠날 때, 영빈이 등뒤에 대고 한 '될 수 있는 대로 살아봐'라는 말 역시 '생활'에 대한 부채의식을 보여주며, 「力士」에서 주인공이 '서씨'에 대해 갖게 되는 신화적인 매력 역시 끈끈한 생활력에 대한 다소간의 자의식과 관련이 있어 보인다. 말하자면 그들은 여전히 '금기'로부터 완전히 자유롭지는 못한 채 그 금기를 무시하는 위악을 행하고 있는 인물들이다.

그러나 그들은 절대 그 위악으로부터 벗어나지 못한다. 혹은 벗어나지 않는다.

> 동그라미를 저 벽에 붙이러 일어나 보자. 할 수 있겠지? 자아, 내게 가장 귀한 고정관념으로써.19)

이러한 결심과는 달리 그는 결코 벽에 동그라미를 붙이러 일어나지 않았을 것이다. 왜냐하면 그것이 아무리 '귀중한' 것이라 할지라도 '고정관념'인 이상 실행되지는 않는 것이어야 하기 때문이다. 그는 누워 있는 상태에서 나도 맘만 먹으면 뭔가 일어나 할 수 있다고 생각하지만 그것 자체가 하나의 고정관념이다. 그에게 가치 있는 일이란 별로 없다. 다시 말해 그는 무위도식하는 현재의 삶에 대해 개선의 의지가 전혀 없다. 김승옥 소설의 주인공들이 나이에 비해 늙고 지쳐 보이는 이유도 여기에 있

---

19) 「확인해본 열다섯 개의 고정관념」, 『전집 1』, p.124.

다. 그들은 자신의 어떤 행위가 이전에도, 이후에도 세상을 변하게 할 수 없으며, 그러므로 보다 나은 삶에 대한 대안이란 하나의 강박관념에 불과함을 이해하고 있다.

그러나 '대안 부재'의 불안과 고독에도 불구하고 그들이 그로부터 벗어나고자 하지 않는 데에는 어떤 이유가 있어 보인다. 최소한 김승옥의 세계에서는 만약 그들이 이 위악으로부터 벗어나고자 할 때, 그들이 택할 수 있는 유일한 길이란 단 하나, 죽음밖에 없기 때문이다. 죽음을 택하지 않기 위해서 그들에게 주어진 유일한 대안이 '위악'인 셈이다.

그럼에도 죽음을 택하는 주인공들이 있다. 김승옥식의 표현을 빌자면 '진짜들'인 주인공들이 이들인데「서울 1964년 겨울」의 외판원 아저씨나 「환상수첩」의 '선애' 같은 이들이 그들이다.

> "아내와 나는 참 재미있게 살았습니다. 아내가 어린애를 낳지 못하기 때문에 시간은 몽땅 우리 두 사람의 것이었습니다. 돈은 넉넉하진 못했습니다만 그래도 돈이 생기면 우리는 어디든지 같이 다니면서 재미있게 지냈습니다. 딸기철엔 수원에도 가고 포도철엔 안양에도 가고, 여름이면 대천에도 가고, 가을엔 경주에도 가보고, 밤엔 함께 영화 구경, 쇼 구경하러 열심히 극장에 쫓아다니기도 했습니다……"[20]

> "……요즘 난 그런 것과 비슷한 경우에 있는 것 같아요. 어쩐지 뻥 뚫린 구멍을 보아버린 것 같아요. 아무리 발버둥쳐도 별수없이 눈에 보이는 구멍이지요. 찬바람이 술술 새어들어오고……"
> "그럼 전엔 그런 걸 못 느꼈단 말야?"
> "희미하게 느끼긴 했어요. 그렇지만 아득바득 이를 악물고 해나가면 될 수 있을 것 같았어요. 그렇지만 이젠……"
> "아아"

---

[20]「서울 1964년 겨울」,『전집 1』, p.214.

내가 여태껏 차마 입밖에 내어 말할 수 없었던 것을, 그녀는 그때, 하늘도 무섭지 않은지 정확한 발음으로 표현하고 있었던 것이다.
"찬바람이 불어오는 뻥 뚫린 구멍, 찬바람이 불어오는 뻥 뚫린 구멍······."
나는 노래하듯 중얼거리고 있었다.[21]

김승옥의 소설에서 '진짜들'은 두 부류의 사람들이다. 하나는 그들이 '생활적'이기 때문에 '진짜'이고, 하나는 그들이 '겁없이 진지하기 때문에' '진짜'이다.

김승옥 소설에 흔치 않은 '생활적'이고 '인간적'인 인물이 바로 첫 번째 인용문의 외판원 아저씨이다. 아내의 죽음 이전까지 그의 삶은 '진짜'의 그것이다. 그래서 그의 죽음은 '나'와 '안'으로 하여금 자신들의 나이를 새삼 돌아보게 만들며, 잠깐이나마 눈 맞는 앙상한 가로수 밑에서 '진지하게' 뭔가를 생각하게 만든다. 그러나 보다 중요한 것은 이 아저씨가 결국 죽는다는 점이다. 아내의 시체를 해부학 실험실에 판 돈을 밤새 써버리기로 한 그는, 마치 네로처럼 화재가 난 건물의 불구경을 하고 있는 '나'와 '안' 앞에서 남은 돈 모두를 태워버리고는 그들과 함께 들어간 여관에서 밤새 자살해 버린다.

두 번째 인용문의 선애 역시 마찬가지인데, 그녀는 겁없이 너무 진지해서 '나'는 한 번도 입밖에 내지 못한 채 위악으로 대신한 '삶의 구멍'에 대해 누설한다. 그녀는 절망에 대해 '진짜'이다. 위악 대신 그녀는 그것을 '아득바득 이를 악물고 해나가'고자 했던 것이다. 당연히 그녀 역시 죽는다. 그것도 '나'의 위악에 의해서 그렇게 되는데, '나'는 선애에 대한 사랑이 '플라토닉'이 될까봐 친구 영빈에게 그녀를 넘겨 버리고 '해치우도록'

---

21) 「환상수첩」, 『전집 2』, p.18.

방조하는 것이다. 영빈이 그녀를 해치워버린 날 밤, 그들이 자축하고 있을 때, 그녀는 자살하고 만다.

다소 가혹하달 만치 염세적인 이런 에피소드들을 통해 김승옥이 강조하고자 싶었던 것이 무엇일까는 대강 짐작이 간다. 그것은 역시 '대안의 부재'이다. 그에게 60년대 서울로부터 탈출하는 유일한 대안은 위악이 아니면 죽음 외에는 없었던 것이다. 60년대의 서울은 그들에게는 '아득바득 이를 악물고' 극복하고 대항하기에는 역부족일만큼 부조리한 것으로밖에 비치지 않는다.

김승옥의 소설이 표방하는 주제는 결국 '대안의 부재'인 것이다. 서울의 1964년 겨울은 아무런 대안도 가지고 있지 않다. 서울은 그 상태 그대로 위악과 소외의 도시로 남을 것이다라는 것이 전쟁과 그로 인한 '부친 부재의 특성'을 체화한 그들의 주장이다. 그리고 실제로 서울은 30년도 훨씬 더 넘은 지금도 그 상태 그대로 위악과 소외의 도시로 남아 있다.

### 4) 죽음보다 못한 귀향 : 「무진기행」, 「환상수첩」

설사 그들이 서울 체험에 지쳐 다시 무진으로 '귀향'한다 해도 사정은 마찬가지이다. 그들은 이것마저도 알고 있다. 그들의 귀향은 그래서 결코 '낙원회귀'나 '자궁회귀'가 아니다.

> 창밖은 벌써 캄캄한 밤이었다. 나의 헝클어진 머리카락과 움푹 그늘이 진 볼이 그 창에 비치고 있었다. 바깥의 풍경을 보여주지 못하는 것이 미안하다는 듯이 야행열차만이 주는 선물이었다. 나는 오랫동안 나의 표정 없는 얼굴을 들여다보았다. 거기에는 하향한다는 기쁨도 그렇다고 불안도 없었다. 늙어버린 원숭이 한 마리가 어둠 속을 지켜보고 있

는 모습일 뿐이었다. 새벽이 오면 습관에 따라 열매를 따러 나가겠다는 듯이 지극히 무관심한 표정. 그러자, 괴롭구나, 하는 생각이 들었다.[22]

'고향'이란 대개 '어머니' '대지' '안식' 등과 관련되는 것이 일반적이다. 그러나 김승옥에게 귀향이 갖는 의미는 그런 관념들과 하등의 관련이 없다. 위 인용문은 액자형 소설인 「환상수첩」의 액자 속 이야기 주인공인 '나'의 귀향 장면이다. 그에게는 귀향의 기쁨이나 불안마저도 없고 다만 '늙어버린 원숭이 한 마리'처럼 '어둠 속을 지켜보고 있는' 자신의 모습만이 있을 뿐이다. 서울에서 배운 이 표정, 사실은 무표정이라 해야할 이 표정을 그대로 간직한 채 설렘도 없이 그는 무진으로 돌아간다. 무진으로 돌아가도 자신의 위악과 무위(無爲)가 치유될 것이라는 기대감조차 없다. 그곳에는 오히려 서울의 친구 '영빈'보다도 더한 위악 속에 살아가는 '윤수', '형기', '수영' 등의 또 다른 '나'가 기다리고 있을 뿐이다.

「무진기행」에서도 사정은 마찬가지이다. 돌아간 무진에는 이미 서울식의 속물근성을 배워 고향에서 적절히 그것을 이용할 줄 아는 친구 '조'가 있고, 끊임없이 무진을 떠나 서울로 돌아가기 위해 속물들 앞에서 대중가요도 거침없이 부르고, 사랑을 가장할 줄도 알며, 버릇처럼 '제가 학교다닐 적에는'을 연발하는 음악 선생이 있을 뿐이다. 결국 무진은 서울과 동일시된다.

무진이 서울과 동일시된다는 것이 무진에 서울에서와 마찬가지로 위악적인 인물들이 '자기세계'를 구축한 채 살아가고 있다는 점만을 말하는 것이 아니다. 무진에서도 마찬가지로 '진짜'들은 모두 죽음을 맞는다는 점에서도 그곳은 '대안'이 부재하는 서울과 동일한 공간이다.

예를 들어 「환상수첩」에 등장하는, 실제로 실명했기에 '진짜' 절망을

---

22) 「환상수첩」, 『전집 2』, p.11.

가진 김형기라는 인물은 '나'의 손에 이끌려 바다로 가서는 자살하게 되며, '나'와 함께 떠난 여행에서 서커스단의 무희와 결혼한 후 '진짜'로 위악을 버리고 '생활적'이 된 윤수는 수영의 누이를 겁탈한 건달들과 싸우다 죽음을 맞는다. 위악이 아니면 죽음이라는 양자택일은 이내 '나'가 윤수와 형기의 죽음 이후로 심경의 변화를 일으켜 자살함으로써 그 절정을 맞는다. 다만 '수영'만이 특유의 '던적스러운 생명력'으로 살아남아 액자 밖의 화자가 됨으로써 위악적 삶을 계속해 나간다. 액자 속 '나'의 수기가 끝난 후 그의 후기는 이렇다.

> 그의 수기는 여기서 끝나고 있는데 아마 그 눈이 내리는 벌판을 건너오긴 했던 모양이다. 그리고 곧장 이 수기를 썼던 모양이다. 그러나 무슨 생각이 들었던지 며칠 후 그는 자살해버렸다.
> 다시 한번 말하고 싶지만 중요한 것은 어떻게 해서든지 살아내야 한다는 문제일 것이라고 나는 확신한다.
> … (중략) … 죽음, 그 엄청난 허망 속으로 어떻게 하면 자리를 내던질 생각이 조금이라도 난단 말인가! 나의 건강이 회복되면 그때는 나도 죄의 기준이란 것을 좀 올려볼 생각이지만 뭐 꼭 그럴 필요도 없으리라고 믿는다. 이 수기의 처음에 나오는 오영빈이라는 친구나 찾아보고 그가 아직 살아 있다면 태초의 인간임을 자부하면서 술이나 들고 싶다. ― 임수영 씀.23)

영빈을 만나 '태초의 인간' 운운은 사실 위악과 요설이 여전히 수영을 통해 계속될 것임을 보여준다. 물론 수영 못지않게 위악적인 영빈은 죽지 않고 살아 있겠지만 위악들의 동맹이 물론 이 소설의 주제는 아닐 것이다. 무진인들 위악과 소외와 부조리에서 자유로울 수는 없다는 60년대적 절망, 대안은 '위악이 아니면 죽음'이라는 것이 아마도 김승옥의 주인

---

23) 「환상수첩」, 『전집 2』, pp.76~77.

공들이 하고 싶었던 최후의 말이었던 것은 아니었을까.

설사 그들이 「무진기행」에서처럼 죽지 않고 용케 살아 남아 '부끄럽게도' 서울로 돌아간다 할지라도 말이다.

> 덜컹거리며 달리는 버스 속에 앉아서 나는 어디쯤에선가 길가에 세워진 하얀 팻말을 보았다. 거기에는 선명한 검은 글씨로 '당신은 무진읍을 떠나고 있습니다. 안녕히 가십시오.'라고 쓰여 있었다. 나는 심한 부끄러움을 느꼈다.[24]

## 5) 사족 : 「역사」, 「우리들의 낮은 울타리」, 기타

서두에서도 잠깐 언급했듯이 김승옥의 소설들 중에는 예외적인 작품들이 몇 있다.

「역사」, 「야행」, 「다산성」의 경우, 정의하기 힘든 원초적인 생명력 같은 것에 서울의 각박하고 규격화된 삶을 대비시키고 있단 점이 특징적이다. 이는 그가 생각한 '대안'이 있었는가의 문제와 관련될 수 있을 것이다. 「역사」의 서씨가 동대문의 거대한 돌들을 밤마다 이리저리 옮겨 놓고는 몰래 즐거워한다는 발상과, 「야행」의 여주인공이 거의 겁탈이라 할만한 대낮의 추행을 당하고도 그 야생적 경험을 통해 서울 소시민들의 먼지 같은 일상을 다시 보게 되는 경험을 하게 되는 줄거리, 그리고 「다산성」의 한 에피소드인 "돼지는 뛴다"에서 돼지가 보여주는 문명을 흘러 넘치는 생동감 같은 것들은 김승옥 소설을 '자연>문명'의 대립구도 속에서 살펴볼 수 있게 하기도 한다. 그러나 이 작품들이 예외적이어서 다른 작품들까지를 아우를 수 있는 일관된 틀로는 모자람이 있다. 게다가 이 작

---

[24] 「무진기행」, 『전집 1』, p.152.

품들의 주된 내용도 사실은 위에서 다룬 '탈향' 체험들에 주로 할애된 것이어서 이 에피소드들은 주변적인 역할을 할 경우가 많다.

  64년 이후 심심찮게 그의 소설들에 등장하는 거의 '자연주의적'이라 할만한 소시민의 일상을 다룬 소설들에도 주목할 필요가 있겠다. 소위 '트리비얼리즘'이란 이유로 김승옥의 절필과 갖는 관련성을 살펴볼 때 거론되는 소설들이 이것들인데, 이 부류의 작품으로는 「차나 한잔」, 「들놀이」, 「우리들의 낮은 울타리」 등의 작품들이 있다. 위에서 살펴본 소설들에 비해 이 작품들이 갖는 인물이나 주제상의 특성은 위악적이거나 과장된 인물들이 등장하지 않으며 대개 생활적이고 착실한 소시민들이 겪는 웃지 못할 비애를 다루고 있다는 점이다. 특히 절필 직전에 쓰여진 「우리들의 낮은 울타리」의 경우는 소시민적인 삶을 따스하고 긍정적인 시선으로 그리고 있다는 점에서 흥미로운데 김승옥 중·단편 소설들 중 가장 특이한 작품이라 할 만하다.

  그 외에 연구가 거의 전무한 장편소설 『강변부인』, 『보통여자』 등에 대한 고찰도 앞으로 그 통속성 여부를 떠나 김승옥 소설 전체를 개괄한다는 의미에서 살펴볼 가치가 있다고 판단된다. 통속소설과 본격소설의 구분이 가능한가, 혹은 필요한가의 문제와 관련해서도 흥미로운 연구 주제가 될 것이라 본다.

## 2. 애타게 자궁을 찾아서

— 장용학 소설과 정신분석

### 1) 환원론을 넘어서

정신분석학을 문학연구에 적용한다 할 때 그간 여러 차례 지적되어온 문제점은 '정신분석 이론이 문학 작품의 내용을 설명하는 데 있어 환원론적인 결과를 만들어 낸다'는 것이었다. 이는 정신분석적 문학연구가 문학 작품을 마치 환자가 최면상태에서 혹은 자유연상을 통해 진술한 내용을 정신의학자가 분석하듯, 그 안에서 상징(대개 성적인 상징일 경우가 많다)이나 신경증의 징후만을 발견하려는 일종의 병적학(病籍學)적 시도로 마무리되고 마는 위험을 지적한 말이다.

실제로 그간 한국 문학사의 특정 작가를 정신분석적으로 고찰한다고 했을 때 이러한 환원론적 경향이 존재해 왔음은 분명하다. 심지어 정신분석 담론을 문학 연구에 차용한 초창기의 시도들은 문학 연구자들보다 오히려 정신의학자들에 의한 경우가 더 빈번할 지경이었다. 문학에 대해 전문적인 지식이 없는 정신의학자들이 문학을 연구할 경우 심리적 환원론에 빠질 위험은 클 수밖에 없다. 정신분석학이 이제 소개의 차원을 넘어 본격적인 문학 연구 방법론으로 제 자리를 잡기 위해서는 프로이트(Freud) 이론뿐만 아니라 그 이후 정신분석학의 여러 현대적 조류에 대한 문학 연구자들의 관심이 요구된다고 하겠다.

다음의 인용문은 이에 대해 적절한 실마리를 제공해 준다.

> 프로이트는 '개인적인' 심리적 원인과 설명으로 사회적이고 역사적인 문제를 바꿔치기했다고 비판받는데, 프로이트 저작의 특징은 우리로 하여금 개인의 발달을 사회적이고 역사적인 관계 속에서 생각하도록 해 주었다는 데 있다.[1]

그간 우리나라의 경우에서도 프로이트를 비판할 때 이글턴(Eagleton)이 지적한 것과 유사한 논리가 주를 이루었음을 부인하기는 힘들거니와, 그의 말대로 만약 프로이트 이론이 깊은 차원에서 사회이론이라면, 이는 이 이론이 문학연구에 적용될 경우에도 심리적 환원론에 빠지지 않고 다른 이론들, 특히 문학사회학적 연구방법이나, 역사·전기적 방법 등과의 제휴 속에서 보다 넓은 의미를 산출해 낼 수 있다는 말이 된다. 문제는 프로이트의 이론이 정말 사회이론인가 하는 점이겠다.

프로이트의 이론이 가지고 있을 지도 모를 사회이론적 함의를 논하기 위해서는 우선 마르쿠제(Mercuse)를 경유할 필요가 있다. 그의 저작 『에로스와 문명 Eros and Civilization』만큼 적절하게 정신분석 이론을 사회과학적 이론들과 제휴시킨 예는 달리 찾아 볼 수 없을 듯하기 때문이다. 마르

---

1) T. Eagleton, 김명환·정남영·장남수 공역, 『문학이론입문』, 창작과비평사, 1986, p.200.

쿠제는 프로이트의 정신분석 이론을 다음의 두 가지 관점으로 나누어 고찰한다.

1) 개체발생: 유아기 초기로부터 의식적이고 사회적인 존재로의 억압된 개인의 성장.
2) 계통발생: 원시 유목부족으로부터 제도화된 문명 상태로의 억압된 문명의 성장.[2]

마르쿠제가 개체발생 차원에서의 정신분석으로 지칭한 첫 번째 항목은 우리가 익히 아는 바 프로이트의 고전적 정신분석 이론에 속한다. 문제는 두 번째 항목인데 계통발생차원에서의 정신분석이란 프로이트에게는 맹아적으로만 존재했던 것[3]으로, 마르쿠제가 지적하는 바와 같이 개인 심리 차원의 분석을 넘어선 역사와 사회 전반에 대한 정신분석 시도를 지칭한다. 이러한 시도와 관련해서 우리가 거론할 수 있는 주요 이론가로는 라이히(Reich), 프롬(Fromm) 및 마르쿠제 등을 들 수 있다. 이 부분은 국내의 문학연구에서는 별반 다루어지지 않은 부분이어서 다소 생소하지만, 프로이트의 고전적인 이론에 비해 정신분석적 문학연구의 협소함을 극복할 수 있는 대안의 하나가 될 수 있다고 본다. 이 글에서는 이런 취지 하에 마르쿠제의 이와 같은 두 가지 차원의 분류에 따라 장용학의 소설들을 분석하기로 한다. 무미건조한 이론의 소개보다는 실제 분석의 예를 통해 이론을 이해하는 것이 훨씬 효과적이고 흥미로울 것이라는 판단에서이다.

그러나 현대 정신분석 이론을 거론할 경우 피해가기 이론가가 한 명

---

2) H. Mercuse, 김인환 역, 『에로스와 문명』, 나남, 1988. p.33.
3) S. Freud, 이윤기 역, 「토템과 타부」, 『종교의 기원』, 열린책들, 1997, 참조.

더 있다. 자끄 라깡(Lacan)이 바로 그인데, 이제 라깡의 이론은 단순한 소개 차원을 넘어서 우리 문학 연구에 하나의 대세로 자리를 잡고 있는 추세이다. 그런 이유로 이 글은 자끄 라깡의 이론에 대해서도 개략적인 소개와 더불어 그의 이론을 장용학 소설에 적용한 간단한 예도 함께 보여주게 될 것이다. 라깡은 프로이트 이론을 현대적으로 계승한 점에서는 마르쿠제 등의 이론가들과 맥을 같이 한다. 그러나 그들이 주로 프로이트 이론의 사회적 차원을 발전시킨 데 반해 프로이트 이론의 언어학적 함의를 탐구한 이론가이다. 다시 말해 전자가 프로이트 이론을 사회심리학으로 끌어 올렸다면, 후자는 그것을 언어학 및 제반 탈근대적 인문학 조류와 접목시킬 수 있는 길을 열었다고 할 수 있다. 라깡의 이론을 통해 우리는 장용학의 소설에 자주 등장하는 '언어 부정'이 갖는 보다 심도 깊은 의미를 이해할 수 있게 될 것이다.

## 2) 애타게 자궁을 찾아서

### (1) 오이디푸스 콤플렉스(oedipus complex)

정신 분석 이론의 체계에서 가장 핵심적인 개념은 바로 '오이디푸스 콤플렉스'이다. 장용학은 오이디푸스 콤플렉스의 소설화에 있어서는 한국 문학사를 통틀어 가장 탁월한 예로 꼽을 만하다. 신경득의 다음과 같은 지적으로부터 출발해 보자.

> 이 글을 주의깊게 검토할 필요가 있다. 장용학은 어머니의 죽음에 대하여 孝子가 가질 수 있는 자책감 이상의 신경증을 가지고 있다. 그것은

단순한 어머니 콤플렉스에서 끝나지 않는다. 장용학의 거의 모든 작품은 바로 이 어머니에 대한 동일시와 투사, 승화와 퇴행에 지나지 않는다. 그들은 近親相姦을 거쳐 어머니의 자궁으로 회귀하려는 퇴행을 거듭하며, 그것은 '죽음에의 사랑'을 일으킨다. 그리하여 그의 소설은 출생과 죽음을 연결하는 하나의 고리로서 원형성을 이룩한다.
……「요한詩集」의 누혜, 「非人誕生」의 지호, 「喪笠神話」의 인후 등은 가난에 시달리면서 치유하기 힘든 병을 앓는 어머니를 모시고 있다.4)

신경득이 말하는 '이 글'이란 장용학이 「요한시집」의 창작 경위를 밝히고 있는 글의 다음과 같은 부분을 두고 하는 말이다.

그해(55년을 말한다 − 인용자)는 또 나에게 있어서, 정월에는 「그늘진 斜塔」이, 3월에는 「肉囚」가, 시월에는 「死火山」이 이렇게 나의 작품이 대량으로 발표되고 해서, 이제 바야흐로 내 시대가 오나보다 할 뻔도 했는데 월남 후 무능한 자식을 믿고 고생에 고생을 거듭했던 어머니가 臥病 끝내 별세했으니 플러스 마이너스하고도 어머니는 영원히 不歸. 어머니를 그렇게 돌아가시게 할 줄 알았더라면 이 잘난 땅에서 소설은 안 했을 것이다.5)

장용학은 어머니의 죽음을 두고 자못 심각한 죄책감을 느낀다. 심지어 '이 잘난 땅에서' 소설을 하지 않았더라면 어머니가 돌아가시지 않았을 것이라고까지 말하고 있다. 신경득은 이러한 장용학의 어머니에 대한 집착과 그의 작품을 예리하게 연결시킨다. '장용학의 거의 모든 작품은 바로 이 어머니에 대한 동일시와 투사, 승화와 퇴행6)에 지나지 않는다'는 것이다. 그

---

4) 신경득, 『한국전후소설연구』, 일지사, 1983, 147쪽.
5) 장용학, 「실존과 요한시집」, 『한국전후문제작품집』, 신구문화사, 1960, 402쪽.
6) 퇴행 regress : 심리 발달과정 중 보다 후기에 속하는 조직화된 행동양상 및 정신작용들이 보다 초기에 속하는 것들로 후퇴하는 것을 의미한다. 이장의 경우는 오이디푸

리고 그 근거로서 「요한시집」의 누혜, 「비인탄생」의 지호, 「상립신화」의 인후 등이 가난에 시달리면서 치유하기 힘든 병을 앓는 어머니를 모시고 있다'는 점을 들고 있다. 즉 신경득이 보기에 이들 주인공들은 작가 장용학의 분신인 셈이다.

장용학 소설의 주인공들이 모두 모성(母性)에 집착한다는 말은 정신분석적 견지에서는 그들이 오이디푸스 콤플렉스 단계에서 부성(父性)의 원리를 거부했다는 말이 된다. 실제로 장용학 소설의 주인공들은 모두 프로이트가 말한 오이디푸스 콤플렉스 단계를 제대로 겪은 인물들이 아니다. 『원형의 전설』의 이장(李章)이 그 대표적인 예일 것이다.

오이디푸스 콤플렉스의 사회적 의의는 주지하다시피 아이가 금기, 제도, 법 등과 같은 부성원리를 접함으로써 사회화된다는 점이다. 그러나 이장은 사생아였으므로 이 단계를 제대로 거치지 못함으로써 이미 출생부터 상대적으로 금기에서 자유로운 인물이 된다. 그가 아버지의 존재에 대해 의문을 갖게 되는 것은 20세가 되어서이다.[7] 이장의 누이이자 근친상간의 연인이기도 한 안지야도 마찬가지다. 그녀도 자신의 아버지이자 시아버지이기도 한 오택부를 고등학교 들어갈 즈음에서야 알게 된다.[8] 그녀 역시 유년기의 오이디푸스 콤플렉스를 성공적으로 극복한 인물이라고 보기는 힘들다. 그들은 부성을 부정하고 영원히 모성에 남아 있고자 하는 것이다. 이들이 어머니인 오기미의 이미지에 끊임없이 얽매여 있다는 사실, 그래서 오기미는 필요 이상으로 미화되고 아버지 오택부는 이 작품 전체를 통틀어 악의 화신으로만 등장한다는 사실은 이를 증명하는

---

스 단계가 훨씬 지났어야 할 청년기에 다시 오이디푸스 콤플렉스 이전 단계로 후퇴한다.
7) 장용학, 『원형의 전설』, 동서한국문학전집 17, 동서문학사, 1987, p.14.
8) 위의 책, p.83.

보기가 된다. 필연적으로 그들은 제도나 문명, 관습 같은 미덕과는 담을 쌓은 인물들이었던 것이다. 대부분의 장용학 소설에서 주제가 되고 있는 문명, 제도, 관습 등 부성에 대한 철저한 반항의 연원은 여기서 비롯된다.

위의 두 인물이 오이디푸스 단계를 제대로 극복하지 못했다는 사실은 소설의 이후 전개에서 그들의 행위를 어느 정도 예상케 한다. 이들은 소설 속에서 명백한 근친상간을 시도한다. 그리고 이들의 근친상간은 정신분석적 견지에서는 오누이간이 아니라 모자간의 근친상간이다.

물론 표면적으로는 이 소설에서 이장이 사랑하는 여인은 셋이다. 어머니와 윤희와 안지야가 그들이다. 그러나 다음을 보자. 이 인용문들은 이들 세 여인이 사실은 모두 어머니라고 하는 한 여인의 다른 모습에 불과함을 보여준다.

……그 눈매와 시선(안지야를 말함 - 인용자)이 부딪쳤을 때 李章은 피가 파리해지는 것을 느꼈습니다. 그 눈동자 속에 윤희의 음영을 느낀 것입니다. 그리고 보니 얼굴의 윤곽도 어딘지 비슷한 데가 있다고 했습니다.[9]

어머니라는 그 여자가 불쌍하고 미운 눈물이었습니다. 왜 끝내 자기를 지키지 못했단 말인가, 하는 한탄과 경멸의 눈물이기도 했습니다. 그것은 또한 윤희에게 대한 그리움과 책망이기도 했을 것입니다.[10]

「그래두 전 조금두 자존심이 상해 안해요. 아이를 가져 보지 못해서 모성애라는 것을 잘 모르지만 선생님이 꼭 그런 아기처럼 느껴져요 좀 무서운 데가 있지만 ………」[11]

---

9) 『원형의 전설』, 앞의 책, p.59.
10) 위의 책, p.54.
11) 위의 책, p.120.

첫 번째 인용문에서 이장은 안지야와 윤희를 동일시하고 있다. 두 번째 인용문에서는 어머니와 윤희가 동일시되고 있다. 마지막 세 번째 인용문에서는 안지야가 이장에게서 모성애를 느낀다. 이는 결국 '안지야 = 윤희 = 어머니'라는 등식을 가능하게 한다. 즉 이장은 오이디푸스 콤플렉스 단계에서 벗어나지 못하고 심리적으로 고착(fixation)[12]된 상태인 탓에 어머니에 대한 사랑을 모두 이성에게 전이(displacement)[13]시키고 있다고 말할 수 있다. 라깡의 용어로 표현하면 그가 어머니와 자신을 분리해서 느낄 줄 모르는 상상계(imaginary)에 심리적으로 고착되어 있거나 혹은 퇴행하고 있다는 말이다. 이를 어머니에 대한 '분리불안'(separation anxiety)[14]이라고 불러도 좋을 것이다. 아직 상상계에 머무르고 있는 이장에게 어머니는 곧 자신이고 자신은 곧 어머니이므로 그는 어머니만을 사랑한다.

이러한 오이디푸스 콤플렉스 이전의 단계, 즉 모성에의 고착 혹은 퇴행은 그의 다른 소설 「상립신화」의 주제가 되기도 한다.

> 그리고 미어지는 것 같은 마음 한구석으로는, 세 시간 후란 성당에 도착했을 때를 두고 말한 것인가, 집을 나설 때를 두고 말한 것인가 하는 것을 가지고 앓고 있었다. 어머니에게 가서 물어버고 싶었지만, 그러다가 그런 것도 혼자서 알아 처리 못하느냐 하고 실망을 할까 봐 그러지도 못하고 있었다.[15]

---

12) 고착 fixation : 퇴행과는 달리 심리발달과정이 초기의 특정단계에서 더 이상 진척되지 않은 상태를 의미한다. 이장이 애초에 오이디푸스 단계를 겪지 않았다면 여기에 해당될 것이다. 이하 용어의 정의는 『정신병리학의 기초』(J.C.네마이어, 유병희 역, 민음사, 1992. p.343. 이하)에 따른다.
13) 전이 displacement : (1) 심리적 방어기제의 일종으로서 대상에 대한 감정이나 환상을 그들의 대리물에게 옮겨버리는 것. (2) 정신적 에너지를 한 가지 형태의 표현으로부터 다른 형태의 표현으로 옮겨버리는 심리적 방어기제의 일종.
14) 분리불안 separation anxiety : 중요한 사람이나 대상으로부터 분리되거나 그것을 상실하는 위협 때문에 생기게 되는 불안감. 중요한 사람의 사랑을 잃게 되는 위협때문에 생기는 불안감도 이런 분리 불안의 한 형태이다.

인용된 「상립신화」의 주인공인 인후는 장용학의 주인공들 중에서 가장 심한 고착 증세를 보인다. 인용문에서 '세시간 후'란 인후의 어머니가 자신의 임종시간을 예상하여 성당에 가서 장례 절차를 밟도록 한 시간이다. 그러나 인후는 어머니의 임종시까지도 그것이 '집을 나설 때인지', '도착했을 때'인지를 물어봐야 할 정도로 어머니에 의존적이다. 그런 의미에서 이 작품을 두고 장용학 자신이 평론가 유종호와 논쟁하면서 '어머니에 대한 예술적 보상'16)이라고 한 말은 시사적이다. 그것은 자신의 창작에서 어머니가 차지하는 비중을 고백한 말에 다름 아닐 것이기 때문이다.

결국 우리는 여기서 잠정적으로 오이디푸스 단계에 고착된 장용학의 인물들이 추구하는 세계, 즉 문명, 언어, 제도 등 모든 '인간적'인 것들 이전의 본래적인 실존의 고향이, 부성과 만나기 이전의 모성적인 성질의 것이라고 결론지을 수 있다. 그리고 그의 소설에서 이 모성적 낙원은 자주 '동굴'의 이미지로 표현되곤 한다.

### (2) 동굴 이미지와 죽음충동(Thanatos)17)

많은 현대 소설들에서 주체가 의식과 무의식으로 분열되어 있지 않은 상태, 어떠한 금기나 법의 억압도 없는 상태, 어머니와 자신이 어떠한 구별도 없이 완전한 동질성 속에서 존재하던 상태에 대한 강한 회귀 본능은

---

15) 「상립신화」, 앞의 책, p.397.
16) 장용학, 「해바라기와 '순수'신판」, 『문학춘추』 1964. 8월호.
17) 죽음 충동, 즉 그 유명한 Thanatos에 대한 프로이트의 언급을 인용하자면 다음과 같다. "……만약 우리가 살아 있는 모든 것은 〈내적인〉 이유로 인해서 죽는다 - 다시 한번 무기물이 된다 - 는 것을 하나의 예외 없는 진리로서 받아들인다면, 우리는 〈모든 생명체의 목적은 죽음이다〉라고 말하고 또한 뒤를 돌아보면서 〈무생물체가 생물체보다 먼저 존재했다〉고 말하지 않을 수 없을 것이다."(S. Freud, 이윤기 역, 『쾌락원칙을 넘어서』, 열린책들, 1997, p.53.)

주로 자궁을 닮은 성상징으로 표현되곤 한다. 장용학의 『원형의 전설』에서는 이러한 자궁회귀 본능이 주로 동굴의 이미지로 표현된다. 동굴이 여성의 성상징으로 얼마나 자주 쓰이는가는 우리가 익히 아는 바이다.

> 「그러니 이 동굴은 어느 모로 보나 나에게는 안성마춤인 피신처가 되는 것이다. 이 하늘 아래 이 몸을 가리어 주고 숨겨줄 수 있는 곳은 이 동굴 뿐인 것이다.」
> 그래서 이 동굴은 운명에서 뿐만아니라 법망에서의 안전지대도 되는 것이었습니다.[18]

이 인용문뿐만 아니라 이장과 안지야가 낙원에의 약속인 복숭아씨를 몸에 담은 채 죽는 곳 또한 동굴이었다는 점, 그리고 윤희를 처음 만난 곳에서 이장이 마치 미래사회의 모델인 듯한 지하세계의 환영을 만나는 곳도 동굴이었다는 점이 지적되어야 한다. 인용한 『원형의 전설』의 주인공 이장은 결국 끊임없이 동굴로 돌아가기를 원한다. 설사 그 곳이 구속이라 해도 그는 오히려 그 구속에서 편안함을 느낀다. 그는 상징계의 억압질서로 편입되기 이전의 상상계를 동굴에서 찾아냄으로써 그곳으로 회귀하고자 하는 것이다.

그러나 인간에게 자궁으로의 회귀는 결코 살아서는 불가능하다. 그것은 근본적으로 죽음에 의해서만 가능하다. 그래서 그들은 실제로 죽음을 원하고 또 죽는다. '아! 우리는 같이 죽는 거예요!'[19] 캄캄한 동굴, 떨어지는 바위. 어머니의 영원한 자궁으로 퇴행하여 죽음에의 사랑을 획득한 그들은 환희에 찬, 절망의 소리를 지른다. 그것은 본질적으로 '죽음이여 만세!'이다.[20]

---

18) 『원형의 전설』, 앞의 책, p.101.
19) 위의 책, p.154.

이들이 죽는 데, 즉 자궁으로 돌아가는 데 성공했다는 것은 오이디푸스 왕인 아버지와의 싸움에서 이겼다는 말이다.

> 아버지에 대항하는 공격 충동은 죽음의 본능의 파생물인 것이다. 어머니로부터 아이를 떼어내면서 아버지는 또한 죽음의 본능과 열반충동도 억제하는 것이다.21)

인용문에서 보듯 아버지는 어머니와의 근친상간도 금지하지만 동시에 어머니의 자궁으로 돌아가고자 하는 죽음충동 역시 금지한다. 죽음과 모성은 다같이 부성적 현실원칙으로 보아서는 무질서하고 불필요한 것이기 때문이다. 따라서 그들이 죽음에 성공했다면 근본적으로 그들은 아버지인 오이디푸스 왕과 싸워 이긴 셈이다. 금기를 부정하고 죽음을 택함으로써 그들은 영원히 오이디푸스 콤플렉스를 극복하기를 거부한 것이다.

이런 점에서 「역성서설」의 다음 장면은 풍부한 상징으로 가득 차 있다.

> "그런데 이 놈이 상기 소식이 없으니 혼절해서 그대루 죽어버렸나"
> 밖으로 나와 저 아래를 바라보는 것이었다.
> "그러면 오죽 좋으랴. 새벽에 제 지낼 것은 내 피여야 하는 법은 없다. 반드시 왕이 먼저 죽으라는 법은 없다!"
> …… (중략) ……
> 대사는 관음보살을 얻었지만 나는 윤희를 잃었다.
> …… (중략) ……
> "이제 한탄한들 무슨 소용이랴만 대사는 나를 용왕에게 시집보내려 하니 이 일을 어찌하면 좋단 말이냐"
> "용왕? 용왕이 누군 줄 아느냐, 저 대사다! 법당에서 잘땐 금강역사구 옛말 속에서는 용왕이다!"

---

20) 신경득, 앞의 책, p.179.
21) H. Mercuse, 앞의 책. p.124.

…… (중략) ……

"이 무슨 일인가?"

가슴 복판이 뚜껑이 잘 덮이지 않은 것처럼 네모로 드러났고, 그 속에는 시계의 내부처럼 자지레한 기계가 꽉 차 있는 것이었다.

로보트였다! 대사는 로보트였다!

"오직 인간, 인간을 위하여!"

모든 힘을 다 해가지고 대사의 가슴을 내리쩍었다.

…… (중략) ……

바람이라기보다 파도였다. 노도처럼 덮쳐드는 바람. 숨이 쿡쿡 막힌다. 바람이 이럴 수가 있는가. 이런 바람이 있는가.

지동이 죽은 걸 게다. 이 폭풍은 그 반동일게다!

일원화의 비원! 모든 구상을 불로 추상하여 말살시켜 버리겠다는 노기! 절간에서 이렇게 큰 불이 생겨날 리 없다.

공장이 타는 것이다……그렇다 비밀 병기창이 화재를 일으킨 것이다. 과학과 함께 세계가 타서 죽어가고 있는 것이다! 반란! 하나의 인과율에 의하여 말살당했던 모든 가능성들이 소생하는, 여기는 그 새벽이다. 땅에 뚜껑이 덮이고 하늘의 문이 열리는 카오스.

"아아 천동시대가 온 것이다!"[22]

녹두대사가 사는 곳은 '여우굴' 모양의 절간이다. 이 굴(어머니의 자궁) 속에서 용왕 즉 오이디푸스 왕인 녹두대사와 그 황태자 지호가 싸운다. 싸움의 이유는 윤희 즉 어머니를 누가 차지하는가에서 발단된다. 녹두대사는 '왕이 먼저 죽으란 법은 없다'면서 지호가 죽었기를 바라지만 왕의 죽음은 필연적인 것이다. 대사에게 윤희라는 이름의 또다른 어머니를 빼앗긴 지호가 오이디푸스 왕에게 순종할 리 없기 때문이다. 그래서 결투가 벌어진다.

그런데 싸우는 과정에서 녹두대사가 로보트, 즉 근대적 과학 문명 자체

---

[22] 장용학, 「역성서설」, 앞의 책, pp.376~378.

임이 드러난다. 익히 알고 있듯이 장용학에게 근대 과학 문명이 얼마나 증오의 대상인지는 분명하다. 문명은 장용학에게 오이디푸스 왕만큼 부정적인 것이다. 왜냐하면 그 둘은 동일하기 때문이다. 증오는 더해진다. 지호는 '오직 인간, 인간을 위하여!'라고 외치며 대사의 가슴을 내리찍는다. 오이디푸스 단계에 들어서기를 거부하는 순간이자, 부친살해의 순간이다. 당연히 그것으로 낙원은 도래하는 셈이다. 동굴은 지호의 차지이고 시간은 천동시대로 거슬러 올라간다. 그것은 근대의 멸망이자 자궁 회귀의 실현이다.

아버지인 오이디푸스 왕을 죽여야만 동굴에 돌아갈 수 있다는 사실, 이 말은 오이디푸스 시기 이후 아버지는 근친상간을 금지하면서 동시에 어머니에게 돌아가고자 하는 죽음충동까지도 같이 금지한다는 마르쿠제의 주장을 다시 상기시켜 준다.

장용학의 주인공들은 애초에 아버지의 이름 즉, 현실원칙을 거부한 존재들이다. 따라서 이들이 죽음과 친하다는 것은 당연한 일이다. 그들이 죽음을 두려워하지 않는다거나, 죽음을 각오한 후에 실존적 각성을 이룬다거나, 죽음을 통과의례로 삼아 '인간적'의 막을 찢고 '비인(非人)'에 도달한다거나 하는 것도 다 이런 이유일 것이다. 죽음은 그들이 아버지의 금기를 이겨내고 어머니에게로 복귀함을 의미하는 것이다.

### 3) 선사(先史), 혹은 어머니의 다른 이름

누가 꿈꾸더라도 낙원은 여성형이고 과거형일 수밖에 없다. 낙원을 꿈꾸는 행위는 현재를 불신한다는 얘기와 다를 바 없고, 우리가 사는 현재는 제도와 관습 등의 부성 원리가 지배한다는 의미에서 남성적이므로 당연히 여성적인 혹은 모성적인 낙원이 꿈꾸는 대상이 될 수밖에 없는 것이다. 앞 절에서는 그런 의미에서 장용학의 낙원이 아직 부성에 포섭되기 전의 상태, 즉 어머니의 이미지를 갖는다는 점을 살펴보았다. 이로써 개체발생 차원에서는 낙원이 왜 모성적이고 과거형인지를 살펴본 셈이다. 이제 이를 보다 광범위한 인류 역사에 적용하여 사회적 차원, 즉 계통발생 차원에서의 모성적 낙원 지향은 장용학의 작품에서 어떻게 나타나는가를 살펴보기로 하자.

> 우리는 웅대한 주제, 가령 투쟁·갈등 그리고 영웅주의를 강조하는 마르크스의 혁명적인 열정 때문에 자주 공산주의를 남성적인 이미지와 연관시키지만, 사실 공산주의는 사랑·평화·협동을 강조하는 여성적인 이미지로 특징지어져야 할 목가적인 세계다. 또한 이 여성적인 이미지는 모든 시대의 유토피아니즘이 공유하는 공통적인 이미지이기도 하다. 이러한 까닭에 에른스트 블로흐도 마르크스의 공산주의를 〈황금시대, 젖과 꿀이 흐르는 땅, 영원히 여성적인 것〉으로 이름하지 않았던가?23)

임철규의 이와 같은 언급은 마르크스주의같은 지극히 남성적인 특성을 가진 이념마저도 본질적으로는 여성적 낙원을 지향하고 있음을 보여준다. 사실 낙원을 향한 경로에 있어 마르크스주의는 남성적이지만 그 남성적인 경로를 통해 도달하고자 하는 낙원은 다른 유토피아니즘과 마찬가지로 예외 없이 여성적임을 부인할 수 없다. 그렇다면 우리는 다음과 같은 일반화도 가능할 것이다. '모든 낙원은 사실상 여성적인 것이다'.

그렇다면 낙원은 또 왜 항상 과거형인가? 그것은 다름아닌 과거 선사시대의 낙원이 '종족의 기억' 속에 남아서 현재를 비판하는 기준으로 작

---

23) 임철규, 『왜 유토피아인가』, 민음사, 1994. pp.42~43.

용하기 때문이다. 다음을 보자.

> 모든 사유의 근원에는 충족의 기억이 자리하고 있으며, 사고과정 배후의 추진력 또한 과거의 충족을 다시 맛보려는 충동이다.
> 이제 유토피아적 사유의 근원이 분명히 드러난다. 안과 밖 및 심리적인 것과 정치적인 것 사이에서 근본적인 매개자 역할을 하는 것은 바로 기억인 것이다. 비록 개인의 마음에 남아 있는 그 선사시대의 낙원에 대한 흐릿하고 무의식적인 종류의 기억이라 할지라도, 아뭏든 기억이 심원한 정신요법적·인식론적 내지 정치적 역할까지도 수행해낼 수 있는 것은, 바로 우리가 생의 출발에서 충만한 심적 충족을 경험한 바 있기 때문이며, 어떤 억압도 아직 생겨나지 않았던 때 즉 쉴러의 자연에서처럼 그후의 보다 세련된 의식의 정교한 분화가 일어나지 않았던 때라든가 아직 주관이 객관에서 분리되지도 않았던 때를 경험한 바 있기 때문이다.24)

인용문에 따르면 개체발생 차원에서는 오이디푸스 단계 이전의 모성적 낙원에 대한 기억이 계통발생 차원에서는 이제 선사시대의 기억으로 전환된다. 선사시대는 역사에 있어 오이디푸스 단계 이전의 모성적 시기이다. 즉 개체발생 차원에서와 마찬가지로 계통발생 차원에서도 오이디푸스 단계는 있었던 것이다. 오이디푸스 콤플렉스 개념을 역사에 적용하려는 이러한 시도는 프로이트의 후기 이론에서 출발한다. 그것을 프로이트 자신은 다음과 같이 표현한다.

> ……꿈을 꾼다는 것은 꿈꾼 사람의 아득한 과거 상황으로 돌아가는 일종의 퇴행이고, 어린 시절과 어린 시절을 지배했던 충동과 당시 사용했던 표현 방식의 재생이다. 이러한 개인적인 유년기의 배후에서 계통발생학적인 유년기, 즉 인류의 발전에 대한 인식 가능성이 열린다. 실제

---

24) F. Jameson, 이홍상 역, 『변증법적 문학이론의 전개』, 창작과 비평, 1986. p.122.

로 개인의 발전은 우연한 생활 환경에 의해 영향받고 축약된 인류 발전의 반복이다. 꿈에서 〈직접 도달할 수 없는 태곳적 인간 본성의 부분이 작용한다〉는 프리드리히 니체의 말이 얼마나 정곡을 찌르는지 가늠할 수 있다. 동시에 꿈-분석을 통해 인류의 태곳적 유산과 인간의 타고난 정신적인 근원을 인식할 수 있다는 기대를 품게 된다. 꿈과 신경증은 우리가 추측하는 것 이상으로 고대의 정신적인 것을 많이 보존하고 있는 것처럼 보인다. 그래서 정신분석은 아득한 먼 옛날 인류가 태동했을 무렵의 상황을 어둠 속에서 밝혀 내고 재구성하기 위해 노력하는 학문들 사이에서 높은 위치를 요구할 수 있는 것이다.25)

『꿈의 해석』에서 프로이트는 이와 같이 인간의 무의식 속에 '고대적인' 어떤 기억이 자리잡고 있다고 말한다. 이러한 그의 언급은 이후 마르쿠제에 의해 인류사에 대한 정신분석으로 계승된다.

마르쿠제에 따르면 인류사에 있어 문명이 발생하는 시기는 가부장적 부족장에 대한 아들들의 반란이 일어나고, 그 아들들이 형제 씨족을 확립하면서이다. 그 반란은 부족의 여자들을 둘러싸고 일어난다. 아버지를 죽인 아들들이 여자들을 분배하여 차지하고 자신들의 씨족을 확립하기 위해서는 필연적으로 자신을 아버지와 마찬가지로 가부장적 권위를 가진 인물로 재구성할 필요가 생기는 것이고, 바로 그런 필요가 문명, 즉 '사회 도덕을 생성하는 금기와 억제'를 끌어들이는 것으로 된다. 오이디푸스 왕을 죽인 형제들은 아버지를 죽임과 동시에 자신을 그의 권위와 동일시하게 되며 이로써 그는 아버지에 대한 양가감정 속에서 오이디푸스 단계를 성공적으로 경과하게 된다. 문명의 시작이다. 장용학의 용어를 빌리면 본래적 인간을 포기한 최초의 '인간적' 존재가 탄생한 것이다.

장용학이 원하는 것은 이렇게 탄생해서 오늘에 이른 이 '인간적' 존재

---

25) S. Freud, 김인순 역, 『꿈의 해석』, 열린책들, 1997. pp.680~681.

를 역사적 오이디푸스 단계 이전의 '인간'으로 되돌려 놓으려는 것으로 보인다. 이것은 이미 살펴본 '개체발생 차원'에서 그가 오이디푸스 콤플렉스 이전의 자궁으로 회귀하고자 하는 시도와 유사한 대응양상을 보인다. 그는 개인사적으로도, 인류사적으로도 문명 이전을 낙원이라 부르는 것이다.

> 인간. 이렇게 흉물스럽게 생긴 동물이 또 있을까. 물고기도 아니면서 털이라곤 한두군데에 좀먹은 것처럼 발려 있을 뿐, 밍밍한 것이 구역을 돋운다. 스스로도 창피스러운지 헝겊으로 가리었는데, 그 옷이라는 것이 또 망측하게 만든 것이어서 가달이 둘씩 달린 봉투 같은 것을 아래위로 맞추어 댄 것이다. 그것을 또 지각머리없게 아침저녁으로 입었다 벗었다 한다. 그뿐인가. 남들은 모두 점잖게 네발을 땅에 짚고 사는데 이건 능글능글 두다리로 곤추서서 별별 짓을 다 한다. 지상 최대의 곡예사이다. 그들이 하는 짓으로 요술이 아닌 것이 있는가 보아라. 그래서 그들에게는 절개라는 것이 없다. 그러기 때문에 그들의 자랑거리라는 것이 그 끝이 다섯조각으로 쭉쭉 잘려져 나간 손이라는 것으로 그것으로 주물러보지 않은 것이 없고 못하는 것이 없다.26)

그가 인간을 경멸하는 이유가 이 인용문에는 잘 드러나 있다. 인간은 '털이 없어 밍밍한 것이 구역을 돋군다'. 그래서 몸을 가리고자 동물 중에서는 유일하게 옷이라고 하는 것을 입는데 그 옷도 흉물스럽기 그지없다. 게다가 인간은 '능글능글 두 다리로 서서 못하는 짓이 없다'. 손도 못마땅하다. 그 '손으로 못하는 짓이 없기' 때문이다. 다시 말해 인간 문명의 허위와 그 문명을 가능케 한 직립과, 문명을 창조한 도구인 손이 그에게는 몹시도 못마땅하다. 결국 그는 인간이 아직 직립도 하지 않고 그래서 손도 도구도 발달되지 않은 전문명 상태의 낙원을 기준으로 현대의 인간을

---

26) 장용학, 「肉囚」, 앞의 책, 145~146.

비꼬고 있다. 그에게는 선사시대에 대한 '종족의 기억'이 아주 강하게 자리하고 있는 것이다. 이 기억이 그를 현대에 적응하지 못하게 하고, 문명을 부정하게 하며, 개체적으로는 어머니의 자궁으로, 인류사적으로는 문명 이전의 원시 상태로 회귀하고자 끊임없이 시도하게 만든다.

> "저런 땅굴 속에서 아직두 사람 같은 소리를 해!"
> "……"
> "인간을 버리구 좀 천진난만하게 살란 말이야. 툭툭 앞질러 가면서 자기가 자기의 주인답게 살란 말이야……"
> "……"
> "이를테면 이렇게 살란 말이오"
> 두 손을 내밀더니 앞으로 엎더진다. 네 발이 된 것이다. 네 발 걸음을 하는 것이다.27)

인용문에서 보듯이 장용학에게 '자기가 자기의 주인답게 사는' 길은 두 손을 내밀고 '엎더져'서 '네 발 걸음을 하는 것이다'. 이런 이유로 『원형의 전설』의 이장은 혈거생활을 편안하게 느끼고, 「역성서설」의 지호는 과학 문명의 상징인 공장을 불사른다. 『위사(僞史)가 보이는 풍경』의 문기오는 '신석기전'이라는 전시회를 기획하며, 「미련소묘」의 상주는 전근대적 미신을 떨쳐버리지 못한다.

이로써 우리는 장용학의 소설 곳곳에 등장하는 동굴 이미지의 또다른 의미를 이해하게 된 셈이다. 동굴은 어머니의 자궁에 대한 성상징이자 혈거시대의 낙원을 상징한다. 그의 소설의 주인공들은 개체적으로는 오이디푸스 단계 이전, 어떠한 금기도 억압도 없는 어머니의 자궁으로 회귀하기를 원하며, 인류사적으로는 역사적 오이디푸스 단계 이전, 문명이 아직

---

27) 장용학, 「非人誕生」, 앞의 책, 335쪽.

존재하지 않는 선사시대의 낙원으로 회귀하기를 원한다. 이러한 시도의 동력은 초자아를 통해 수천년 동안 보존된 '종족의 기억'이다. 종족의 기억을 통해 장용학의 주인공들은 어떠한 제도도 금기도 없는 인류사의 어머니 품, 선사시대를 꿈꾸는 것이다.

## 4) 언어 이전

이상의 논의를 통해 우리는 장용학의 소설에서 특징적인 반문명, 반제도 의식이 정신분석에서 말하는 오이디푸스 콤플렉스와 맺고 있는 관계를 개체발생적 차원에서, 그리고 계통발생적 차원에서 모두 살펴본 셈이다. 이제는 장용학 소설의 또다른 특징인 '언어 부정'이 오이디푸스 단계에서 갖는 특별한 의의를 살펴보아야 할 차례다. 여기서 중요하게 부각되는 것이 라깡의 이론이다.

프로이트의 고전적 이론에서도(특히 『꿈의 해석』에서) 언어에 대한 특별한 관심이 자주 등장하지만, 그것이 오이디푸스 단계에서 갖는 특별한 함의에 대한 본격적인 논의는 별반 찾아볼 수 없다. 따라서 이 문제는 주로 라깡이나 오스본(Osborne)과 같은 현대적 정신분석가들의 이론을 수용하여 살펴보기로 한다. 논의를 통해 우리는 장용학 소설에서 특징적인 언어 부정의 격렬함이 갖는 심층적인 의미를 풍부하게 이해하게 될 것이다.

> 어린애들이 부수고 찢고 하는 것은 어른들이 말하는 〈부수고 찢고〉 이전의 단순한 동작에 지나지 않는 것입니다. 도리어 그런 호전성은 어린애들의 그런 단순한 동작이 금지된 데서 배태된 것이라 할 것입니다.
> 어린애들의 그런 동작이 수그러지기 시작하는 것은 어른들의 사설에 접촉하게 되면서부터 입니다. 〈부수지 말아라〉 〈싸워선 못쓴다〉 〈정 말

을 안 들으면 집에서 내쫓겠다)하는 말이 그들로 하여금 그들의 그런 동작을 못하게 한 것입니다. 그렇다고 해서 그것이 없어진 것이 아닙니다. 없어진 것이 아니라 안으로 파고 들어가 마음으로 승화된 것입니다. 승화해서 마치 시어머니가 두려운 며느리처럼 표면으로는 귀로 들어온 대로 행위라는 것을 하지만 마음속으로는 언제나 딴생각을 하는 것입니다. 그런데 그 시어머니란 바로 자기 자신인 것입니다.
　　여기서 우리는 〈말〉이 어떻게 해서 생겼는가 하는 것을 알 수 있습니다…… 〈말〉이란 〈길〉이고 길이란 〈금지〉인 것입니다.[28]

위 인용문의 요점은 한 마디로 장용학이 오이디푸스 단계에서 아동에게 주어지는 부성의 금기를 말, 혹은 어른들의 사설과 동일한 것으로 보고 있다는 점이다. 아이가 오이디푸스 단계에서 만나는 아버지의 금기를 장용학은 '〈부수지 말아라〉〈싸워선 못쓴다〉〈정 말을 안 들으면 집에서 내쫓겠다〉하는 말'로 치환하고 있는 것이다. 결국 장용학에게 부성은 곧 언어이다. 그래서 그는 '〈말〉이란 〈길〉이고 길이란 〈금지〉인 것입니다'라고 말한다. '언어(말)'란 인간이 사회화되어 '인간적'에 적응하고 살아가는 하나의 '방법(길)'인 것이고, 정신분석적으로 그것은 애초에 본래적 존재로서의 인간이 가지고 있던 욕구에 대한 '억압(금지)'에 다름 아니다. 이를 다시 풀이하면 장용학은 오이디푸스 단계에서 언어가 하는 역할을 아버지의 역할과 동일한 것으로 보고 있다. 이는 쉽게 우리를 라깡의 '상징계'(*Symbolic*) 이론으로 이끈다.

오이디푸스 콤플렉스 단계를 프로이트의 현대적 계승자인 라깡은 상상계에서 상징계로의 이행과정이라고 본다. 아동발달의 초기 단계 즉 오이디푸스 콤플렉스 이전 단계에는 주체와 객체, 자신과 외계간에 뚜렷한 구별이 아직은 불가능하다. 이 상태를 라깡은 '상상적' 단계라고 불렀다.

---

[28] 『원형의 전설』, 앞의 책, 13쪽.

이 시기에 아이는 어머니의 몸과 '공생적'인 관계를 이루고 있어서 이 관계가 모자간에 뚜렷한 경계선을 흐리게 만든다. 주체는 객체와 분리되지 않고 어머니에 대한 근친상간적 사랑은 어떠한 금기에 의해서도 제약받지 않는다. 그러나 이런 식의 행복한 이중 구조는 아버지가 끼어드는 불안정한 삼각 구조의 단계, 즉 오이디푸스 콤플렉스 단계를 거치면서 상징계에 강제적으로 도달하게 된다. 아버지는 어머니와 아이의 상상적 일치를 허용하지 않는다. 아버지는 사회화되고 제도화된 금기로서의 언어이기 때문이다.

상징계란 말 앞에 '언어적'이란 말을 붙이면 보다 쉽게 그의 이론의 요체를 파악할 수 있다. 언어적 상징계란 말은 프로이트가 말한 부성의 특징으로서의 금기, 법, 가부장적 권위 등을 언어로 교체하고 있음을 의미한다. 오이디푸스 콤플렉스를 겪어버린 아이는 이제 언어적으로 구성된 현실세계에 기탁해서만 자신의 무의식을 표현할 수 있다. 리비도적 '욕구'는 언어를 통해서만 현실적인 '요구'로 된다. 즉 오이디푸스 콤플렉스 단계에서 억압되어 무의식으로 추방된 리비도적 욕구는 언어로 표현되면서 본래의 직접성을 상실하게 되고, 언어에 의해 순화되어 끊임없이 그 충족이 유보되게 되는 것이다. 왜냐하면 탈구조주의자인 라깡에게 언어는 '끊임없는 기표의 미끄러짐'[29]이기 때문이다.

그에게 언어는 기의와 기표가 완전히 결합된 투명한 의미체가 아니라, 오히려 기표의 차이에 의해서만 의미를 산출하는 자의적인 의미체일 뿐이다.[30] 따라서 리비도적 욕구는 기의로서의 자신을 포기하고 기표인 '요구'로 대체되면서 본래의 강렬한 욕구를 충족할 방도를 찾을 길이 없다. 장용학이 '없어진 것이 아니라 안으로 파고 들어가 마음으로 승화된 것'

---

29) 김형효, 「라깡의 반인간주의」, 『현대시사상』 '90 여름호, p.78.
30) J. Derrida, 권택영 역, 「차연」, 『후기구조주의 문학이론』, 민음사, 1989. p.243.

이라고 하는 표현을 사용하는 것은 이렇게 충족되지 않은 리비도적 욕구를 두고 하는 말이다.

이로써 우리는 장용학의 소설에서 나타나는 언어에 대한 강한 거부감의 정신분석적 의미를 상당부분 이해하게 된다. 즉 오이디푸스 단계와 아이가 말을 배우는 단계가 일치함에 대해 숙고해 본다면, 말이 곧 금기라는 장용학의 인식은 이미 라깡의 정신분석을 선취하고 있는 것이다. 다음의 인용문을 보자.

> 공기 속에 살고 있다는 것은 〈말〉 속에 살고 있다는 것과 마찬가지다. 처음에만 〈말〉이 있는 것이 아니라, 처음부터 끝까지 있는 것은 〈말〉 뿐이었다. 인간은 그 입에 지나지 않았다. 입으로서의 운동, 이것이 인간 행위의 전체였다.[31]

그가 언어를 부정하는 것은 언어적 상징계의 리비도에 대한 억압성, 혹은 충족의 유보를 꺼려하기 때문이고, 그럼으로써 아직 자신이 어머니와 한 점의 빈 틈도 없이 일치하고 있던 상상계로 돌아가고자 하는 욕구의 표현이기 때문이다. 인용문에서처럼 공기 속에 산다는 것, 즉 인간으로서의 생명이 지속되는 한 그는 상징계의 일원일 수밖에 없다. 장용학이 '인간적' 존재를 두고 '말의 노예'라는 표현을 자주 쓰는 이유도 이것이다. 인간은 이미 상징계에 들어선 이상 언어를 통해서만 자신의 리비도적 욕구를, 그것도 불충분하게만 표현할 수 있을 뿐이다. 언어는 그가 상징계에 들어서는 순간 이미 자신의 의지와는 무관하게 공기처럼 세계를 가득 메우고 있기 때문이다. 그러므로 그 안에 계속 살아 있고자 하는 이상, 그는 언어를 받아들여야 하고 이것은 바로 본래적 존재로서의 '인간'을 포

---

[31] 장용학, 「요한詩集」, 앞의 책, p.385.

기하고 말의 노예인 '인간적'을 산다는 의미가 된다. 언어는 결코 본래적 인간의 욕구를 지시하는 온전한 의미체도 아닐뿐더러 그것의 충족과는 무관하기 때문이다.

그래서 그는 언어를 아직 모르던 시기인 상상계로 회귀하고자 한다. 상징계에 들어선 이후에야 아이에게는 초자아가 형성되며 도덕과 관습, 법, 사회적 금기 등을 배우는 것도 이때이다. 따라서 이 이전의 상상적 단계에 있는 아이에게 성인세계의 도덕적 평가는 적용될 수 없다. 따라서 그곳에서는 어떠한 억압도 존재하지 않는다. 완전한 모성만이 그를 감싸고 있을 뿐이다.

결국 장용학의 낙원 지향이 오이디푸스 콤플렉스 이전의 모성으로의 회귀와 동일하다는 점은 여기서도 밝혀지는 셈이다. 그리고 이러한 결론은 언어가 계통발생 차원에서의 오이디푸스 단계와 갖는 상관관계를 살피더라도 마찬가지이다.

엥겔스(Engels)의 『가족의 기원』과 프로이트의 정신분석이론을 비교하여 논하는 자리에서 오스본은 다음과 같이 주장한다.

> 프로이트는 언어의 예로서 성적 흥미의 노동과정으로서의 변형을 설명하고 있다. 즉, 언어는 성적 대상을 부르는 수단으로서 싹트기 시작했지만, 나중에는 그것이 발달하여 일을 하게 하는 고무적인 자극이 되었다.
>
> 최초의 발성은 전달의 수단이자, 성적 대상을 불러들이는 수단이었다. 후에 언어의 여러 가지 요소는 미개인이 행하였던 갖가지 종류의 작업에 부수되어 사용되어지게끔 되었다. 그러는 동안에 언어는 점차 성적인 의미로부터 분리되어 일에만 적용될 수 있는 것으로 되었다.[32]

---

[32] R. Osborne, 김기태 역, 「프로이트와 마르크스」, 『정신분석과 유물론』, 선영사, 1987, p.22.

언어가 아직 역사 속에서 상징계에 접어들기 이전, 그러니까 부친살해에 의한 형제 씨족 문명의 확립이라는 오이디푸스 단계를 겪기 이전에 언어는 '성적 대상을 부르는 수단으로서 싹트기 시작'했다. 이 말은, 최소한 그 시기까지는 언어가 아직 기의와 기표의 일치로서 이루어져 있었다는 말이다. 즉 기표로서의 언어는 기의로서의 리비도와 완전히 결합된 상상계의 언어였던 것이다. 라깡이 말하는 기의와 기표의 분리라는 현상은 이 시기에는 전혀 존재하지 않았다. 그것은 당시에는 언어도 아직 문명을 맞이하기 전이어서 억압을 모르고 단지 쾌락원칙에 종속되어 있었음을 의미한다. 그러나 그것이 발달하여 '일을 하게 하는 고무적인 자극이 되었다'는 것은 언어가 어떻게 현실원칙의 지배하에 종속되어 가는가를 잘 보여준다. 아다시피 노동은 현실원칙을 결과한다. 즉 일하기 위해 욕구는 억압되는 것이다. 언어에 있어 기표와 기의의 분리 현상은, 따라서 문명과 함께 시작한다.

이 문명의 출발은 앞서 살펴보았듯이 역사에 있어서 오이디푸스 단계가 가져다 주는 산물이다. 금기와 억압의 부성원리가 제도화되는 것, 그것이 문명의 시작이기 때문이다.

'그러는 동안에 언어는 점차 성적인 의미로부터 분리되어 일에만 적용될 수 있는 것으로 되었다.' 즉 완전히 기의로서의 리비도를 상실하고 현실원칙의 일원적 지배하에 들어서게 된 것이다. 이를 프로이트는 '문명이라는 것이 원시적인 충동의 충족을 희생시키는' 대가로서 출범했다고 표현한다. 이러한 오스본의 견해는 또다시 우리에게 장용학의 낙원이 갖는 원시성의 의미를 확인시켜 준다.

> 인간도 옛날에는 동물을 저렇게 잡아먹었다. 지금도 잡아먹지만 잡는 것과 먹는 일이 분리되고, 그 사이에 〈언어〉가 끼어들었다. 잡는 일

이 직업화하고 〈직업에 귀천이 없다〉에 의해 백정이 신사가 된 것뿐이다.[33]

  이 인용문을 위의 오스본의 견해와 비교해 보자. 동물들처럼 날고기를 잡아먹는 행위는 아직 인간이 문명에 들어서기 전의 일이다. 따라서 거기에는 식생활에 따르는 관습이나 예절 등이 아직 존재하지 않았을 것이다. 그러던 것이 잡는 것과 먹는 것의 분리, 즉 현실원칙과 쾌락원칙 사이에 간격이 발생하고 그 사이를 '언어'가 메우게 된다. 언어는 이제 '잡는 일' 즉 노동을 직업화시켜 그것을 즐기는 일, 즉 욕구의 충족과 철저히 분리시킨다고 장용학은 말한다.

  지금의 반쪽 짜리 언어는 문명 즉 본래적 인간에 대한 억압의 대가로서 주어진 것이고 그것이 어떤 의미에서건 억압이라면 그는 그것을 부정해야 한다고 믿는다. 그리고 그 부정의 저편에는 선사시대의 낙원이 존재한다. 그곳에서는 언어가 아직 리비도를 직접적으로 반영하며 그런 의미에서 라깡이 말하는 기표와 기의의 분리는 일어나지 않은 상태이다. 결국 언어가 없거나, 있다 하더라도 억압이 아니라 리비도와 결합된 상상계의 언어로 존재하는 세계, 그것이 장용학의 낙원에서 언어가 갖는 특성이 된다.

## 5) 정신분석의 일반화를 위하여

  이로써 우리는 장용학 소설의 심층 의미를 몇 가지 현대 정신분석 담론들을 통해 보다 풍요하게 이해할 수 있게 된 셈이다. 장용학 소설에서

---

33) 장용학, 『僞史가 보이는 풍경』, 앞의 책, p.157.

빈번하게 등장하는 언어에 대한 부정, 문명과 제도에 대한 부정, '인간적' 존재에 대한 부정 등의 테마는 그 근원에 있어서는 모두 한 가지 연원을 갖고 있다. 그것은 다름아닌 오이디푸스 단계 이전으로의 회귀 욕망이다. 장용학이 모든 금기와 제도에 적대적인 이유는 그가 개체발생 차원에서 오이디푸스 단계 이전을 지향하기 때문이다. 장용학의 근대비판의 귀착점이 선사시대와 같은 과거형인 이유도 마찬가지로 그가 인류사의 오이디푸스 단계 이전을 '종족의 기억' 속에서 재구성 하고자 하기 때문이다. 또한 그가 언어를 못 마땅해 하는 이유 역시 언어가 오이디푸스 단계에서는 아버지와 동일한 효과를 가지기 때문이다. 그는 언어적 상징계의 억압성을 거부하는 것이다. 죽음을 통과의례로 삼은 것도 이로써 설명이 가능하다. 오이디푸스 단계 이전으로의 회귀는 결국 아버지가 금지하는 죽음충동을 다시 부활시킨다는 의미이기 때문이다.

억압, 문명, 제도, 관습, 언어로 표현되는 부성원리와 그 배후에 무의식, 혹은 기억의 형태로 존재하는 반대항으로서의 모성, 이 양자의 대립이 장용학의 소설을 지탱하고 있는 두 개의 거대한 기둥이다. 장용학은 전자를 거부하고 후자를 형상화하는 데 자신의 모든 소설적 노력을 경주했던 것이다.

그러나 좀더 시야를 확대해 보면, 기원의 상실과 그 기원으로의 회귀라고 하는 테마는 사실 장용학 만의 주제는 아니다. 정신병리에 대해서는 가장 적대적인 이론가였던 루카치(Lukács)마저도 자신의 주저『소설의 이론』의 초두를 '별이 빛나는 창공을 보고, 갈 수가 있고 또 가야만 하는 길의 지도를 읽을 수 있던 시대는 얼마나 행복했던가? 그리고 별빛이 그 길을 훤히 밝혀 주던 시대는 얼마나 행복했던가?'라고 시작함으로써 일종의 신화시대(장용학의 선사시대에 대응하는)로의 퇴행 욕망을 마다하지 않은 판에, 소설 전체를 두고 '퇴행의 장르'라고 한다고 해서 크게 과장은 아닐 듯하다. 이 말은 곧 모든 소설은 다분히 정신분석적인 테마, 곧 오이디푸스 단계 이전으로의 퇴행이라고 하는 서사를 알게 모르게 반복하고 있다는 말이기도 하다. 정신분석이 굳이 장용학 같이 명확하게 정신병리적인 작가에게만 적용되는 것은 아닌 이유가 여기에 있다.

정신분석은 좀더 일반화되어야 한다.

## 3. 이 적막강산에

— 정정희, 『나를 사랑하게 해봐』, 문학동네, 2003.

정정희의 소설 속 세계는 '적막강산'(「전화의 저편」), 혹은 '불모'다. 사랑(남녀간이 되었건 부모자식간이 되었건)은 이루어지시 잃고, 이루어졌다 하더라도 이내 실패한다. 예외는 없다. 어떠한 관계도 지속되는 법이 없고, 설사 지속된다 하더라도 예외없이 형식적이고 간접적이다. 관계는 어떠한 직접성도 상실한다. 아이들은 죽은 채로 엄마 뱃속을 나서고, 설사 살아서 나온다 해도 오래지 않아 사고사(事故死)한다. 아내는 사막의 마을에서 사라져버리고, 남편은 마치 생에 대한 모든 에너지를 상실한 사람처럼(말하자면 정영문의 주인공들처럼) 어둡고 칙칙한 방안에 스스로를 유폐한다. 많은 주인공들이 행여나 사랑하는 이가 떠날까 전전긍긍하지만, 그러면서도 동시에 사랑이라는 '감정의 연고'(「곧 잊혀질 어느 오후」)에 휘말리지나 않을까 노심초사한다. 심할 경우 기나긴 사후애도와 우울증, 술과 잠과 섬망(譫妄) 상태에 빠져들며, 급기야는 살인을 저지르거나 자살하기까지 한다. 아주 인상적으로는 외로움을 견디지 못해 지하철 안에서 낯선 여인의 허벅지를 물어뜯기도 한다.

이토록 완벽한 불모의 세계를 가까스로 견뎌내는 사람들의 이야기가 정정희의 소설들을 만들어 내는데, 만약 어떤 세계가 이와 같이 믿어지지 않을 만큼 우울하고, 그 세계의 인물들이 또한 믿어지지 않을 만큼 하나같이 정신병리적이라면, 그때 필요한 것은 정신분석이다.

다만 잊지 말아야 할 것은 병인(病因)은 반드시 사회적이기도 하다는 점, 그리고 모든 예술 작품은 그것이 제아무리 사적(私的)인 상처의 고백으로 들린다 하더라도 사회적인 것들의 각인을 드러내기 마련이라는 사실이다.

## 1) 분리/연루 불안

정정희 소설 속 주인공들에게서 최초로 눈에 띄는 징후는 '분리불안(*separation anxiety*)'이다. 「공룡」의 주인공을 보자.

> 그가 사라질까 두려워서 나는 신경을 곤두세우고 그를 지켜보았다. 찻물을 끓일 때도 가스레인지 앞에 팔짱을 끼고 서서 십 초에 한번씩 그가 있는 쪽을 돌아보았고 그의 집 앞 구멍가게에 맥주나 담배를 사러 나갈 때도 백 미터 달리기를 십 구초로 달린 실력이 무색하게 화다닥 뛰어나갔다가 달려 들어오곤 했다. 그가 볼일이 있어서 코트를 입고 서류봉투를 들고 집을 나서던 날 오후에 나는 그의 원룸 아파트 안을 열 바퀴쯤 맴돌았다. 세 바퀴 정도는 마음을 가다듬고 천천히 돌았지만 나중에 미친 다람쥐처럼 뱅글뱅글 돌면서 뛰다가 침대 모서리에 부딪히고 책상 모서리에 부딪히고 그랬다. 여섯시쯤 돌아오겠다던 그가 다섯시도 안 돼 초인종을 눌렀을 때 나는 너무나 지쳐서 그가 되돌아가 버렸으면 할 정도였다.
>
> ― 「공룡」, p.32

'그'와 '그녀'는 아직 결혼 전으로 동거 중이다. 사실 결혼이 많은 경우 욕망의 목표 달성을 통해 상대에 대한 리비도 집중을 약화시키는 경향이 있음을 감안할 때, 아직 결혼 전인 이들은 상호간 리비도 집중의 충만 상태에 있어야 맞다. 결혼 전이므로 그들은 아직 서로를 격렬하게 '사랑'(이런 게 있다면)하고 있다. 그러나 바로 그 사랑의 한 가운데, 리비도 집중의 절정에서마저 정정희의 주인공은 '그'가 떠날까봐 전전긍긍한다.

'그'가 떠날 지도 모른다는 염려에 대한 실제적 근거는 전혀 없다. '그'가 무심한 사람이고, 공룡처럼 퇴화되어가고 있는 인물이고, 리비도 방출을 가급적 억제하고 있음에는 틀림없지만, 그렇다고 그의 행위에서 돌연한 가출이나, 배신의 기미는 느껴지질 않는다. 그러니 '그녀'의 불안은 전혀 '현실 불안(real anxiety)'이 아니다. 현실 불안은 확인 가능한 위험 요소를 전제하기 때문이다. 그러므로 아무런 근거도 없는 '그녀'의 불안은 확실히 신경증적이다. 근거가 없는 불안, 말하자면 일종의 '기대 불안(expectation-anxiety)'이기 때문이다.

「공룡」의 주인공만이 아니다. 거의 예외 없이 이 작품집에 실린 매 소설마다 최소한 한 명 이상의 주인공은 신경증적 불안 상태에 있다. 가령 「나비부인들」에서 '나'는 남편의 분리불안 증세에 대해 이렇게 말한다. "그는 내가 하루종일 곁에 있어도 나를 의심했다. 내 얼굴에 다 써있다는 것이었다. 속으로는 옛날 남자를 생각하면서 그게 미안하니까 평소와 달리 자기한테 친절하게 군다는 것이었다"(p.295). 사실 의처증이란 아내와의 돌연한 분리에 대한 근거 없는 불안의 소산이 아니던가? 「만일에 그런 일이 생기면」의 화자도 마찬가지다. 그의 말을 들어보자. "나는 그게 무엇이든 익숙한 것이 곁에서 사라지는 걸 두려워했다. 낡아빠진 티셔츠 하나도 그래서 쉽게 버리지 못했다. 걸핏하면 대청소를 한다는 명목으로 아내는 이것저것 마구 버리곤 했는데 그럴 때마다 아내가 무섭다는 생각이 들곤 했다. 무엇보다 내가 두려워하는 건 아내가 사라지는 것이다".(p.20)

이외에도 「부드러움이 주는 교훈」의 주인공은 어머니와 아버지가 헤어질 지도 모른다는 사실 앞에서 발작적으로 기절하고, 「봄밤의 일」의 두 연인은 서로 안고 있는 순간마저도 이별 때문에 불안해하며, 「자두잼」에서 크리스틴은 사랑하는 남자가 아침에 떠나는 게 싫어 그의 옷을 감춘다. 「누나」의 이혼한 아내는 이혼 후에도 밤마다 남편에게 전화를 걸고, 「모텔 마릴린」의 화자는 이미 죽은 아이와 영영 헤어지지 못한 채 지옥같은 삶을 살고 있으며, 「스카이블루 핑크」의 부부 또한 술과 잠으로 아이와의 폭력적인 사별을 각각 애도 중이다. 어떤 소설에서도 예외는 없다.

흥미로운 것은 분리불안에 빠진 정정희의 주인공들에게는 대개의 경우 '짝패(double)'가 있다는 점이다. 짝패들은 행여나 어떤 '감정의 연고', 혹은 관계의 직접성에 연루될까 두려워한다. 말하자면 분리불안과 완전히 반대되는 증상으로 시달린다. 그들은 분리를 두려워하는 것이 아니라 연루될 것을 두려워한다. 편의상 이들의 증상에 '연루불안 *access-anxiety*'이란 이름을 붙여보자. 그 증상들은 다음과 같다.

> 그녀와 헤어질 무렵 내가 가장 무서워한 것은 그녀가 나에게 쏘아대는 그 감정의 연고였다.
> —「곧 잊혀질 어느 오후」, p.116

'그'는 '그녀'의 격한 사랑을 '신파조'라고 매도한다. 그리곤 바로 그 신파조의 감정에 연루될까 두려워, 거기서 어떤 연고를 발견할까 두려워 그녀와 헤어진다. 입양아인 자신의 고독과 불행 또한 바로 그 '연고 없음'에서 비롯되었음에도 말이다.

> 짧고 정확한 것. 치마를 벗고 드러누워도 과학적인 느낌만 주는 상황이 내게는 필요했다. 자상하고 따듯해서 조금만 나쁜 생각을 해도 금새 들켜버릴 것 같은 의사는 무서웠다. 그런 점에서 나의 새로운 담당의사는 만족스러웠다고 할 수 있다. 그는 차트를 넘겨보면서 나는 쳐다보지도 않았다. 나는 단지 그가 그 날 만날 수십 명의 임산부 가운데 하나였다. 게다가 그는 인상이 기묘했다. 인상이 익는데 이유를 알 수 없었고 누군가를 연상시키는데 그게 누군지 결국은 생각해내지 못했다.
> ― 「공룡」, p.44

많은 사람들의 도움과 배려가 필요한 임산부가 '자상함'과 '따뜻함', 말하자면 관계의 친밀함 앞에서 두려움을 느낀다. 친밀함이 배제된 관계, 과학을 매개로 한 형식적인 관계, 차트를 통해서만 관찰 당하는 관계, 요컨대 간접적 관계에서만 편안함을 느끼는 이런 심리 속에서 연루에의 불안을 발견하기는 그리 어렵지 않아 보인다.

> 이런 저런 우스꽝스러운 불편을 겪다가 나는 저절로 알게 되었다. 제대로 된 것들은 하나같이 연약하고 사랑스럽다는 사실을. 커피 잔만 해도 그렇다. 나는 하루에 스무 잔 가까이 커피를 마시는데 항상 자판기의 종이컵으로만 마셔버릇해서 새하얀 도자기 잔에 마시는 커피가 얼마나 색다른지 알 길이 없었다. 그런데 미나가 그 사실을 알게 한 것이다. 나는 미나를 증오한다. 증오하지 않고는 견딜 재간이 없기 때문이다.
> ― 「모텔 마릴린」, p.225

「모텔 마릴린」의 '나'가 미나를 싫어하는 이유도 위의 예에서 그리 멀지 않다. 내게 '제대로 된 것들의 연약함과 사랑스러움'을 알게 한 미나, 가령 '새하얀 도자기 잔에 마시는 커피'가 얼마나 색다른지를 알게 한 미나를 싫어해야 할 근거는 없다. 근거가 없으므로 '나'의 증세는 신경증적이다. '불안한 짝패'에 관한 한 정정희 소설에 예외는 없다.

## 2) 외상적 분리

그러나 사실 이 두 종류의 불안, 즉 분리 불안과 연루불안은 최소한 정정희의 소설 속에서는 동전의 양면이다. 엄밀하게 얘기하자면 분리불안은 연루불안을 포함한다. 혹은 연루불안의 깊은 원인은 분리불안에 있다. 연루 불안의 증상을 보이는 주인공들은 곧 헤어지게 될 것을 염려해서, 즉 '분리되지 않기 위해서' 연루되지 않는 것이다. 분리불안 증세를 보이는 주인공들과 연루불안 증세를 보이는 주인공들을 '짝패'라고 규정했던 이유도 여기에 있는데, 사실상 그들은 동일한 병인을 상이한 두 종류의 증상으로 표현하고 있을 따름이다.

한 편에서는 이별하고자 하고 한 편에서는 그 이별을 두려워하고 있으니 짝패들은 결코(!) 행복한 결합에 이르지 못한다. 정정희의 모든 소설(초기작에 해당하는 『오렌지』와 『토마토』를 포함해서)에서 대상리비도집중(*object-cathexis*), 즉 '사랑'에의 시도가 예외 없이 어긋나고 미끄러지고 목적지를 상실하는 이유도 여기에 있다. 그들은 끝없이 서로를 사랑하려고 시도하지만 이내 사랑은 악순환적인 폭력의 상호교환으로 바뀌고 만다. 물론 사태의 깊은 원인은 본인들이 알지 못하는 곳에, 즉 무의식 속에, 외상적 기억의 형태로 존재한다.

정정희의 모든 주요인물들의 기억 속에는 이미 외상(*trauma*)으로 굳어져 버린 '분리'의 경험이 있다. 그 외상적 분리의 폭력성은 너무나도 가혹한 것이어서 그것을 체험한 어떤 주체에게도 사랑은 즉각 분리 불안을 일으키게 만들고, 그 고통스러운 분리를 다시 겪지 않기 위해 사랑이라는 감정에 연루되기를 두려워하게 만든다. 대상리비도는 목적지를 벗어나 철회(*libido-regression*)된다.

이제 그 병인, 외상적 분리의 예들을 찾아 볼 차례다. 그러나 그 예들이 너무 많아서 여기 다 나열할 수 없을 지경이니, 그 중 전형적인 한 구절만 옮겨 적는다.

> 인자는 그가 자신에게 주는 이 미칠 듯한 궁금증이 이상하게도 점점 공포를 닮아간다고 느꼈다. 어머니가 아플 때나 이 주일 내내 어머니의 방에서 약냄새를 맡아야 할 때 느꼈던 공포. 어머니를 잃게되리라는 공포. 이 세상에 그녀 혼자 남으리라는 공포. 그는 술이 확 깬 표정으로 돌아와서 손가락 끝이 하얘지도록 맥주잔의 손잡이 부분을 문지르고 있었다. 그가 누군가를 생각하고 있고 그로 인해 고통을 느끼고 있으며 그 상대가 자신이 아닌 것만은 분명했다.
> ― 「전화의 저편」, p.172

차차 살펴보게 되겠지만, '인자'는 우울증 환자다. 말하자면 분리불안보다 훨씬 심하게 외상적 분리의 후유증을 앓고 있는데, 바로 그러한 증상의 원인에 대해 무의식적으로 자가진단하고 있는 부분이 위의 인용문에 해당한다. 인자는 지금 '그가 누군가를 생각하고 있'는데 그것이 자신이 아니라는 사실 때문에 공포스러워 하고 있다. 그리고 그 공포는 그녀에게는 외상적이라 할 만한 다른 기억, 즉 어머니가 죽을지도 모른다는 생각으로 전전긍긍('불안'을 표현하는 데에 이만한 수식어가 또 있을까?) 했던 유년기의 기억을 즉각 상기시킨다. 말하자면 현재 그녀가 '민수'에게 느끼는 분리불안의 연원은 소급하자면 그녀에게 최초로 폭력적 분리의 공포를 유발했던 병상의 어머니와 관련되어 있다. 이쯤해서 프로이트가 신경증적 불안의 최종심급에는 최초의 분리로서의 '출산', 즉 어머니와의 폭력적 분리가 놓여 있다고 말했던 사실을 상기하는 것도 좋을 듯 싶다. 인자의 분리불안은 외상적 분리의 강박적 반복에 다름아닙니다.

정정희 소설 속에서 인자와 같은 사례는 전혀 예외적인 것이 아니다. 「곧 잊혀질 어느 오후」의 '히로'는 "어머니가 갑자기 미국 남자와 결혼하는 바람에"(p.114) 미국에 온다. 「누나」에서 '누나'는 아버지와의 행복한 이자적 관계(분명히 엘렉트라 콤플렉스와 관련이 있다)가 아버지의 급작스런 죽음으로 파괴되고 난 후, 심한 분리불안을 겪는다. 게다가 잔혹하게도 누나는 두 아이와도 폭력적인 분리, 즉 사별을 겪는다. 「벤자민」의 '벤'은 이미 고국, 그리고 어머니와의 폭력적인 분리를 겪은 바 있는 입양아인데, 그는 바로 그 외상적 분리 이후 어떠한 사랑으로부터도 도피하는 연루 불안을 겪는다. 「봄밤의 일」의 남자 주인공은 아홉 살에 어머니와 이별했으며, 이후로 어머니와 똑같은 병에 걸려 있다. 그는 어머니에 대해 '양가 감정'을 가지고 있다. 즉 분리불안과 연루불안을 동시에 가지고 있다.

요컨대 외상적 분리 역시 정정희 소설 속에서는 전혀 예외가 없다. 정정희의 주인공들은 하나같이 분리불안과 연루불안을 통해 최초의 외상적 분리를 반복한다. 그리고 그 외상적 분리는 항상 어머니와 아버지, 혹은 아이들과 관계된다.

그렇다면 우리는 정정희적 인물들이 겪고 있는 불안 신경증에는 최종적으로 '가족의 해체'라고 하는 현대 특유의 사회적 상황이 가로 놓여 있다고 말해야 할 것이다. 확실히 병인은 사회적이기도 하다.

### 3) 우울증 혹은 기나긴 사후애도

정정희 소설 속에서 분리불안과 연루불안에 시달리는 인물들은 그나마 다행한 편에 속한다. 왜냐하면 불안이란 프로이트의 분류에 따르면 '전이신경증(transference neurosis)'에 속하는 것이어서 그나마 치료가 가능하기 때문이다.

'불안(anxiety)'과, '강박증(compulsion)', '히스테리(hysteria)' 같은 신경증들은 심리적 갈등을 의사에게 '전이(transference)'시키는 것이 가능하므로 의사가 환자의 심리적 갈등을 떠맡아 해소시킬 수 있다. 즉 치료가 가능하다는 말이다. 그러나 '나르시시즘(narcissism)적 신경증'의 경우는 사정이 다르다. 이 경우 어떤 현실적 좌절, 즉 외상적인 경험에 의해 대상리비도(objec-libido)가 퇴각하고 나면, 목표를 상실한 대상리비도는 자아리비도(ego-libido)로 변형되어 주체에게로 되돌아오게 되는데, 이때 적절한 리비도 해소책을 찾지 못할 경우 '퇴행(regression)'이 일어난다. 즉 리비도가 심리 발달 단계상 훨씬 이전, 그것도 '자가성애기(autoeroticism period)'로 되돌아가 고착(fixation)되는 일이 발생한다.

자가성애기는 이미 그 용어의 의미가 함축하고 있듯이 아무런 대상의 필요를 느끼지 못하는 단계이므로, 이미 상실한 리비도 집중 대상, 즉 사랑의 대상을 다른 대상으로 대체할 어떤 이유도 없어진다. 자기 속으로의 완벽한 침잠, 심지어 의사에 대한 전이마저도 불가능해지는 사태가 발생하는데, 따라서 치료는 없다. 프로이트는 이 '나르시시즘적 신경증(narcissistic neurosis)'의 유형에 '우울증(depression)'과 '조발성 치매(dementia praecox)', 그리고 '편집증(paranoia)'을 포함시켰다.

정정희 소설 속에서 빈번하게 등장하는 것은 그 중 우울증이다. 우울증을 프로이트는 특별히 '나르시시즘적 동일시(narcissistic identification)'라고 부른다. 우울증 환자는 상실한 리비도 집중 대상을 결코 떠나보내는 법이 없다. 가령 아이의 죽음으로 우울증에 걸린 환자는 결코 사멸한 리비도집중 대상으로서의 아이를 천상으로 떠나보내지 않는다. 대신 그 대상과 자신을 '동일시'함으로써 대상을 자신의 내부로 가져온다. 대상리비도를 철회해서 자아리비도로 변형시키되 그렇게 변형된 리비도를 이미 자신의 내부로 옮겨온 그 대상에 다시 집중시킨다. 우울증 환자에게 상실한 사랑 대상의 대체물은 이제 자기 자신이다.

죽은 아이가 내부에 있으므로 환자는 아이의 흉내를 낼 것이다. 아이의 이른 죽음에 원망이 쌓였다면 아이를 나무라듯 스스로를 자학할 것이다. 아이의 죽음이 연상될 때면 스스로 죽음의 상태, 말하자면 끝없는 잠과 무기력에 빠질 것이고, 술과 환각도 마다하지 않을 것이다. 그 가엾은 주인공들이 여기에 있다.

「누나」의 이야기다. 유독 누나와 사이가 좋았던 아버지가 죽었다. 그리하여 아버지를 향해 있던 누나의 대상 리비도는 철회될 위기를 맞는다. 아버지를 잊어야 하는 것이다. 그러나 누나는 아버지를 영원히 떠나보내는 대신 자신의 내부로 모시고 들어갔다. 리비도 철회와 함께 나르시시즘적 동일시가 일어난 것이다. 이제 누나는 아버지다. 그러나 아버지가 죽었으니 마찬가지로 누나도 죽어야 한다. 그리하여 "누나는 방에만 틀어박혀 있다가 갑자기 집에서 나가더니 차도에서 달리던 택시에 뛰어들었다"(「누나」, p.190). 요행히 누나는 살아나지만, 죽음의 상태는 유지된다. 프랑스로의 유학도 새로운 리비도 집중의 대상을 만들어주지는 못한다. 무기력 상태, 기나긴 사후애도가 계속된다. 게다가 가혹하지만 누나는 곧 두 아이를 다 잃게 될 것이다.

「모텔 마릴린」 이야기다. 아이와 아내가 죽었다. 역시 그들을 향해 있던 대상 리비도가 철회된다. 지상에 그가 애착을 가진 어떤 사물도, 어떤 인물도 존재하지 않게 된다. 살인은 쉽다. 내 속에 아직 살아있는 내 아이와 내 아내와 마찬가지로, '죽는다'는 것은 아무 것도 아니다. 물론 '죽이는' 것도 아무 것도 아니다. 그리하여 '나'는 '미나'를 괴롭히는 그녀의 오빠를 "마치 그가 종이조각이라도 되는 듯이 차로 가볍게 밀어내" 버린다. "열심히 살려고 노력했던 다른 가족이 힘겹게 오래도록 죽어간 것에 비하면 벽에 부딪혀서 한순간 정신을 잃은 것처럼 취중에 사라져버린 그의 행운은 불공평한 것"(「모텔 마릴린」, p.237)이라고 '나'는 생각한다. 물론 살인은 예서 멈추지 않을 것이다. 미나를 포함해서 최소한 넷이, 아무렇지도 않게 죽을 것이지만, 애도는 끝나지 않는다.

「스카이블루 핑크」 이야기다. "어느 날 가게에서 돌아와 보니 아내가 유진의 책상 앞에 앉아 있었다. 그 애가 죽을 때 입고 있었던 커다란 티셔츠와 청바지를 입고 유진이 맞추다가 포기했던 강아지 모양의 퍼즐을 맞추고 있"다(p.216). 유진은 아직 아내 속에 있다. 아내는 대상리비도와 함께 아이도 자신 내부로 가져가 버렸다. 아내는 아이와 스스로를 동일시한다. 그러니 그녀가 아이의 옷을 입고, 아이의 퍼즐을 맞추는 것은 당연한 일이다. 간식도 잊지 않아야 한다. 냉장고에는 "아들이 좋아하는 간식이 잔뜩 준비되어" 있다. 아내가 죽은 아이가 되었으니, 그 둘이 하나가 되었으니, 남편은 할 일이 없다. 그는 술로 도피한다. 술은 아이에 대한 기억을 생생하게 되살려 놓는다. 남편 역시 기나긴, 도저히 벗어날 수 없는 기나긴 터널과도 같은 사후애도 과정 속으로 빠져든다.

요컨대 정정희적 인물들의 기나긴 사후애도는 치료 없는 우울증과 함께 끝날 줄 모른다. 이토록 처참한 가족 풍경들, 분리불안에 시달리고, 연루불안에 시달리고, 사산하고, 사별하고, 우울증에 괴로워하고, 자학하고, 자살하는 가족과 연인들의 이야기를 정정희 소설 속에서 말고 우리가 어디서 한 번이라도 본 적이 있던가?

정정희 소설의 사회적 발언이 시작되는 지점이 여기이다. 미루어 보건대 정정희가 소설 속 주인공들의 신경증과 우울증의 병인 가장 멀리에 해체되어 가는, 혹은 이미 해체가 완료된 가족을 배치해 놓았기 때문이다. 다소 복잡한 우회로를 경과해 왔지만 정정희적 인물들의 최종적 병인은 현대 사회다.

## 4) 쥐의 출현

그럼에도 불구하고 해명된 것은 아직 별로 없다. 정정희 소설 속에 빈번히 등장하는 주인공들이 분리불안과 연루불안을 동시에 겪고 있다는 사실, 그리고 현재의 불안 너머에는 과거 폭력적인 분리의 외상이 존재한다는 사실, 결국 그들은 외상의 순간을 강박적으로 반복하는 신경증 환자들의 사례에 속한다는 사실, 증세가 심할 경우 우울증에 걸리기도 한다는 사실, 그럴 경우 도저히 헤어날 수 없을 듯한 사후애도의 미로 속을 헤매게 된다는 사실, 말하자면 '문학적'이기보다는 순수하게 '심리학적'인 사실들 외에는…….

그러나 과연 그럴까? 작가 정정희는 정신병리학적 지식의 소설적 예시를 보여주기 위해 작품들을 썼을까? 도대체 심리학적인 것과 문학적인 것의 구별은 어디로 갔단 말인가? 초두의 '예술작품에 대한 사회적인 것들의 각인'이란 것이 고작 그 흔한 '가족의 위기' 정도란 말인가?

이 모든 의아함 한 복판으로 불쑥, 쥐 한 마리가 튀어나온다.

결국 그는 오지 않았다.
일에도 별 진전이 없었다. 깊은 좌절감 때문인지 동행과 나는 공항에서도 비행기에서도 내내 서로 말하지 않다가 아주 매운 걸 먹고 헤어지기로 했다. 교보 문고 근처에 있는 유명한 낙지 집에서 밥을 먹는데 탁자 아래로 쥐가 지나갔다. 밥에 비빈 매운 낙지 덩어리가 한순간 내장 어딘가에서 얼어붙는 듯했다. 우리가 비명을 지르자 주인 아줌마는 콩나물국을 마시라고 권했다. 정말 서울은 이상한 곳이야. 무서운 곳이야. 우리는 얌전히 콩나물을 마시고 남은 낙지를 먹었다. 아무도 어떤 것에 대해서도 사과하지 않는 곳, 용서받길 원하지 않는 곳, 우리는 서울로 돌아온 것이다.

― 「공룡」, pp.38~39

그녀의 절실한 요청에도 불구하고 연인은 오지 않았다. 그는 출장지로 달려오는 대신 이런 말만 했다. "어쩌면 갈 수도 있어. 날 한번 거기 가도록 만들어뵈"(「공룡」) 물론 그는 후에 남편이 될 그 남자, 이 작품집의 제목이 된 "널 사랑하게 해봐!"란 대사의 주인공이다. 그에게서 분리불안을 제거해 줄 어떤 행동을 기대하기는 힘들어 보인다. 그가 아니었더라도 사정은 마찬가지이다. 정정희의 인물들에게 분리불안은 소멸불가능한 성질의 것이다.

어쨌거나 결국 '나'와 친구는 서울로 돌아온다. 순서대로라면 이제 그가 있는 어둡고 칙칙한 방으로 서둘러 걸음을 옮겨야 할 참이다. 이미 보았듯이 그녀는 분리불안을 겪고 있기 때문이다. 그러나 소설의 서사 진행과는 아무런 상관도 없이, 인물의 성격에도 전혀 어울리지 않게, 그야말로 개연성 없이 둘은 '교보문고 근처의 유명한 낙지 집'에 들른다. 마치 서울의 한 복판에서 무언가 확인해야 할 것이 있다는 듯이 말이다. 쥐가 튀어나온 곳이 바로 거기다. 말하자면 그들은 서울의 한 복판에 쥐가 살고 있다는 사실을 확인하러 거기에 들렀던 셈이다. 쥐는 결국 예고 없이 서울 한 복판으로 튀어나온다. 이 느닷없는 쥐의 출현을 어떻게 해석해야 할까?

우리가 모르는 새 서울 한 복판에 쥐가 산다면, 서울은 '전체적으로 불안하다'. 게다가 느닷없이 튀어나온 쥐(이 설치류 동물은 또한 프로이트가 불안의 하위범주로 놓고 분석한 '공포증*phobia*'의 더할 나위 없는 대상이기도 하다)에 대해 누구도 사과하지 않고, 누구도 용서를 구하지 않는다면, 그곳은 참 무서운 곳이고 부조리한 곳이다. 정정희가 심리학자가 아니라 작가가 되는 지점이 여기다.

교보문고 근처가 서울 전체로 확대되고 서울이 현대적 도시 일반으로 확대되게 하는 논리는 순수하게 '문학적'인 추론방식이다. 현대의 한 복판에 쥐가 산다. 공포증의 대명사, 전염병의 대명사, 이유 없는 불안의 대명사 쥐가 산다. 게다가 그것은 식사시간을 포함해서 언제라도 튀어나올 준비가 되어 있다. 누군들 불안하지 않겠는가? 불안과 우울증에 대한 탐구가 문학적 장치의 힘을 빌어 개인적 연원에서 사회적 연원의 탐구로 넘어간다.

게다가 '쥐의 출현'이 정정희 소설 속에서 불안의 사회화를 위한 유일한 소도구인 것도 아니다. 여러 번 소설 속으로 사회가 출몰한다. 혹은 사회는 여러 번 소설 속에, 그리고 정정희적 주인공들의 정신병리 속에 각인된다.

## 5) 불안의 사회적 연원

쥐가 출현하기 전까지, 우리는 정정희적 인물들의 이상심리 속을 헤매기만 했다. 그러나 쥐의 돌연한 출현은 우리의 주의를 바깥 세상으로 돌려놓는다. 그렇다면 이제 그들의 심리 밖, 세상 속으로 잠시 나가보는 것도 좋겠다.

먼저, 그들은 어디에 사는가? 물론 아파트에도 살고, 단독주택에도 살겠지만, 무엇보다도 오피스텔에 산다. 그것도 혼자 산다. 오피스텔이란 어떤 곳인가?

> 오피스텔에서 집들이라니 웃기는 사람들이 아닌가. 여기는 짜장면이나 피자 같은 걸 배달시켜 먹어야 마땅한 곳이다. 여기는 혼자 사는 사람들의 배타적인 유니언 같은 구역이다. 음식에 손님에 고성방가라니. 행복한 신혼부부는 하루빨리 이 고요한 빌딩에서 제거되어야 한다. 그들이 빠른 시일 내에 수도권에 있는 소형 아파트 분양권에 당첨될 수 있기를.
>
> ―「공룡」, p.40

오피스텔이란 '혼자 사는 사람들의 배타적인 유니언 같은 구역'이어서, 그곳에서는 손님을 불러도 적절하지 않고, 행복한 신혼부부가 사는 것도 적절하지 않다. 집들이는 말할 것도 없고, 심지어 음식도 '직접' 해먹기보다는 '간접적으로' 시켜 먹는 게 어울린다. 말하자면 관계와 접촉을 최소화한 채로 분리/연루불안의 상태를 유지하며 살아야 제격이다. 화자의 분리/연루불안은 주거 공간의 선택에도 그대로 적용된다.

그러나 역으로 생각해보자. 혹시 오피스텔이라고 하는 주거 환경이 그녀의 불안에 대해 일말의 책임이라도 있는 것은 아닌가? 불안은 사회적 연원 또한 갖고 있는 것은 아닌가? 연루/분리불안이란 가급적 연루되지 않고 그러나 완전히 분리되지도 않고 살아가기를 택한 현대인들에게서 주로 나타나는 전형적인 징후는 아니겠는가? 그렇다면 불안이 그녀로 하여금 오피스텔을 택하게 한 것이 아니라, 오피스텔로 표상되는 현대적 공간 분할이 그녀의 불안에 병인의 하나로 작용했다고 말할 수도 있을 것이다.

그들의 국적은 어디인가? 한국인이기도 하고 미국인이기도 하지만, 대개는 무국적인들이다. 왜냐하면 그들이 입양아들이기도 하고, 한 나라에 대한 소속감을 전혀 느끼지 못하기 때문이기도 하고, 그들에게서 발견되는 '한국적'인 특성이 전혀 없기 때문이기도 하다. 정정희 소설의 가장 뚜렷한 특징 중 하나가 바로 이것이다. 그들은 모두 연고가 없다.

그러나 그들만 그러한가? 실제로 현대의 일상을 정의할 때 '문화적 무국적 상태(혹은 다국적 상태)'라는 말보다 더 정확한 것이 있을까? 그리고 분리/연루불안에 관한 한 국적, 즉 연고가 없는 이들 말고 누구에게서 그런 증상들이 더 잘 발견될 수 있겠는가? 정정희 주인공들 중 입양아들이 많은 비율을 차지하는 이유, 무대가 한국과 미국을 구분 없이 넘나드는 이유, 그들이 입는 옷과 먹는 음식 듣는 음악과 말하는 방식 또한 전혀 국적과 무관한 이유, 말하자면 국적을 불문하는 이유도 여기에 있다. 연루불안과 분리불안은 무국적 상태와 아주 흡사하다. 연고가 없다 함은 애초부터 자신의 기원과 분리되어 있는 존재란 말에 다름 아니다. 태초에 분리가 있었다. 결핍은 원초적이다. 그처럼 태생적으로 신체에, 무의식에 각인된 결핍을 이겨내려는 연약한 존재들의 몸부림이 분리불안과 연루불안을 결과한다는 것은 어렵지 않게 유추가 가능하다. 현대의 무국적성은 불안의 또 다른 병인인 것이다.

그들은 어떻게 의사소통하며 사는가? 일단 '대화'는 배제된다. 그들은 '직접적인' 대화를 두려워한다. 가령 「곧 잊혀질 어느 오후」의 화자는 단도직입적으로 "나도 그녀도 똑같이 대화란 걸 두려워하고 있었다"(p.111)라고 말한다. 그렇다면 그 외에 어떤 방식이 있을까?

그들은 전화로 의사소통 한다. 특별히 「전화의 저편」에서 우울증에 걸린 여성 화자의 비참한 통화를 상기해 보자. 그녀는 오로지 전화로만 죽은 애인과 의사소통 한다. 전화는 죽은 애인에 대한 그녀의 분리불안을 유일하게 잠재워주는 의사소통 수단이다. 물론 인터넷도 있다. 「지하철에서 그녀가 음악을 듣고 있었을 때」의 '나'의 직업을 상기해 보자. 그리고 그가 아내 아닌 다른 대상들과 의사소통 하는 유일한 방식이 바로 인터넷의 익명성 너머로 숨는 것이었음을 상기해 보자. TV도 있다. 「공룡」의 '나'는 소설의 마지막에 공룡과도 같은 일상으로부터 어디로 도피하던가? 그들 모두 생필품은 홈쇼핑으로 조달하고, 설사 오랜만에 동창들을 만나더라도 노래방 기계 없이는 의사소통 하지 못한다. 요컨대 돈이나 직업, 혹은 현대적 통신 수단이나 문화 매체의 매개가 없는 대화란 그들에겐 서툴고 부조리한 말장난에 불과할 뿐이다.

그런데 매개 없는 대화에 대한 두려움이란 연루불안의 사회적 이름이 아닌가? 그럼에도 불구하고 시도하는 의사소통, 그것의 사회적 이름은 또한 분리불안이 아닌가? 불안의 사회적 병인이 여기 또 있었다.

이처럼 오로지 개인들의 정신병리로만 보였던 불안으로부터 사회적 각인들을 찾아내는 일이 정정희 소설 속에서는 그리 어려운 일이 아니다.

## 6) 이 적막강산에

요컨대 정정희는 탁월한 심리학자일 뿐 아니라 사회학자이기도 하다. 그리고 무엇보다도 정신병리적인 사실과 사회적 사실들을 드러나지 않도록 교묘하게 배치해 소설을 만들어 낼 줄 아는 많지 않은 작가들 중 하나이기도 하다.

그리고 바로 이 작가로 하여 우리는 이제 어느 날 텅 빈 지하철에서 누군가 느닷없이 자신의 허벅지를 허기진 듯 물어뜯더라도(「지하철에서 그녀가 음악을 듣고 있었을 때」), 그의 기나긴 사후애도를 이해할 수 있게 되었다. 그의 병은 또한 그 만큼은 외롭고 병리적인 우리들의 현대가 겪고 있는 병이기도 하기 때문이다.

오죽했으면 그랬을까? 그의 영혼만큼 우리의 시대도 적막강산이 아닌가?

# 참고문헌

## 프로이트의 저작

\* 〈열린책들〉판 프로이트 전집은 독일 피셔 출판사(S. Fischer Verlag) 간행의 『지그문트 프로이트 전집 *Sigmund Freud Gesammelte Werke*』과 제임스 스트라치(James Strachey) 편집의 영역본 『표준판 프로이트 전집 Standard Editions of the Complete Psychological Works of Sigmund Freud』를 대본으로 번역되었다. 그러나 각 권별 수록 내용은 프로이트 저술의 발간 연대기순을 따른 독일어판 『전집』이나 주제별 편집과 연대기적 편집을 절충한 『표준판 전집』을 그대로 따르지 않고, 『표준판 전집』을 토대로 하되 주제별로 논문들을 다시 엮은 『펭귄 판』을 참조했다고 한다. 한국어판 전집의 목록은 아래와 같다.

『꼬마 한스와 도라』, 김재혁 외 역, 열린책들, 1997.
『꿈의 해석』(상·하), 김인순 역, 열린책들, 1997.
『나의 이력서』, 한승완 역, 열린책들, 1997.
『농담과 무의식의 관계』, 임인주 역, 열린책들, 1997.
『늑대인간』, 김명희 역, 열린책들, 1996.
『무의식에 관하여』, 윤희기 역, 열린책들, 1997.
『문명 속의 불만』, 김석희 역, 열린책들, 1997.

『새로운 정신분석 강의』, 임홍빈 외 역, 열린책들, 1996.
『성욕에 관한 세 편의 에세이』, 김정일 역, 열린책들, 1996.
『억압, 증후, 그리고 불안』, 황보석 역, 열린책들, 1997.
『예술과 정신분석』, 정장진 역, 열린책들, 1997.
『일상 생활의 정신병리학』, 이한우 역, 열린책들, 1997.
『정신분석 운동』, 박성수 역, 열린책들, 1997.
『정신분석 강의』(상·하), 임홍빈 외 역, 열린책들, 1997.
『종교의 기원』, 이윤기 역, 열린책들, 1997.
『창조적인 작가와 몽상』, 정장진 역, 열린책들, 1996.
『쾌락원칙을 넘어서』, 박찬부 역, 열린책들, 1997.
『히스테리 연구』, 김미리혜 역, 열린책들, 1997.

■ 작품

김광식, 「213호 주택」, 『문학예술』 1956.6.
김동립, 「대중관리」, 『사상계』 1959.12.
김성한, 「로오자」, 『김성한 중단편전집』, 책세상, 1988.
───, 「바비도」, 『김성한 중단편전집』, 책세상, 1988.
김운하, 『137개의 미로카드』, 문학과지성사, 2001.
박경리, 「불신시대」, 『현대문학』 1957.8.
서기원, 「암사지도」, 『현대문학』 1956.11.
선우휘, 「불꽃」, 『문학예술』 1957.7.
손창섭, 「미해결의 장 – 군소리의 의미」, 『현대문학』 1955.6.
───, 「생활적」, 『손창섭 대표작 전집』 권3, 예문관, 1970.
───, 「神의 戱作」, 『정통한국문학대계 20』, 어문각, 1994.
───, 「아마추어 작가의 변」, 『현대한국문학전집3』, 신구문화사, 1965.
───, 「잉여 인간」, 『사상계』 1958.9.
───, 「혈서」, 『손창섭 대표작 전집』 권3, 예문관, 1970.

송병수, 「쑈리 킴」, 『문학예술』, 1957.7.
이범선, 「갈매기」, 『현대문학』 1958.12.
――, 「오발탄」, 『현대문학』 1959.10.
장용학, 「긴 안목이라는 악령」, 『세대』 1964.8.
――, 「낙관론의 주변」, 『세대』 1964.10.
――, 「不毛의 文學風土」, 『사상계』 1965.7월호.
――, 「비인탄생」, 『동서한국문학전집 17』, 동서문학사, 1987.
――, 「사화산」, 『문학예술』, 1955.10.
――, 「상립신화」, 『현대한국문학전집 4』, 신구문화사, 1973.
――, 『원형의 전설』, 『동서한국문학전집 17』, 동서문학사, 1987.
――, 「肉囚」, 『사상계』 1955.4.
――, 「편리한 비평정신」, 『문학춘추』 1964.10.
――, 「한글신화의 허구」, 『신동아』 1968.1.
――, 「해바라기와 '순수'신판」, 『문학춘추』 1964.8.
――, 「현대의 야」, 『현대한국문학전집 4』, 신구문화사, 1973.
――, 「형상화 미수」, 『신동아』 1967.8.
추  식, 「부랑아」, 『현대문학』 1955.6.
하근찬, 「수난이대」, 『한국일보』 1957.1.1.
한무숙, 「감정이 있는 심연」, 『문학예술』 1956.6.


■ 참고한 국내 단행본 및 논문


강내희 외, 『포스트모더니즘론』, 강내희·정정호 편, 터, 1989.
강내희, 「언어와 변혁」, 『문화과학』 '92. 겨울, 문화과학사.
――, 『포스트모더니즘의 쟁점』, 터, 1990.
강상순, 「〈구운몽〉과 17세기 장편소설의 정신분석」, 배달말 27, 2000.
강신경, 「장용학의 실존주의 수용양상에 관한 연구」, 중앙대학교 석사학위 논문, 1990.

강윤희,『한국 전후 소설의 그로테스크 연구 - 장용학, 손창섭, 최상규의 소설을 중심으로』, 서강대학교 석사학위논문, 2002.
곽종원,「6·25 동란 이후의 작단개관」,『신천지』1953.4.
권택영,『후기구조주의문학이론』, 민음사, 1989.
권희돈,「6·25 가 전후 한국소설에 미친 영향」,『새국어교육』56, 1998.
김  현,「에피메니드의 역설-장용학론」,『현대한국문학전집』4, 신구문화사, 1973.
──,「이름 없는 세계에의 갈구-비인탄생·역성서설」,『현대한국문학전집』4, 신구문화사, 1973.
──,「테러리즘의 문학」,『사회와 윤리』, 일지사, 1974.
김광일,「한국 신화의 정신 분석학적 연구」,『한국문화인류학』창간호, 1968.
──,「한국 전래 해몽에 관한 정신 분석학적 고찰」,『신경정신의학』별책, 1969.
김교선,「장용학의 소설」, 국어문학 18집, 전북대 국문학회, 1976.
김미리,「장용학 소설론」, 전남대학교 석사학위논문, 1986.
김미정,『장용학 소설 연구 : 텍스트 형성원리를 중심으로』, 성균관대학교 석사학위논문, 2001.
김상선,『신세대 작가론』, 일신사, 1964.
김열규 외,『정신분석과 문학비평』, 고려원, 1992.
김우종,『한국현대소설사』, 성문각. 1982.
김욱동 편,『포스트모더니즘과 포스트구조주의』, 현암사, 1991.
──,『대화적 상상력 : 바흐친의 문학이론』, 문학과 지성사, 1988.
김윤식,『한국문학의 논리』, 일지사, 1974.
──,『한국현대문학사』, 일지사, 1976.
김윤식·정호웅,『한국현대소설사』, 예하, 1993.
김윤정,『Sons and lovers의 정신 분석적 접근』, 홍익대학교 석사학위논문, 2002.
김은전,『한국현대소설연구』, 삼영사, 1989.
김인환,「라깡의 언어와 무의식」,『현대시사상』'90. 여름호.
김종은,「소월의 병적」,『문학사상』1974.5.
──,「이상의 理想과 異常」,『문학사상』1973.7.

김지영, 『손창섭 소설에 나타난 주체형성 연구』, 서울대학교 석사학위논문, 1997.
김현숙, 「전후소설 작품 속에 나타난 작가의식」, 이화여대, 『한국어문학연구』 9호, 1969.
김형중, 『장용학 소설의 낙원의식 연구』, 전남대학교 석사학위논문, 1995.
김형효, 「라깡의 반인간주의」, 『현대시사상』 '90. 여름호.
───, 『구조주의의 사유체계와 사상』, 민음사, 1992.
───, 『데리다의 해체철학』, 민음사, 1994.
나은진, 『1950년대 소설의 서사적 세 모형 연구』, 이화여자대학교 박사학위논문, 1998.
도정일, 「무의식과 욕망」, 『문화과학』 1993. 봄호.
라깡과 현대정신분석학회편, 『우리 시대의 욕망 읽기 : 정신분석과 문화』, 문예출판사, 1999.
문화라, 『손창섭 소설에 나타난 인물의 욕망구조 연구』, 이화여자대학교 석사학위논문, 1994.
박계정, 『1950년대 소설에서 본 피해의식소고』, 이화여대 식사학위논문, 1979
박동수, 『S. Freud에 있어서의 Eros와 예술』, 홍익대학교 석사학위논문. 1989.
박유희, 「장용학 소설의 공간과 구조」, 『현대문학이론연구』 14, 2000.
박정은, 『손창섭 소설의 정신분석학적 연구』, 건양대학교 석사학위논문, 1997.
박찬부, 『현대정신분석비평』, 민음사, 1996.
배개화, 『손창섭 소설의 욕망구조 연구』, 서울대학교 석사학위논문, 1995.
백  철, 「한국문학 십년」, 『사상계』, 1960.2.
백상창, 「사랑과 여성의 정신분석」, 『문학사상』 1974.3.
변화영, 「1950년대 손창섭의 이종 이야기에 나타나 초점 화자의 의식 연구」, 『현대문학이론연구』 13, 2000.
───, 『한국 전후소설의 이야기 담론 연구』, 전북대학교 박사학위논문, 1999.
서상익, 「장용학 소설에 나타난 죽음의 양상」, 경북대학교 교육대학원 석사학위논문, 1986.
서수생, 『현대소설연구』, 정음사, 1982.

송하춘,「1950년대 한국 소설의 형성」,『1950년대의 소설가들』, 나남, 1994.
신경득,『한국전후소설연구』, 일지사, 1983.
신덕수,「장용학의 단편소설 연구」, 대구대학교 교육대학원 석사학위논문, 1986.
신윤상,『한국문학의 정신분석』, 청록출판사, 1985.
심영덕,『손창섭 소설의 심리학적 연구』, 영남대학교 박사학위논문, 1997.
양상욱,『장용학 소설 연구 : 현실 인식과 서사 방법을 중심으로』, 성균관대학교 석사학위논문, 2000.
엄해영,『한국전후세대소설연구』, 국학자료원, 1994.
오명숙,『J.P. Sartre의 실존적 정신분석』, 성균관대학교 석사학위논문. 1992.
우한용,『한국현대소설의 구조연구』, 삼지원, 1990.
유광우,「한국전후소설연구」, 성균관대학교 석사학위논문, 1983.
유기환,「『목로주점』과 프로이트의 죽음 본능」, 한국프랑스학논집 29, 2000.
유종호,「1950년대 한국소설연구」, 성균관대학교 박사학위논문, 1987.
──── ,「버릇이라는 굴레」,『세대』1964.9.
──── ,「시니시즘·기타」,『문학춘추』1964.11.
──── ,「유소사」,『문학춘추』, 1964.9.
──── ,「투박한 고정관념」,『문학춘추』1964.11월호.
윤승희,『손창섭 소설의 성의식 연구』, 숭실대학교 석사학위논문, 1998.
윤호병,「헤롤드 블룸의 해체비평」,『현대시사상 : 예일학파의 해체비평』1990. 겨울, 고려원.
이광래,『미셸푸코』, 민음사, 1991.
이국환,『한국 전후소설의 인물 연구』, 동아대학교 박사학위논문, 2000.
이기호,『손창섭 소설에 나타난 욕망 발현양상 연구』, 명지대학교 석사학위논문, 1999.
이동식,「실존주의와 정신분석학」,『사상계』1960.5.
이무석 편,『정신분석의 이해』, 전남대학교출판부, 1995.
이병윤,「한국신화의 정신 분석적 연구」,『최신의학』53호, 1963.
이병직,「실존성이 소설에 반영된 작품 고찰」, 중앙대 박사학위논문, 1962.
이상섭,『문학비평용어사전』, 민음사. 2001.

이상숙,「한국전후소설의 양상」, 고려대 석사학위논문, 1977.
이성욱,「인터넷과 문학-그 현황과 흐름」,『현대문학』, 2001. 8.
이어령,「주제와 방법-원형의 전설」,『현대한국문학전집』4, 신구문화사, 1973.
이영일,「차원의 이질성과 지양」,『예술집단』, 1955.12.
이정호,『장용학 소설의 욕망구조』, 한남대학교 석사학위논문, 2002.
이지연,『전후소설에서의 '허무주의'와 '저항'의 성격』, 성균관대학교 석사학위논문, 1990.
이철범,「두 가지 태도의 혼란-상립신화」, 현대한국문학전집4, 신구문화사, 1973.
이현석,『전후소설의 서사구조와 수사적 성격 연구 : 상징과 알레고리의 텍스트 내적 관계양상을 중심으로』, 서울대학교 석사학위논문, 1997.
이호준,『거세와 공백 메우기를 통해 본 자끄 라깡의 정신분석비평에 관한 연구』, 연세대학교 석사학위논문, 1998.
임진수,「「회상-화면에 대하여」를 통해 본 문학과 정신분석의 관계」,『佛語佛文學硏究』 38, 1999.
임철규,『왜 유토피아인가』, 민음사, 1994.
임헌영,「장용학론」,『현대문학』1966.3.
임형택 외 편,『한국현대대표소설선 8』, 창작과 비평, 1996.
─────,『한국현대대표소설선 9』, 창작과 비평, 1996.
장영은,『장용학 소설의 공간 연구』, 이화여자대학교 석사학위논문, 1999.
장은수,『1950년대 손창섭 단편소설 연구 : 서사담화 분석을 중심으로』, 연세대학교 석사학위논문, 1996.
조동숙,「장용학의 실존주의 개념과 사르트르와의 거리」, 수연어문논집 18.
조두영,「손창섭 초기작품의 정신분석적 고찰」,『신경정신의학』 35, 1996.
───,『프로이트와 한국문학』, 일조각, 1999.
조태일 외,『문학의 이해』, 한울, 1999.
조현일,『손창섭·장용학 소설의 허무주의적 미의식에 대한 연구』, 서울대학교 석사학위논문, 2002.
주경복,「『도둑맞은 편지』에 대한 세미나를 통해 본 라캉의 기호학과 언어철학」,『佛語佛文學硏究』 41, 2000.
천이두,「50년대 문학의 재조명」,『현대문학』, 1985.1.
———,『현대작가론』, 형설, 1970.
최미진,『손창섭 소설의 욕망구조 연구』, 부산대학교 석사학위논문, 1995.
최창희,『독일과 한국 전후소설에 나타난 '불구적 인물'의 의미 탐구』, 고려대학교 석사학위논문, 2001.
하수정,『정신분석학과 문학비평』, 경북대학교, 석사학위논문, 1993.
허선회,『손창섭 소설 연구: 작중인물의 유형과 공간의 상징성을 중심으로』, 중앙대학교 교육대학원 석사학위논문, 2001.
허창운 외,『프로이트의 문학 예술 이론』, 민음사, 1997.
황수영,「프로이트, 되살아나는 망령?」,『시대와 철학』 11, 2000.

■ 참고한 외국 단행본 및 논문

가라타니 고진(Koujin, Karatani 柄谷行人), 日本近代文學の起源, Duke University Press, 1990.(『일본근대문학의 기원』, 박유하 역, 민음사, 1997.)
게오르그 루카치(Lukács, Georg), Theory of novel, Berlin, 1920.(『소설의 이론』, 반성완 역, 심설당, 1985.)
데이비드 스태포드 클라크(Stafford-Clark, David), What Freud Really Said, London : Little Brown and Co., 1965.(『한 권으로 읽는 프로이트』, 최창호 역, 푸른숲, 1997.)
레온 알트만(Altman, Leon), The Dream in Psychoanalysis, New York : International Universities Press. Inc., 1963.(『성, 꿈, 정신분석』, 유범희 역, 민음사, 1995.)
로잘린드 코워드·존 엘리스(Coward, Rosalind·Elis, John), Language and Materialism, London : Routledge, 1997.(『언어와 유물론』, 이만우 역, 백의, 1994.)
루시앵 골드만(Goldmann, Lucien), Pour une sociologie du roman, Paris : Gallimard, 1965.(『소설사회학을 위하여』, 조경숙 역, 청하, 1982.)

루이 알튀세르(Althusser, Louis), *Lire Le Capital*, Paris : Francois Maspero, 1968.(『자본론을 읽는다』, 김진엽 역, 두레, 1990.)

루이 알튀세르(Althusser, Louis), *Pour Marx*, Paris : La Découverte, 1965.(『마르크스를 위하여』, 백의, 1990.)

뤼스 이리가라이(Irigaray, Luce), *Je, tu, nous - pour une culture de la différence*, Paris : Editions Grasset, 1990.(『나, 너, 우리 : 차이의 문화를 위하여』, 박정오 역, 동문선, 1996.)

르네 지라르(Gtrard, René), *Mensonge romantique et vérité romanusque*, Paris : Grasset & Fasquelle, 1961.(『낭만적 거짓과 소설적 진실』, 김치수·송의경 역, 한길사, 2001.)

리차드 오스본(Osborn, Richard), *Psychoanalysis and materialism*(『정신분석과 유물론』, 김기태 역, 선영사, 1987.)

리처드 월하임(Wollheim, Richard), *Freud*, London : Harper Collins Publishers Ltd., 1991.(『프로이트』, 이종인 역, 시공사, 1999.)

마단 사럽(Sarup, Madan), *Jacques Lacan*, London : Harvester Wheatsheaf, 1992.(『알기쉬운 자끄라깡』, 김해수 역, 배익, 1994.)

마르뜨 로베르(Robert, Marthe), *Roman des Origines et Origines du Roman*, Paris : Grasset & Fasquelle, 1972.(『기원의 소설, 소설의 기원』, 김치수·이윤옥 역, 문학과지성사, 1999.)

막스 밀네르(Milner, Max), *Freud et l'interprétation de la littérature*, Paris : Editions SEDES, 1980.(『프로이트와 문학의 이해』, 이규현 역, 문학과지성사, 1997.)

맬컴 보위(Boeie, Malcolm), *Lacan*, London : Harper Collins Publishers Ltd., 1991.(『라깡』, 이종인 역, 시공사, 1999.)

미셸 아리베(Arrivé, Michel), *Language et inconscient*, Paris : Kincksieck, 1986.(『언어학과 정신분석학 - 프로이트, 소쉬르, 옐름슬레우, 라깡을 중심으로』, 최용호 역, 인간사랑, 1992.)

미셸 푸코(Foucault, Michel), *Histoire de la folie á l'âge classique*, Paris : Gallimard, 1968.(『광기의 역사』, 김부용 역, 인간사랑, 1999.)

미셸 푸코(Foucault, Michel), *Histoire de la sexualité 3 - Le souci de soi*, Paris :

Gallimard, 1984.(『성의 역사 3』, 이혜숙·이영목 공역, 나남, 1993.)

미셸 푸코(Foucault, Michel), *Maladie mental et psychologie*, Paris : Presse Universitaire de France, 1954.(『정신병과 심리학』, 박혜영 역, 문학동네, 2002.)

미셸 푸코(Foucault, Michel), *Surveiller et punir*, Paris : Gallimard, 1975.(『감시와 처벌』, 나남, 1997.)

발터 벤야민(Benjamin, Walter), 『발터 벤야민의 문예이론』, 반성완 편역, 민음사, 1984.

벤 에거(Agger, Ben), *Cultural Studies as Critical Theory*, New York : The Falmer Press, 1992.(『비판이론으로서의 문화 연구』, 김해식 역, 옥토, 1996.)

빌헬름 라이히(Reich, Wilhelm), *The Mass Psychology of Fascism*, New York : Penguin Books, 1978.(『파시즘의 대중심리』, 오세철 역, 현상과 인식, 1987.)

셰리 터클(Turkle, Sherry), *Psychoanalytic Politics : Freud's French Revolution*, New York : Books, 1978.(『라깡과 정신분석 혁명』, 여인석 역, 민음사, 1995.)

스밀리 블랜톤(Blanton, Smiley), *A Diary of My Analysis with Sigmund Freud*(『프로이트와 나눈 시간들』, 이종영 역, 솔, 1999.)

스튜어트 홀(Hall, C. Stuart), *Interpreting Freud Psychology*(『프로이트 심리학 해설』, 설영환 역, 선영사, 1985.)

아니카 르메르(Lemaire, Anika), *Jacque Lacan*, Bruxelles : Pierre Mardaga, 1970.(『자크 라캉』, 이미선 역, 문예출판사, 1994.)

아르놀트 하우저(Hauser, Arnold), *Sozialgeschichte der Kunst und Literatur*, München : C. H. Beck'sche Verlagsbuchhandlung, 1953.(『문학과예술의 사회사 1』, 백낙청 역, 창작과비평사, 1999.)

알랭 바니에(Vanier, Alain), *Éléments d'introduction á la psychanalyse*, Paris : Editions Nathan, 1996.(『정신분석의 기본 원리』, 김연권 역, 솔, 1999.)

에리히 프롬·헤르베르트 마르쿠제(Fromm, Erich & Marcuse, Herbert), *Criticism Freud Psychology*(『프로이트심리학 비판』, 오태환 역, 선영사, 1987.)

엘리자베스 라이트(Wright, Elizabeth), *Psychoanalytic Criticism : Theory and Practice*, London : Methuen, 1984.(『정신분석 비평』, 권택영 역, 문예출판사, 1989.)

옥타브 마노니(Mannoni, Octave), *Freud*, Paris : Editions du Seuil, 1968.(『프로이트

: 라캉학파의 프로이트 읽기』, 변지현 역, 백의, 1996.)
자크 라캉(Lacan, Jacques), 『욕망 이론』, 민승기 외 역, 문예출판사, 1994.
잭 스펙터(Spector, Jack), *The Aesthetics of Freud : A Study in Psychoanalysis and Art*, New York : McGraw-Hill, 1972.(『프로이트 예술미학』, 신문수 역, 풀빛, 1998.)
조르쥬 바따이유(Bataille, Georges), *L'Erotisme*, Paris : Les Éditions de Minuit, 1957. (『에로티즘』, 조한경 역, 민음사, 1989.)
존 네마이어(Nemiah, John. C.), *Foundations of Psychopathology*, London : Oxford University Press, 1961.(『정신병리학의 기초』, 유범희 역, 민음사, 1992.)
쥬앙-다비드 나지오(Nasio, Juan-David), *Enseignement de 7 Concepts Cruciaux de la Psychanalyse*, Paris : Editions Nathan, 1996.(『정신분석학의 7가지 개념』, 표원경 역, 솔, 1999.)
쥬앙-다비드 나지오(Nasio, Juan-David), *L'hysterie ou l'enfant magnifique de la psychanalyse*, Payot & Rivages, 1990.(『히스테리의 정신분석』, 표원경 역, 백의, 2001.)
클라우스 보그달(Bogdal, Klaus), *Neue Literaturtheorien : Ein Einführung*, Opladen : Westdeutscher Verlag, 1990.(『새로운 문학이론의 흐름』, 문학이론연구회 역, 문학과지성사, 1994.)
테리 이글턴(Eagleton, Terry), *Literary Theory : An Introduction*, Oxford : Basil Blackwell, 1983(『문학이론입문』, 김명환·정남영·장남수 공역, 창작과비평사, 1986.)
페터 뷔르거(Bürger, Peters), *Das Denken des Herrn : Bataille zwischen Hegel und der Surrealismus*, Frankfurt am Main ; Suhrkamp Verlag, 1992.(『지배자의 사유』, 김윤상 역, 인간사랑, 1996.)
프레드릭 제임슨(Jameson, Fredric), *Marxism and Form*, New Jersey : Princeton University Press, 1972.(『변증법적 문학이론의 전개』, 여홍상 역, 창작과비평, 1986.)
프레드릭 제임슨(Jameson, Fredric), *The Prison-House of Language : A Critical Account of Structuralism and Russian Formalism*, New Jersey : Princeton University Press, 1972.(『언어의 감옥』, 프레드릭 제임슨, 윤지관 역, 까치, 1985.)

헤르베르트 마르쿠제(Mercuse, Herbert), *Aesthetic dimension*, 1978.(『미학과 문화』, 최현·이근영 역, 범우사, 1982.)

헤르베르트 마르쿠제(Mercuse, Herbert), *Eros and civilization*, Boston : Beacon Press, 1955.(『에로스와 문명』 김인환 역, 나남, 1988).

R. Osborne, 김기태 역, 「프로이트와 마르크스」, 『정신분석과 유물론』, 선영사, 1987.

# 찾아보기

## ㄱ

「가족 로망스」 24, 54
『가족의 기원』 226
가족의 해체 238
상징의 극대화 67
「감정이 있는 심연」 138
강박증 17, 26, 160
「개구리」 142
거세 콤플렉스 130
거세불안 85
「건」 181
검열 37
계통발생 23
「고도를 기다리며」 192
고소공포증 119
고착 17, 25
「곧 잊혀질 어느 오후」 231
「공룡」 232
공포증 87
과대망상 91

관음증 84
관찰망상 92
광장공포증 119
구강기 26
구강섹스 83
구세주 망상 143
규율권력 166
「그와 나」 181
근친상간 16
「기러기」 14
기의 224
기질적 고착 152
기표 224
김광식 20
김동립 20, 126
김성한 14, 142
꿈-작업 56
『꿈의 해석』 17

찾아보기 261

## ㄴ

나르시시즘 18
나르시시즘적 동일시 95
나르시시즘적 신경증 18, 26
「나비부인들」 233
낙원회귀 199
『난장이가 쏘아 올린 작은 공』 128
남근 85
남성원리 102
낭만주의적 24
내면성 191
내향적 39
네마이어 89
「누나」 234
「누이를 이해하기 위하여」 181, 182
누이콤플렉스 108

## ㄷ

「다산성」 181
다형도착 80
대상도착 82
대상리비도집중의 철회 18
대상애 80
「대중관리」 127
대체표상 43, 100
도착 25
도착증 109
동성애 109
동일시 61

「들놀이」 181, 203
들뢰즈 178
디스토피아 61

## ㄹ

라깡 13
라이히 206
로망스 24, 34, 51
로베르 19
「로오자」 14, 142
루시앙 골드만 31
루카치 25, 229
르네 지라르 31
리비도 경제학 18
리비도 에너지 35
리비도반대집중 37
리비도집중 36
리얼리즘 11

## ㅁ

마르크스주의 11
마조히즘 83
「만일에 그런 일이 생기면」 233
망상 22, 26
「먼지의 방」 182
모성 고착 103
「모텔 마릴린」 234
무의식 17
「무진기행」 181, 182

「미련소묘」 221
「미해결의 장」 123

## ㅂ

「바비도」 14, 142
박경리 14, 20, 167
박해 망상 143
박해 편집증 91
백일몽 24
베케트 192
「벤자민」 238
「봄밤의 일」 234
「부드러움이 주는 교훈」 234
「부랑아」 108
부친살해 모티프 16
분리 36
분리불안 50, 211
「불신시대」 14, 167
불안 26, 87
비극 34
「비오는 날」 123
「비인탄생」 69, 104
「빛의 무덤 속」 181

## ㅅ

사디즘 83
사변 141
사생아 24
사실주의 24

사후애도 36
「상립신화」 104, 211
상상계 211
상징계 190, 223
상피신화 55
「생명연습」 181
서기원 14
서사 24
「서울 1964년 겨울」 181
「서울의 달빛 ○章」 181
선우회 20
성 본능 110
성욕도착 82
성장소설 186
소설의 기원 30
『소설의 이론』 229
소설의 정의 28
손창섭 14, 150
송병수 20, 108
「수난이대」 14, 108
쉬레버 판사의 증례 92
「스카이블루 핑크」 234
승화 24
시신애호증 84
신경증 17
신경증적 불안 87
「신의 희작」 151
신체적 승낙 88
신화 34
실체 없는 효과 188
심리주의 11

심인성 시각 장애 133
「싸게 사들이기」 181
「쑈리킴」 108

### ㅇ

알레고리 143
「암사지도」 14, 126
애정망상 92
「야행」 181
양가감정 91
『억압, 증후, 그리고 불안』 17
억압된 것의 귀환 13
업둥이 24
에로스 17, 110
『에로스와 문명』 205
엘렉트라 콤플렉스 238
엥겔스 226
여성원리 101
「역사」 181
「역성서설」 69
열반원칙 74
「염소는 힘이 세다」 181
영웅담 60
『오렌지』 236
「오발탄」 14, 126
「오분간」 142
오스본 222
오이디푸스 콤플렉스 16
「요한시집」 104, 185
「우리들의 낮은 울타리」 181, 203

우울증 16, 18, 26
원초적 환상 39
『원형의 전설』 69, 185
원형적 서사 51
『위사가 보이는 풍경』 221
위악 189
유아기 38
유토피아 61
의식 17
의식의 흐름 59
이글턴 205
이드 17
이범선 14, 20
이산 103
이상화 50
이자적 101
이차가공 38
이호철 108
「잉여인간」 122

### ㅈ

자가성애기 26
자궁 101
자궁회귀 199
자아 본능 110
자아 17, 26
자아리비도 78
장르론 20
장용학 14, 150
「재롱이」 181

전이신경증 25
「전화의 저편」 231
전환 103
전후 소설 13
전후세대 21
절편음란증 83
점착성 77
정신병리 14
『정신분석강의』 17
정신분열증 92
정정희 231
조발성 치매 18, 26
조세희 128
좌익망상 138
좌절 25
죽음본능 74
증상형성 26
「지하철에서 그녀가 음악을 듣고 있었을 때」 247
질병이 주는 이득 132
질투망상 92
질환으로의 도피 130
징후적 독해 45
짝패 145

ㅊ

「차나 한잔」 181, 203
초자아 17
총체성 64
추식 20, 108

추적 망상 91

ㅋ

카프카 59
코드화 194
쾌락원칙 17
「쾌락원칙을 넘어서」 111

ㅌ

타나토스 17
탈구조주의자 224
탈성화 42
탈이상화 50
탈코드화 194
「탈향」 108
『토마토』 236
통과의례 186
퇴행 17, 25
퇴행성 고착 152
퇴행의 장르 230
투사 69
트리비얼리즘 203

ㅍ

편집증 18, 26
푸코 166
풍자 143
프로이트 13, 20

프롬 206
프루스트 60
피해망상 92

**ㅎ**

하근찬 14, 20, 108
「학마을 사람들」 14
한무숙 138
항문기 26
항문섹스 83
항상성의 원칙 78
향수 64
「현대의 야」 114
현실불안 85
현실원칙 17, 68
「혈서」 126
「형상화 미수」 117
호분증 83
「확인해 본 열다섯 개의 고정관념」 181
환멸 25
환상 24, 35
「환상수첩」 182, 185, 190
후기구조주의 30
히스테리 17, 26

■ 저자소개

## 김형중(金亨中)

1968년 광주 출생. 전남대 영문과 졸.
동 대학원 국문과 박사과정 졸업(문학박사). 문학평론가.
**주요 평론**으로 「세겹의 저주」, 「마르시아스를 불러오기 위한
11개의 단장」 외 다수
전남대, 순천대, 조선대, 광주대 등에서 강의


## 소설과 정신분석

초판인쇄 2003년 9월 20일
재판발행 2007년 3월 30일

지 은 이  김 형 중
펴 낸 이  한 봉 숙
펴 낸 곳  푸른사상사

출판등록  제2-2876호
주　　소  100-193 서울시 중구 을지로3가 296-10 장양빌딩 701호
전　　화  02) 2268-8706~7  팩시밀리  02) 2268-8708
이 메 일  prun21c@yahoo.co.kr / prun21c@hanmail.net
ⓒ 2007, 김형중
ISBN 89-5640-153-5-03800

정가 15,000원

*저자와의 합의에 의해 인지를 생략함